皮连生 刘杰 主编

皮连生 王小明 吴红耘 刘杰 涂光弧 编著

现代教学设计

xian dai jiao xue she ji

首都师范大学出版社
CAPITAL NORMAL UNIVERSITY PRESS

图书在版编目（CIP）数据

现代教学设计／皮连生，刘杰主编． —北京：首都师范大学出版社，2005.1（2020.3 重印）

ISBN 978-7-81064-778-6

Ⅰ. 现… Ⅱ. ①皮… ②刘… Ⅲ. 课堂教学－设计－中小学－师资培训－教材 Ⅳ. G632.421

中国版本图书馆 CIP 数据核字（2004）第 140869 号

现代教学设计

皮连生 刘杰 主编

责任编辑	张书慧
封面设计	周周设计局
出　版	首都师范大学出版社
地　址	北京市海淀区西三环北路 105 号（100048）
电　话	总 编 室：010-68418523
	团　购：010-58802818
	新华书店：010-68418521
网　址	www.cnupn.com.cn
邮　箱	zunshiyuan@hotmail.com
印　刷	三河市博文印刷有限公司
版　次	2010 年 2 月第 2 版
印　次	2020 年 3 月第 15 次印刷
开　本	700mm×1000mm　1/16
印　张	24
字　数	281 千字
定　价	38.00 元

版权所有　违者必究
如有质量问题　请与出版社联系退换

目 录

前 言

第一单元　现代教学设计的理论基础

第一章　绪论　3
　　第一节　教学与现代教学设计的概念　3
　　第二节　引进现代教学设计促进教师教学专业发展　20
　　第三节　本书的结构与学习重点　34

第二章　现代教学设计的学习论基础　39
　　第一节　学习概述　40
　　第二节　作为言语信息的陈述性知识学习　47
　　第三节　作为程序性知识的智慧技能、认知策略和动作技能学习　54

第三章　现代教学设计的教学论基础　65
　　第一节　两种取向的教学论及其应用价值　65
　　第二节　科学取向教学论的主要观点　81

第二单元　目标导向的现代教学设计

第四章　教学目标的设置与陈述　101
　　第一节　教学目标的功能：指导教学目标设置的理论　101
　　第二节　教学目标的陈述　110
　　第三节　关于目标导向教学的实证研究　122

第五章　教学任务分析　127
　　第一节　任务分析概述　128
　　第二节　指导任务分析的理论　139
　　第三节　不同领域的教学任务分析　147

第六章　以陈述性知识为主要目标的教学策略设计　155
　　第一节　陈述性知识的教学策略设计　155

　　　　第二节　概念的教学策略设计　167
　　　　第三节　命题的教学策略设计　182

第七章　以程序性知识为主要目标的教学策略设计　193
　　　　第一节　作为智慧技能的规则的教学策略设计　193
　　　　第二节　认知策略的教学策略设计　203
　　　　第三节　模糊规则学习与教学的特殊性　213

第八章　问题解决与研究性学习的教学策略设计　225
　　　　第一节　问题解决概述　226
　　　　第二节　问题解决的教学设计　237
　　　　第三节　研究性学习的性质与教学设计　249

第九章　教学媒体的选择与运用　265
　　　　第一节　教学媒体概述　265
　　　　第二节　影响教学媒体选择的因素与选择媒体方法　271

第十章　目标导向教学的测量与评价　283
　　　　第一节　目标导向教学的测量与评价概论　283
　　　　第二节　目标参照测验的编制　286
　　　　第三节　教师教学的测量与评价　295
　　　　第四节　目标导向教学的诊断与补救　299

第三单元　教学设计实施的支持条件

第十一章　激发与维持学生的学习动机　307
　　　　第一节　学习动机及其相关概念概述　307
　　　　第二节　关于学习动机的理论　316
　　　　第三节　激发与维持学生的学习动机　323

第十二章　课堂管理　337
　　　　第一节　课堂管理概述　338
　　　　第二节　课堂群体的管理　346
　　　　第三节　课堂里的控制　357

前 言

本书是为我国中小学教师继续教育编写的一本教材。它力图把现代教学设计的理论与技术引入我国中小学教师职业培训体系，以促进教师的专业成长。这是一项具有开创性的教师培训事业。

学校教学都是有目的和有计划进行的。通俗地说，在教学活动之前，教师或其他专业人员对与教学活动有关的目标、内容、过程、方法、媒体等的预先筹划和安排都可以称为教学设计。教学设计是教师日常工作的一部分。但本书所推介的现代教学设计的理论基础和技术都不同于教师过去所从事的教学设计。

现代教学设计的学习论基础是现代学习论。现代学习论产生于20世纪中后期。在此之前，科学心理学对学习的研究侧重于动物和人类的简单低级学习规律的研究，其教育应用价值十分有限。在此之后，科学心理学出现了以信息加工心理学为代表的认知心理学革命，所进行的研究涉及学生素质中知识、技能、认知策略、反省认知和学习动机以及其他人格特征等心理品质的形成与改变。20世纪80年代之后，科学心理学的这些新发展在我国书刊上作了不少介绍，我国学者还结合教育实际作了一些应用性研究。但是我国中小学教师对学习心理学的这些新成就普遍感到陌生。所以要在我国中小学教师继续教育中引进现代教学设计理论与技术，先要引导教师掌握现代学习论中关于学习的性质、过程和有效学习的条件理论。

现代教学设计的教学论基础是现代教学论。现代教学论是基于现代学习论的教学论。学习论是描述式的,它描述学习的结果、过程和影响学习的内外因素。如奥苏伯尔(Ausbel)的有意义言语学习理论把学生原有知识的性质作为影响学生新的学习的最重要因素加以强调。但它没有直接告诉教师如何进行教学。所以还必须在学习论基础上发展形成能指导教师如何教的教学论。我们称这种教学论为心理科学与实证研究取向的教学论(简称科学取向的教学论)。这种教学论出现的历史很短,从美国著名教育心理学家加涅(Gagne,R.M.) 1985年出版的《学习的条件和教学论》一书正式提出心理科学取向的教学论算起,不到20年。我国教师所熟悉的教学论是基于哲学和教师经验的传统教学论。所以要在我国中小学教师的继续教育中引入现代教学设计的理论与技术,就要先用科学取向的教学论武装教师。

现代教学设计中包括在现代学习论和教学论基础上发展起来的学习与教学技术。虽然教师掌握了现代学习论和教学论,但这些理论不一定能支配教师的教学行为。为了使这些理论转化为教师的教学技能,改变其教学行为,许多教育心理学家在研究和提出学习论时,还开发了新的教学设计技术。例如,奥苏伯尔为了贯彻学生原有知识在新的学习中的重要性思想,开发了先行组织者这一教学技术。先行组织者可以起到控制学生原有知识的可利用性、巩固性和清晰性的作用。又如,维特罗克提出生成学习理论,强调学生主动生成知识的多种联系在阅读理解和其他学科知识学习中的重要性,为此他开发了一系列生成技术。所以要在我国中小学教师的继续教育中引入现代教学设计理论与技术,还需要引导教师熟悉并灵活运用这些教学技术。这些新的教学技术,有的是我国教师不熟悉的,如先行组织者;有的是我国教师熟悉的,如生成技术中的学生做听课或阅读笔记。但所有这些技术中的心理原理是我国中小学教师不熟悉的。

现代教学设计理论把教学看成是一个系统。教学设计则是运用系统论的观点和方法，对这个系统的一切活动预作筹划和安排，使其达到最佳教学效果。教学设计可以服务于不同对象，如企业人员培训、军事人员培训和学校教学。也可以在多种不同水平上进行：在最一般水平上是整个中小学课程与教学体系的设计；在最具体水平上是某个教材单元或课时的教学设计。教学设计可以由专门人员进行，也可以由教师进行。本书所讨论的是教师所进行的课堂教学设计。不管何种教学设计，它们都必须设制教育与教学目标，选择与开发相应的教学内容与手段，根据预设目标来评价与反思教学效果，并提出改进措施。所以在我国中小学教师培训中引入现代教学设计是引导教师学习现代学习论、现代教学论和系统论的观点和方法的过程；也是用科学方法促进教师的专业成长，从根本上提高教师素质的过程。这是我国教师教育中的一个新课题，既有开创性，也极具挑战性。

云南省教育厅师范处多次组织师资培训有关领导和专家座谈会，回顾了该省师资培训方面的成绩并总结了以往师资培训工作中的经验教训，决定在全省的教师培训中引进现代教学设计这门新的课程。开设这门新课程，教材必须先行，为此，他们特邀华东师范大学心理学系皮连生教授主持，组织本省和外省专家，进行教材编写工作。皮连生教授曾主编高校文科教材《教育心理学》、高等师范院校教材《学与教的心理学》，并长期从事现代学与教的心理学原理在我国中小学教学中的应用研究工作。在他的主持下，华东师范大学心理系自1994年起在本科生中开设了"现代教学设计"这门课程，后该课程被该校教务处作为师范特色课程重点建设。为这门课编写的教材

《教学设计：心理学理论与技术》由高等教育出版社作为"面向21世纪课程教材"于2000年出版。《现代教学设计》是在吸收新的研究成果基础上，针对中小学教师继续教育需要编写的。它更关注教材易读、指导操作方面的需要。

新课程实施后，很多教师说："新课程理念好，但没有告诉我们怎么教。"实施新课程，归根到底是发展先进的教育文化，使科学先进的教育理论与实践融为一体。"怎样教"还是要通过深入学习先进的科学教育理论去解决。强调学习现代教学设计，不但因为它是联系理论与实践、最有助于解决"怎样教"的环节，更因为它是现代教育理论中直接建立在现代学习论和教学论基础上，融合了教育理论与实践的技术性学科。

开展继续教育，实现中小学教师职业专业化，是振兴我国教育事业的一项基础性的紧迫任务。学习现代教学设计对教师展开职业专业化要求的学习具有"拉动作用"。现代教学设计既有深厚的科学理论背景，又有实用的操作技术，涵盖了教学活动的全过程。要想真正掌握教学设计，就会引发教师新的学习需求。例如，深入理解现代教学设计的学习论，需要对现代心理学、教育哲学等有进一步的了解；学习教学目标的设置与陈述，教师会产生学习课程标准和分析教材内容等的需要；教师要自主决定教学策略（包括选择教学步骤、方法、媒体等），就必须学习任务分析的理论与技术。

总之，由于现代教学设计与教学实践、与素质教育和基础教育课程改革有十分密切的联系和联动关系，相信它的学习对指导教师实践、提高教师素质会有积极的意义。

编写《现代教学设计》一书，还是对教材编写与中小学教师继续教育培训模式结合的一次探索。

实践证明，中小学教师继续教育要坚持教师自修、校本培训与培训院校培训相结合。因此，本书编写时考虑了这种培训模式的需要：一、在结构上采取单元式。由于中小学组织一本教材的学习一般在一个学期内完成，所以本书分为三个单元，第一和第三单元在期初和期末，内容安排较少；中间单元是教师学习时间相对充裕的学期中期，教材内容较多。二、教材设计了较多思考题和应用分析题，以期引导学习者将读书学习和教学实践紧密结合起来。三、由于教师以自修为主，所以教材阐述充分考虑到了易读易懂、结合教学实际的要求，书中难懂的理论问题尽可能举实例说明，以帮助理解，举例尽可能采用初中、小学的教学例子。教学设计研究对象包括课程设计直至课时教学设计的广阔领域，本书从教师教学实际需要出发，主要阐述课堂教学设计，并选取完整课时教学案例对设计理论的应用作了讲解。总之，既要有实用性，又不失理论价值，是本书追求的价值目标之一。

根据学科特点和编者多年培训教师的经验，下面对如何学好这门课程提出六点建议。

1．关于目标定位

现代认知心理学的研究表明，技能可以通过简单模仿习得，也可以从陈述性知识向程序性知识转化而来。本课程目标定位于培训与提高教师的教学技能。但这里所说的技能不是从模仿习得的，而是在掌握了学习论和教学论原理以后经过练习转化而来的，我们认为，只强调操作而不强调对学习原理理解的主张是不可取的。

2．关于教材的使用

第一，本教材所论述的现代教学设计理论，是当代国内外教学设计理论与实践成果的整合，其中涉及的学与教的许多概念，如学习结果、学习结果分类（含知识技能分类）、学习过程、学习条件、教学目标、行为动词、能力动词、教学事件等都有严格的、国际上公认的定义。使用本教材的教员和学员必须充分理解掌握这些科学概念。第二，本教材共 12 章，除最后两章之外，其余 10 章有严密的逻辑体系，前一章未掌握，难以真正理解后一章的内容。因此使用本教材的教员和学员都应注意学习的系统性，不要急于求成，更不要取其一点而忽视全书。

3．关于教员的培训

要推广和运用本书所介绍的现代教学设计原理与技术，关键在于有一批既懂理论又熟悉教学实践的培训人员。所以，培训人员和教研人员的学习应该走在广大中小学教师前头，而且应学习得更深入。

4．关于教学与学习方法

一般来说，陈述性知识可以自学。但陈述性知识向程序性知识转化需要变式练习，练习中需要外来的指导、信息反馈，故难以自学。在传统上教师的教学理论培训多停留于听报告。听报告只能习得陈述性知识，不可能提高技能水平。由于本书目标定位于提高教学技能，所以本课程应采用理论部分自学与辅导相结合、操作部分以变式练习为主的教学原则。练习可以通过备课（写教案）、说课、听课、评课、编写案例与分析案例等形式进行。而且变式练习要到位，不能走过场。

5．关于学习结果测评

本书的目标定位决定了本书教学结果的测评应侧重于学员对学过的原理和技术的运用。例如给出一项学员所熟悉的教材内容和受教育者的年级，要求学员设计一份教案。教案中要有以预期的学习结果明确陈述的教学目标；要正确分析目标的学习类型；根据学习心理学，分析目标中所暗含的学习结果所需要的学习过程和学习条件，包括起点能力；根据"学有定律，教有优法"的原则建议选择适当的教学步骤、方法和媒体。教案中应附若干测验题以检测教学目标是否达到。学习结果的评价应该坚持理论与实践相结合，采取多元的、发展性的方式。

　　本书是在皮连生教授的主持和指导下完成的，各章的撰写人员为：第一、二、三章（皮连生）、第四、五章（吴红耘）、第六、七、十章（王小明）、第八章（刘杰）、第九章（涂光弧）、十一、十二章（涂光弧、刘杰）。初稿完成后，由刘杰先进行统稿，再由皮连生教授最后统稿审定。

　　云南省教育厅师范处促成了这次上海和云南作者的合作，昆明市五华区春城小学组织了目标导引的课堂教学实验并提供了若干案例。在此致以诚挚谢意。

　　本书的编写是一种尝试，书中难免有错误和不足，编著者期待着同仁批评指正。

编　者

2004 年 10 月 30 日

第一单元
现代教学设计的理论基础

第一章 绪 论

本书是专为中小学教师从事课堂教学设计而编写的基础性教科书。本章将首先简要介绍现代教学设计这门学科的性质、特点以及它的起源与发展；然后说明学习这门课程与教师的教学专业发展的关系；最后介绍本书的结构与教学重点。本章学习目标：

1. 能陈述现代教学设计的主要环节。

2. 能举例说明现代教学设计与教师当前从事的备课、写教案和制作教具等教学准备之间的相同点与不同点。

3. 能用课堂教学实例说明引入现代教学设计对教师专业发展的意义。

第一节 教学与现代教学设计的概念

一、教学的概念

在英语中与"教学"相对应的两个词是 teaching 和 instruction。Teaching 指教师的教学行为，可以译为"教"，主要包括呈现教材，引出学生的反应和提供反馈与纠正等教师的行为。我们把 instruction 译为"教学"，其含义比"teaching"广得多，包括教师课前的准备（备学生、备教材、备教法）和在课堂上对学生实施教学和对教学效果的测量、诊断、补救以及修改教学计划。所以 instruction 指广义的教学，而 teaching 指狭义的教学。这个广义的教学概念可以用下图表示 (见图 1-1)。

据图 1-1, 广义的教学包括如下环节：

1．陈述目标。尽量用可观察和可测量的行为术语陈述预期学生要获得的学习结果。

2．分析任务。分析目标中暗含的学习类型，分析从学生的原有水平到达教学目标之间所需要的从属知识和技能，并确定它们之间的层次关系。

3．确定学生原有水平。学生原有水平包括原有知识、技能和学习态度等。

4．课堂教学策略设计。根据教师在任务分析中所确定的教学目标类型，选择或开发适当的教学手段，安排师生活动。

5．实施教学。指课堂上教师和学生之间的信息传播和反馈的过程，其一般模式是：呈现教学内容——学生反应——教师提供强化与校正性反馈。这一步是第四步的实施或执行。

6．评定。对照预先设置的教学目标，确定每一个学生是否达到规定的教学目标。如果教学目标已达到，则一个完整的教学过程已经完成，这一新的学习结果就成为下一轮教学的起点 (原有水平)。如果未达到教学目标，就要找出原因，提出补救教学措施和修改教程，重新进行任务分析工作。这里可能出现两种情况：一是原先的任务分析是正确的，问题出在课堂上师生相互作用过程中，如学生未认真参与教学活动；另一种情况是在任务分析时有错误，如教师分析任务时可能忽略了在达到终点目标之前的必要的准备性知识或技能。补救办法是补上必要的先决知识或技能，然后再进入正式的教学流程 (注意图 1-1 中叠放的两框是并列的)。在图 1-1 中除了"教学"这一方框之外，其余各方框基本上都可以归入教学设计范畴

(参见第 14 页图 1-2)。

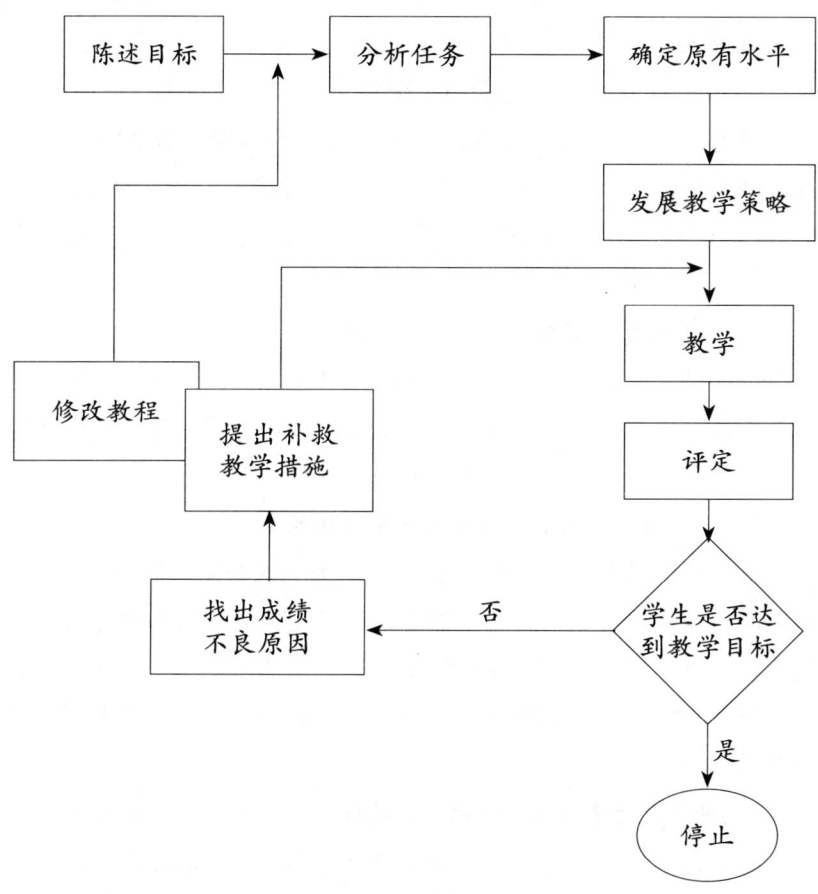

图 1-1 广义的教学过程模型

二、现代教学设计的定义与特征

现代教学设计是在实施教学之前,依据学习论和教学论原理,用系统论观点和方法对教学的各个环节统筹规划和安排,为学生的学习创设最优环境的准备过程。

教学设计可以在不同层面上进行。例如根据课程教学目标编写适合学生特点的教材，开发检测教学目标是否达到的测量工具；根据教学目标和学生特点，编写教案、安排师生的活动、预先准备练习题；考虑到有学生跟不上班级进度，预先准备一些补救教学的材料等等，都可归入教学设计范畴。不过现代教学设计理论强调教学是一个完整的系统，所以教学设计应针对整个系统进行。这种教学设计被称为系统教学设计。加涅认为，现代教学设计有如下5个特征：[1]

1．教学设计的目的在于帮助个体的学习

加涅认为，虽然学生被组成班级或其他团体，但学习发生在团体中的每一成员身上。所以在理论上教学设计应符合每一个学生的需要，适合每一个学生学习的特点。

2．教学设计必须基于有关人类学习的研究

这一观点贯穿全书。加涅说："在考虑个人的能力是如何发展的问题时，仅说能力是什么是不够的，我们还必须深入考察能力是如何习得的问题。教材不仅要反映编者所知道的东西，也要能反映人们希望学生如何学习这些知识。教学设计必须相应地充分考虑学习的条件。"

3．教学设计应该以系统的方式进行

教学设计的系统观认为，教学设计包括许多步骤，始于需要和目的(goals)的评估。每一个教学步骤的决定都要以经验证据为依据。每一步骤都导致新的决定，这些决定又成为下一步的"输入"。而且每一步骤要针对来自下一步骤的"反馈"证据予以检验，以提

---

[1] 加涅等著：教学设计原理，皮连生、庞维国等译，华东师范大学出版社，1999年，第4～5页。

供系统效度的指标。如此，整个过程就会尽可能牢固地基于人类理论智慧限度之内。

4．教学要有短期的和长期的两种设计

短期的教学设计是教师于上课前所作的准备工作；长期的教学设计包括一个学期或一门学科的教学设计。后者可以由教师个人进行，也可以由教师、课程专家和媒体专家合作进行。

5．系统设计的教学能极大地影响个人的发展

某些人本主义教育家认为："好的教育只为受教育者提供有养育作用的环境，让学生在其中以他们自己的方式成长，不必外加任何计划去指引他们的学习。"加涅反对这种观点，认为："教学设计的基本原因是要确保没有一个人是教育上的不利者，并确保所有学生都有最充分地运用自己的潜能的平等机会。"

三、教学设计理论的起源与发展

（一）教学设计理论的起源

对教师来说，教学设计不是一件全新的工作。教师日常所从事的备课、编写课时计划和测验题或练习题等工作都可以被视为在从事教学设计。教学设计是随班级授课制一起产生并在一定理论指导下进行的。19世纪德国教育家赫尔巴特提出的五阶段教学过程模式（分析、综合、联合、系统和方法或预备、提示、比较、概括和应用）是最早出现的系统指导课堂教学设计的理论。例如，根据我们查到的资料，19世纪末20世纪初，赫尔巴特五阶段教学过程模式通过日本传入我国。1909年商务印书馆创办的《教育杂志》第一期悬赏征集用五阶段教学过程模式编写的教案（当时称"教授案"）。该刊1910年第九期刊载了一节植物课的教案。从该教案可见，教案上有"目的之提出"；教学过程有预备、提示、联结、总括和运用五阶段；教案设计中为教学准备了教具：梅花的挂图和实物。在教学过程设计中，重视师生互动。该教案如下：

理科教案（高小一、二年级程度，植物）

目的之提出：今日者讲梅花，看其属何物

一、预备：
　　（教）诸生见人家窗棂上，与冰纹合嵌者，为何花之纹。
　　（生）梅花之纹。
　　（教）当新春之时，不畏寒气而开放者何花乎？
　　（生）梅花。
　　（教）战争之时，兵人所用之干果为何？
　　（生）梅干。

二、提示：
　　示梅之图及实物
　　（教）叶如何？
　　（生）圆形。
　　（教）叶之生法如何？
　　（生）互生。
　　（教）将花而嗅之如何？
　　（生）有清香。
　　（教）其色如何？
　　（生）有白色者，有红色者。
　　（教）瓣之数如何？
　　（生）大概五枚。
　　（教）萼如何？
　　（生）亦五枚。
　　（教）蕊之数如何？
　　（生）雄蕊二十，雌蕊一个。
　　（教）实之形如何？
　　（生）圆形。
　　（教）其味如何？
　　（生）极酸。
　　（教）枝之状如何？
　　（生）概屈曲。
　　（教）其表面如何？
　　（生）粗而坚。
　　（教）梅之功用如何？
　　（生）花可赏，实可食。
　　（教）其外如何？
　　（生）用其木以为种种之细工。
　　（教）何物系梅所作？
　　（生）木箱及算盘之珠。

三、联结：
　　（教）今日之梅与前日之桃比较，其花梅似？
　　（生）梅花颇似桃花。
　　（教）桃之花瓣如何？
　　（生）有一重者，有数重者。

（教）瓣之数如何？ （生）每重五枚。 （教）蕊之数如何？ （生）雄蕊二十，雌蕊一个。 （教） （示以樱花）知此花之名否？ （生）樱花。 （教）樱花之前，既讲之花何花？ （生）蔷薇。 （教）梅桃樱之花，与蔷薇似否？ （生）皆似蔷薇。 （教）是等之花，皆似蔷薇，故总括之曰蔷薇科。 四、总括： 本于问答而书之黑板者如左。 （叶）：圆形，互生。 （花）：白色或红色。 （瓣）：五枚。 （萼）：五枚。 （蕊）：雄蕊二十，雌蕊一。 （实）：形圆而味酸。 （枝）：概屈曲，表面粗而坚。	（效用）：赏花，食实，其材可为种种之细工。 （科）：蔷薇科。既毕，令生出笔记簿书之。 五、应用： （教）梅花与樱花，其差别如何？ （生）樱花之瓣，其尖头裂而香不及梅。 （教）梅花以何见贵于世？ （生）以香。 （教）花之有香，譬之于人何似？ （生）花之有香犹人之有德。 （教）花之美丽胜于梅者，草木中都有之，而梅特以其芳香见重于人，人之技能不见胜于众人，而以道德之高重于世，亦犹梅也。 （教）作梅花与樱花比较表。 （教）作观梅记。 上之比较表及问题或当时即作，或用为宿题。

新中国成立后，原苏联凯洛夫的五环节教学过程模式传入我国。我国中小学教师基本上按组织上课、检查复习、教授新课、检查与

巩固新授知识和布置家庭作业这样五个环节编写教案，下面呈现50年代发表的一份语文教案。

治水（初级中学国语课本第八册）

一、教学目标与要求：

（一）思想教育方面：1从记叙大禹带领劳动人民治水中，培养儿童学习大禹坚持工作、忘我不懈的治水精神。2从认识劳动人民在治水中集体力量的伟大，使儿童知道人类是可以改造自然的。

（二）语文知识方面：1使儿童了解大禹治水的时代背景、人物、语文结构、语句运用及作者的地位等。2使儿童懂得在写作时怎样分段。

二、教学要点：

相传在中国四千多年以前，遍地洪水，许多劳动人民由大禹带去治水。前后凡三十年，劳动人民在大禹"三过家门而不入"的积极影响下，终于战胜了自然灾害，将大水引到海里去。

三、教学时间：45分钟

四、教学过程：（第一节）

（一）组织教学(2分钟)：检查人数及课业用品。

（二）检查复习（约8分钟）：

1 马丽骅给斯大林的信的主要内容是什么？

2 书信有哪些格式？（利用小黑板，二人，记分）

（三）进行新课（约27分钟）：

1 联系旧知识，提示新材料：从人民政府积极带领劳动人民根绝淮河水患说起，启发诱导儿童学习四千多年前大禹带领劳动人民治水的故事(板书课题)。

> 2 讲述故事，解说课文大意：
>
> (1) 大禹以前，劳动人民虽常年与大水斗争，但不能把大水克服。大禹治水时，情况却迥然不相同了。
>
> (2) 大禹带领劳动人民去治水，自始至终，坚持工作，"三过家门而不入"。
>
> (3) 由于劳动人民的集体力量，大禹的忘我精神，他们终于战胜了自然灾害，引水入海，奠定了农业生产的基础。
>
> 3 朗读：教师朗读课文。
>
> (四) 巩固新教材 (约5分钟)：儿童分段试读，教师订正。
> (五) 布置作业 (约3分钟)：
>
> 1. 课后阅读"治水"
>
> 四遍，要求吐字清晰，一字不多，一字不少，一字不错。
>
> 2. 知道"治水"课文中的大概内容。

与1910年的教案相比，这份教案反映设计者有了明确的教学目标方面的考虑。教学过程是严格按凯洛夫教学过程模式设计的，即教学过程划分为组织教学、检查复习、进行新课、巩固新教材和布置作业五个环节，并规定了每个环节所需时间以及教师的行为。

我们把以赫尔巴特和凯洛夫教学论指导下的教学准备和计划工作称为传统教学设计。这种教学设计对于规范教师的教学行为、使复杂的教学工作有序可循起到了积极作用。但是我们应认识到，这类教学设计有明显的局限性：

第一，缺乏现代学习论基础，它所依据的学习论单是哲学的认识论。哲学认识论只能对认知领域教学设计提供一般性原则指导。

第二，教学设计侧重教，即教师的行为，忽视学生的学习活动。

第三，缺乏系统观。对教学目标、过程、方法、媒体、教学结果测评等教学的诸方面缺乏系统考虑。

（二）现代教学设计产生的前提条件

正如本书前言指出，现代教学设计是在现代学习论、教学论以及相应的促进学生学习的教学技术的基础上产生的。所以现代教学设计作为一门教学技术方面的学科，其产生必须具备以下前提条件：

第一，因为教学设计的目的是为了帮助学生有效地学习，所以现代教学设计的产生以现代学习论的发展为前提条件。

在20世纪60年代之前，尽管教育心理学家桑代克和学习心理学家斯金纳十分重视他们的学习原理的教育运用，斯金纳所创建的程序教学曾风行一时，但他们没有提出现代意义上的教学设计。程序教学的效果并不理想，人们很快对它失去兴趣。在20世纪60年代之后，这一前提条件逐渐形成。20世纪60年代初，奥苏伯尔提出了解释课堂知识学习过程和有效学习条件的有意义言语学习理论；信息加工心理学家深入研究了外界输入的信息在人脑中表征、贮存和提取的过程与条件；维特罗克兼用认知建构观和信息加工观，提出了理解的生成学习与教学模型并开发了一系列生成技术。布鲁纳于1956年提出认知策略概念，以后，弗拉维尔等人提出了元认知(metacognition)概念。20世纪后期认知策略与元认知的学习与教学得到了广泛研究。加涅撰写了《学习的条件》一书，兼收并蓄多种学习理论并作了系统概括。该书于1965年初版，1970年、1977年和1985年三次修订出版。1985年版已将书名改为《学习的条件和教学论》（中译本由华东师范大学1999年出版）。该书为现代教学设计提供了牢固的心理学基础。其突出贡献是：

(1) **提出了学习结果及其分类框架**。人们说教育的目的是促进学生的发展。这是一种常识性的说法。它未区分学生的哪些发展是学习的结果，哪些不是学习的结果，而是成熟的结果。只有可以学习的东西才可以教。加涅的《学习的条件》一书开创性地研究了学生学习的结果，并提出了一个得到国际公认的学习结果分类框架。从科学心理学的观点看，教学目标是预期的学生学习结果。加涅的学习结果及其分类观是教学设计者设置教学目标的最重要科学依据。

(2) 论述了促进不同类型的学习的内部和外部条件。 加涅不仅将学生的学习结果分为言语信息、智慧技能、认知策略（含元认知）、动作技能和态度5种类型，他还着重阐明了促进每类学习的内部和外部条件。教学设计只是为学生的学习预先安排必要的条件，以便促进学习过程的发生。所以加涅的《学习的条件》一书为针对不同类型的教学目标、创设不同条件提供了科学依据。

(3) 论述了学习的一般过程。 加涅根据他提出的学习信息加工模型，认为单个学习活动要经历注意、选择性知觉、复述、语义编码、提取、反应组织和反馈等阶段。这一学习过程模型为教学过程设计提供了学习论依据。

(4) 提出了检测每类学习结果是否出现的行为标准。 学习的结果是人性的改变，即人的知识能力、思想和品德的发展和变化。但人的知识能力、思想和品德是一些内潜的心理特征或状态，不可直接观察和测量。能够直接观察和测量的学习结果是学习者的外显行为变化。为了便于教育的测量和科学研究，加涅提出了反映每一类学习结果的行为指标。如反映学生掌握言语信息的行为指标是学生能"陈述"言语信息；反映学生掌握具体概念的行为指标是学生能"识别"概念的正反例子；反映学生掌握定义性概念的行为指标是学生能根据概念的定义对事物进行正确"分类"。

第二，因为学习论并不直接告诉教师如何进行教学，所以现代教学设计的产生还需要基于现代学习论的教学论的发展为前提条件。教学论是"以研究教学规律为对象的学科。研究范围包括教学任务（目的)、过程、原则、方法、形式、评价等。"(顾明远主编《教育大辞典》第717页,上海教育出版社1998年。)西方教育心理学已有近百年的历史,但在20世纪60年代前,教育心理学侧重学习论研究。直到20世纪60年代后,教育心理学家才开始转向教学心理学研究。如果说学习心理学的任务是研究学生学习的规律,那么教育心理学的任务是研究如何帮助学生学习的规律。它也需要涉及教学目标、过程、策略、媒体以及测量和评价等。所以教学心理学与基于学习心理学的教学论很难严格区分。加涅在学习条件研究的基础上于1985年提出了他的教学论观点。其教学论被称为任务分析教学论。其基本思想可以归纳为一句话:"为不同的学习结果提供不同的教学"。也可以把这句话的意思表述为"学有定律,教有优法"。这就是说,教学设计者先必须了解特定学习类型的学习规律。一旦某一学习类型的学习规律被揭示出来了,教学设计者就可以确定最优的教学方法。

除了加涅之外,许多与加涅同时代的教育心理学家都关注教学论的研究,并提出了多种多样的教学模式。教学模式是教学理论的一种表达形式。乔伊斯和韦尔(Joyes, B. & Wei, M., 1980)从上百种教学模式中挑选出25种模式,按其理论依据,可归纳为信息加工、个性发展、社会相互作用和行为矫正四大类别。总之,上述学习论和教学论的发展为现代教学设计的产生奠定了理论基础。

(三)现代教学设计的主要内容与环节

1974年加涅推出了《教学设计原理》一书。此书的出版是现代教学设计理论诞生的标志。该书于1979年、1988年和1992年先后三次修订出版,标志着以加涅为代表的经典教学设计理论进入成熟阶段。

加涅教学设计原理的基本观点是:

1. 中小学学生不论学习何种学科,所习得的结果总是可归入言语信息、智慧技能、认知策略、动作技能和态度5种类型中。这5

种类型的学习结果就是学校教学的目标。

2．每种类型的学习结果的内在性质不同，外在行为表现不同，有效学习的条件也不同。教学设计就是针对目标类型，制订有效的学习计划和创造最优的条件。

3．为了使教学设计建立在科学的学习研究基础之上，克服教学过程、方法和媒体选择等的随意性，教学设计中引入任务分析，即分析教学目标中的学习结果类型，揭示有效学习的必要条件和支持性条件，确定学生的起点能力。

4．根据任务分析的结果导出教学过程(加涅称之为教学事件)，选择适当教学方法和媒体，以及安排相应的师生活动。

5．对照目标检测学习结果，评价教学目标是否达到并提出修改教学的意见。

据1992年版《教学设计原理》，加涅的教学设计的内容包括确定具体教学目标(即可以测量的教学目标)、分析教学任务、设计教学序列、安排教学事件、选择与使用教学媒体、单课的设计、选择与使用教学传输系统(包括集体教学与个别化教学)以及教学评价等八个环节。如前所述，任何教学设计至少包括三个环节，即设置目标、选择与开发教学策略和对目标进行教学评价。加涅的教学设计除包括这三个必要环节之外，还细分了许多中间环节。而中间环节设计的依据是任务分析，即只有通过任务分析才能作出教学策略的选择。例如，若任务分析表明，教学目的是使学生掌握言语信息，则对有一定阅读能力的儿童而言，最佳的教学方法是学生运用生成技术阅读有关文字材料。若任务分析表明，教学目的是情感态度，则最佳的教学方法是提供榜样的示范，学生进行观察学习。

在加涅的《教学设计原理》影响下，迪克和凯利(Dick & Carry)发展了一个系统教学设计模型(见图1-2)。

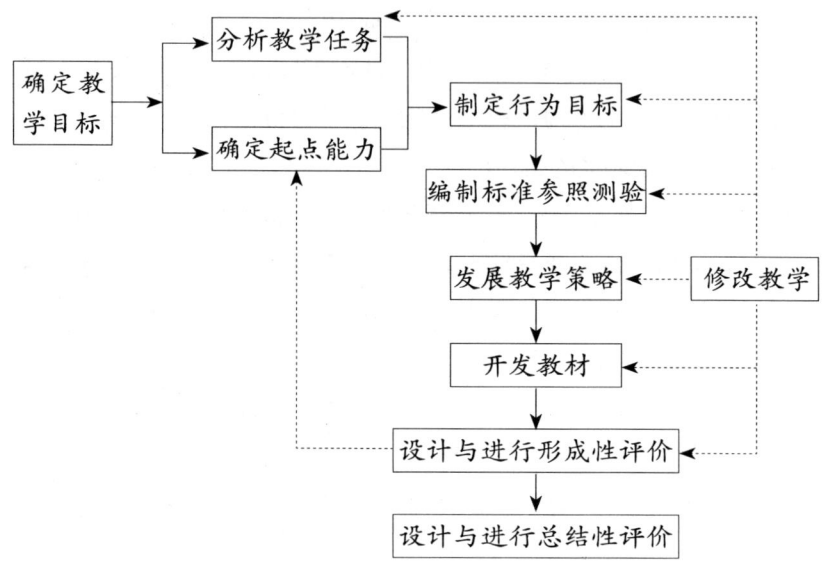

图1-2　迪克和凯利的系统教学设计模型

从该模型可见现代教学设计包括如下主要环节：

第一，确定教学目标。这里的教学目标(instruction goal)是由教学完成之后学生会做什么界定的。教学目标设置的依据是社会需要和学生个人发展的需要。所以在确定教学目标之前要做需要评估。例如，中国公民要做到能读书看报，必须识约3000字；要能读懂鲁迅著作，必须识约5000字。由此而决定语文教学不同年级的识字教学目标。

第二，分析教学目标。分析教学目标包括分析学生完成教学目标所需要的技能，例如一个教学目标是："当完成教学任务以后，学生能用'的、地、得'三个结构助词造句或改错句"。要实现这个目标，学生必须依次掌握句子概念、句子主要成分和次要成分概念。最后掌握"主语和宾语的修饰词带'的'，谓语前的修饰词带'地'，谓语后的修饰词前带'得'"的规则。教学分析的最后一项任务是确定学生的起点行为(entry behavior)，即确定开始新的教学任务之前，学生已具有哪些知识和技能。

第三，分析学生和环境。分析学生包括分析他们的已有知识、技能、爱好、态度和其他与学习有关的个性特征。分析情境包括分析知识与技能学习的情境和知识与技能运用的情境。这些分析所提供的信息有助于决定教学过程和方法。

第四，陈述作业目标 (performance objectives)。作业目标也称行为目标，是用可以观察的行为陈述的具体教学目标。这样目标将便于测量和评估。

第五，开发评估工具。目标设置和明确陈述以后，在教学实践中，教学设计者预先需开发测量工具来评估目标实现的情况，此时所考虑的重点是测验与目标之间的对应关系。

第六，选择与开发教学策略。教学策略的范围广泛，包括预备活动、呈现信息、提供练习与反馈、测验以及课后活动等的策略。学习策略是根据学习理论、当前要教的内容和学生特点决定的。

第七，发展与选择教学材料。教学材料包括学生的手册、教材、测验和教学指导书。选择与开发教学材料依赖于学习类型、已有的可以利用的有关教材和资源。第八，设计与进行形成性评价。形成性评价是在教学过程中进行的，它为改进教学提供数据。形成性评价分三级水平。第一级水平是一对一评价，即一名教师对一名有代表性的学生，详细了解学生掌握教学目标的情况；第二级水平是小组评价，所得到的数据更有代表性；第三级水平是针对全班学生的评价。

第九，修正与补救教学。根据形成性评价，如果学生未达到教学目标，或发现学生存在学习困难，教学设计者应重新考虑教学设计，包括考察目标定位是否适当，教学任务分析是否准确。如果上述设计不适当，则应予以修正，并重新撰写作业目标和进行补救教学；如果发现目标定位适当，且任务分析正确，则需要重新考虑教学策略及其实施情况，并进行补救教学，直到达到原定目标为止。

最后，根据形成性评价结果对教学进行修正与补救之后，对教学效果进行终结性评价。一般来说，这一步并不是教学设计的一个组成环节，因为对一个教学设计的优缺点及其效果的客观评价不是由教学设计者自身进行的，而是由某个独立部门委托专门人员进行的。

教师日常进行的课堂教学设计的主要任务是根据其所教班级的学生的特点和所教课程的教材内容，将课程目标转化为单元或课时目标，并对这种目标加以分析，然后据此选择或开发适当教学策略（包括安排适当步骤、教材呈现方法、练习与反馈等），最后对照目标检测教学效果。我们称之为课堂教学设计。

现代教学设计的理论与技术是在科学心理学发展到一定阶段以后出现的一门综合性学科，它涉及心理学、传播学、教育学和课程理论。狭义的由教师进行的课堂教学设计早已存在，但传统的课堂教学设计的理论与技术缺乏现代学习论和教学心理学指导，主要依据哲学和教师的经验，因此必须依据现代教学设计理论更新我国传统的课堂教学设计的理论与操作技术。

（四）现代教学设计发展趋势

影响现代教学设计的两个因素，一是学习论和教学论的发展，二是教学技术特别是计算机技术和网络媒体的发展。教学设计将随着这两个因素的发展而不断发展。对此前文已有阐述。现在以认知策略研究为例说明学习研究的发展怎样影响教学设计的发展。1991年美国伊利诺斯大学三位教授(West, C. K. & Farmer, J. A. & Woff, P. M.)出版名为《教学设计：来自认知科学的含义》一书。该书共12章，除第一章绪论和最后两章论述认知策略教学设计的一般流程之外，其余9章分别论述了8种认知策略的教学设计。这8种认知策略是组织知识架构（分两章论述）、概念图、先行组织者、类比、复述、表象、记忆术。该书对每一种策略的性质、有关研究作了详细介绍并提供了设计指导与实例说明。可见认知心理学发展在继续推动现代教学设计的发展。

此外现代教学技术如计算机网络、媒体、电影、电视等的发展也会对教学设计产生重大影响。

(五)现代教学设计在中国

从 1974 年加涅的《教学设计原理》一书问世算起,现代教学设计已有 30 年的历史。我国学者对这一领域关注的人很少。浙江大学教育系盛群力和李志强合作编著的《现代教学设计》一书对现代教学设计在中国的研究情况作了较全面忠实的回顾,指出:"我国对教学设计的研究起步较迟。在 20 世纪 90 年代中期以前出版的教育学、教学论和教育心理学著作、教科书中几乎看不到有关教学设计方面的论述。在人们眼里,教学设计大体相当于课时计划(教案设计),教育理论工作者无暇也无需过多予以关注。"

该书还认为,我国对这一学科的研究仅有约 10 年历史。其中有四方面的力量参与研究:北京、上海、江西、广州和兰州等地电化教育(教育技术)界的研究人员是第一支研究力量,他们在教学设计研究方面起步早些,介入的人较多,有数本专著、教材推出。第二支研究力量是从事教育心理学的专业工作者。华东师范大学邵瑞珍、皮连生教授十余年来致力于将教育心理学的基本原理应用于中小学教学实践,也非常重视教学设计的应用。他们发表了一批论文和研究报告,出版了专著《智育心理学》。同时根据相应研究成果修订了《教育心理学》和《学与教的心理学》。目前,由皮连生教授指导开展的"知识分类与目标导向教学"(推广研究)亦已在教学设计应用方面取得明显成效。另外,值得一提的是,由李伯黍、燕国才主编的高校文科教材《教育心理学》(1993)在我国教育心理学教科书中首次专章论述

"教学设计"。第三支研究力量是教学论工作者。华东师范大学钟启泉教授翔实地介绍了日本的教学设计(授业最优化)理论和前苏联的控制教学论,在《教育研究》(1987)上发表了《从现代教学论看教学设计原理与课题》一文;高文教授关注教学模式的现代化研究,关注以建构主义、情境教学为特征的教学设计理论。另外需要提到的是,由李定仁主编的《大学教学原理与方法》(1994)和田慧生、李如密编著的《教学论》(1996)都分别开始专章论述"教学设计"。第四支研究力量是中小学教研人员。例如,广州市教研室主任麦曦同志主编的《教学设计的理论和方法》(1996),吸引了广州市的众多教研员与中小学优秀教师开展教学设计理论的应用研究。[1]

云南省教育厅经过慎重研究,决定把现代教学设计这门课程作为全省中小学教师继续教育的课程并采用沪滇合作形式,组织力量编写适合本省师资水平的教材与相应教学参考资料,开创了现代教学设计在我国大范围推广的先河。

第二节 引进现代教学设计促进教师教学专业发展

一、教师专业培训中存在的问题

教师专业技能可以概括为学科专业技能(如数学、物理、化学等)和教育专业技能两大方面。此处所说的教师专业培训是指教师职业所必需的教育思想、观念,教学与管理等教育专业技能方面的培训。

我国教师专业培训大致是在如下三个层面上展开的:一是教育方针、政策、教育与教学观念以及师德层面上的培训。此类任务主

---

[1] 盛群力、李志强编注:现代教学设计论,浙江教育出版社,1998年,第1~2页。

要是由教育哲学承担的。二是教育与教学的一般过程、原则、方法的知识与技能培训。此类任务主要是由教学论课程承担的。三是学科教学设计与实施层面上的培训。此类任务主要是由学科教材教法课程和教育实习承担的。

从上述三个方面开展教师职业特有的专业培训，总的方向无可非议。但长期的教师培训经验表明，我国教师培训的效果并不能令人满意。常常听到受过培训的学员反映：第一和第二个层面上的培训虽有必要，但总是感到教育学或教学论太空泛，大同小异的原则很多，可以实际操作的东西少。第三个层面上的培训虽然比较具体，强调操作，但又显得经验性的内容多，缺乏科学心理学理论指导。

教师培训中存在的上述缺陷不仅中国存在，在发达的资本主义国家也有类似问题。例如，美国国家科学院和教育部资助、由16名专家通过两年研究完成的《人是如何学习的：大脑、心理、经验与学校》一书，设专章论述教师的学习，承认心理学对教师的学习研究很少。并指出："大学所学课程与课堂中所发生的实践间的不一致可能导致教师反对教育研究和对理论的排斥。这在很大程度上源于他们的学科学习方式和同事们的教学方法。尽管呼吁教师在教学中运用学生中心、建构主义、以深度代替广度等方法，新教师常常看见在隔壁另一间教室里使用的大学水平的传统教学方法。新教师特别容易受到他们开始教学的那所学校的性质的影响。"[1]

造成教师专业培训理论脱离实际、效果不理想的重要原因是心理学对人类学习规律的科学研究滞后。20世纪60年代前学习的研究主要停留于低级的机械联想学习。20世纪60年代，人类高级学习

---

[1] 约翰.D.布兰斯福特等编著：人是如何学习的：大脑、心理、经验与学校，程可拉等译，高文审校，华东师范大学出版社，2002年，第223页。

的研究虽然取得了重大进展，但一时难以转化为教学论与教学设计技术。至今主流的教育学和教学论仍然以哲学和教师的经验为基础，以致教师往往不愿意接受系统的教育理论培训，宁愿去观摩公开课，以便模仿同行的教学实践。

二、教师专业培训中引入现代教学设计的意义

教师培训中引入现代教学设计的意义可以从三方面考虑。

（一）彻底更新教师专业培训体系和内容

教师培训中引入现代教学设计的理论与实践后，上述第一个层面上的培训仍可保留。第二个层面上的培训内容应彻底更新，即用现代教学设计原理替代传统的基于哲学和教师经验的教学论。教师要掌握现代教学设计原理，就必须先学好现代学习心理学和科学心理学取向的教学论。这样，心理学、教学论和教学设计做到融于一体，避免理论与实践的脱节。第三个层面的培训是第二个层面培训的延伸和具体化，培训的内容不是传统的基于教师经验总结的教材教法，而是基于现代教学设计理论的学科教学设计原理与技术。第三个层面的培训把教师的教学工作与理论学习紧密结合起来。例如准备教案应作课堂教学目标设计和任务分析，要编写与教学目标相应的测验题以检测学生学习结果等。现代教学设计能够给出具体的设计和分析技术。又如相互观摩是教师专业进修的一种重要方式。现代教学设计原理可以指导教师深入评价他人的课堂教学，从而能引导教师学习他人经验中的本质，避免表面模仿。

（二）加速教师专业发展

在教师的专业培训中能否加快教师专业发展？回答这个问题需要实验证据。由于我国开展这方面的实证研究很少。现在根据本书主编的经验提供三方面的依据。

1. 本书主编在 20 世纪 80 年代后期开展高等师范院校公共心理学课程改革，联合华东地区华东师范大学、宁波师范学院、苏州铁道师范学院、南京师范大学和上海市教育学院、浙江省教育学院编写了高等师范院校教材《学与教的心理学》(华东师范大学出版社 1990 年)，该书主要由学习心理和教学心理两部分构成。学习心理部分阐明学生如何学的规律。教学心理部分阐明教师如何根据学生的学习设置教学目标，分析教学任务，选择和开发教学方法与技术以及如何针对目标测量与评价教学效果。该书率先在我国中小学教师职前教育中引进了现代教学设计的思想，受到了学员的普遍欢迎。全校采用该书作公共心理学教材的苏州铁道师院和宁波师院的公共心理学改革分别获江苏省和浙江省优秀教学奖。

2. 上海市宝山区教育学院与华东师大心理系联合成立"知识分类与目标导向教学"研究课题，于 1995~1997 年在该区 10 所中小学推广现代教学设计的理论与技术，经过 2 年多有关现代教学设计的理论与应用研究，有效地促进了教师的专业发展。由该区组织的对比教学实验表明，与未参加课题研究的相同水平的教师相比，参加过该课题研究的教师的教学效果明显提高，而且备课、说课和上课的行为明显进步。参见王映学："知识分类与目标导向教学"的实证研究，华东师范大学学报(教育科学版)1997 年第三期。该课题研究曾获上海市教委首届教育科研成果推广二等奖。

教学设计在宝山区的推广研究中发现，因为语文教学一般是母语教学，所以语文教学似乎很难推广现代教学设计的理论与技术。为此皮连生教授利用指导博士论文的机会，于 2000 年前后指导 4 名博士生在华东师大附属小学开展语文学科学习与教学设计研究。先后开展了用图式理论进行句子和句群教学研究；运用认知策略理论进行分段教学研究；运用知识分类理论进行作文教学研究和语感的心理机制研究；提出了语文教学目标分类、语文任务分析、语文单篇课文教学设计和语文单项能力教学设计的新方法。通过研究解决了语文教学中的许多难题。后继的教师培训表明，由于把现代教学设计理论与中国语文教学特点相结合，解决了语文教学设计中的许多难题，语文教师通过培训，其教学设计能力明显提高。华东师大附小的这项研究获上海市优秀教学科研成果二等奖。

（三）促进基础教育课程改革的科学化

2001年我国教育部公布《基础教育课程改革纲要(试行)》和随之出版许多相关的"解读"反映了一些现代教学设计思想：如把教学大纲改为课程标准；强调课程标准是教材编写、教学、评估和考试的依据；提出教学目标分类和分层以及目标陈述的行为化；强调学习结果和学习过程的统一，反对只追求结果，不考虑合理学习过程的教学；提出教师的作用不是"教教材"，而是"用教材"等。在现代教学设计理论中这些思想得到充分的体现，而且心理学家和教学设计专家开发了许多教学设计技术，使这些思想得到充分贯彻。例如《课改纲要》强调"过程"，甚至把"过程"作为教学目标的一个方面。但"过程"的含义是什么？是指"学习过程"抑或是"教学过程"？《课改纲要》未作具体说明。在现代教学设计理论中贯穿的一个基本思想是：不同类型的知识有不同的特殊学习过程和条件，所以教学设计者在进行教学设计时首先要注意对学习目标中的学习结果分类，根据不同类型的学习特点设计相应的学习过程和条件。

三、现代教学设计促教师专业发展实例研究

下面用两个教案设计实例说明我国课堂教学设计中引入现代教学设计的原理和技术能促进课堂教学设计科学化和加速教师专业发展。

案例一:"圆柱、球的认识"的教学设计

1995年《湖南教育》第4期刊登了小学特级教师黄育粤的《圆柱、球的认识的教学过程》一文如下:

圆柱、球的认识教学过程

> 数学九年义务教育六年制小学第二册《圆柱、球的认识》:教师可从实物分类入手,揭示教学主题。
>
> 教师出示装有实物的袋子,把袋子里装的物品倒在讲台上,让学生站在讲台上,让学生看到皮球、乒乓球、圆柱形的药瓶、易拉罐及大小不一的长方体、正方体盒子等。仔细观察一段时间之后,教师布置学生相互议论,怎样按照形状的差别把这些物品区分开来,并请学生上台分给大家看一看。当学生把已认识的长方体分为一类、正方体分为一类、药瓶和易拉罐分为一类、球作为一类时,教师左手拿药瓶,右手拿球,对学生说,这两种物体的形状特征,就是我们今天要学习的知识。教师板书课题后,按"直观认识,感知形体""初步抽象,认图识形""组织游戏,巩固感知"这样三个步骤来安排教学活动。
>
> 一、直观认识,感知物体
>   1. 认识圆柱体
>   师:(举起圆柱体模型)这就是圆柱体(板书:圆柱)讲台上哪些物体的形状和它一样?
>   生:(上台操作)罐头盒、易拉罐、蜡纸筒和它一样。
>   师:对,这些物体的形状和圆柱体相同。你们能不能从自己的学具中取出形状是圆柱的物体?
>   生:没削过的铅笔、小电池、清凉油盒等。
>   师:小电池是圆柱体吗?大家想一想,看看周围还有哪些物体的形状是圆柱体?
>   生:汽油桶、水管、笛子、接力棒等。

师：对，同学们想到的这些物体都是圆柱体。现在请大家用手摸一摸手中的圆柱体，有没有平平的面：请指出它在哪里？生：有两个平平的面。竖着放，上下各一个面，横着放，左右各一个面。

师：大家再摸摸弯曲的部分，粗细一样吗？

生：(摸摸各自的圆柱体)一样。

师：圆柱体有两个面都是圆形，大小一样、中间粗细一样。现在请大家讨论一下，粉笔、蜡笔是不是有圆柱体的这些特征。

生：(讨论后)粉笔不是圆柱体，未削过的铅笔是圆柱体，截断头的蜡笔是圆柱体。

2. 认识球体

(施教程序、提问方式与认识圆柱体相同)3 辨别圆柱和球。

师：我们已经初步认识了圆柱和球，现在我把圆柱体和球混在一起，你们能很快指出哪些是圆柱体、哪些是球体吗？

师：请同学们把几个球形的学具垒起来，好垒吗？

生：(动手实践)不好垒。容易滚下来。圆柱立着容易垒起。

师：我们用课本、文具盒作个斜面，把圆柱和球轻轻放在斜面上，然后松手，会出现什么情况？

生：球形的东西容易滚下来；圆柱形的东西躺着才能滚动，立着的时候只能滑下来。

二、初步抽象，认图识形

教师说，同学们，我们已经能识别许多圆柱、球的实物形体了，这两种形体怎样用图来表示呢？请看投影。接着，教师按以下顺序呈现幻灯片：

(1) 呈现实物图：罐头盒、圆水桶、篮球、玻璃球。

(2) 抽出实物图：呈现直观图，图上有许多线条和小黑点的阴影，表示暗的部分。

(3) 抽出直观图，显示几何图，用实虚线表示。演示完，教师小结：今后不论什么物体，不论它的大小，只要形状跟刚才我们看到的几何图一样，我们就说它的形状是圆柱体或球形。

三、组织游戏，巩固感知

1. 举牌游戏。把圆柱、球、长方体、正方体和不规则形体混在一起放在讲台上，指名学生用手帕蒙住双眼，先摸出一个物体，后说出体形名称；或先说出体形名称，然后去摸。其余同学做裁判。对的举绿牌，错的举黄牌。

2. 同桌同学一人说形体名称，另一人闭眼在自己的学具里摸，轮流作两次。

3. 做一做，如果有一个很重的长方形物品，要在平坦的路面上移动，下面垫什么形状的物体滚动较方便、省力。动手用文具盒、铅笔、玻璃球等做模拟，试一试。完成上述三个步骤后，教师请学生翻开课本，说说课题是什么，告诉他们课题旁边的(2)是表示第二课时。看主题图后，教师让学生回答书本上提出的两个问题。看第二幅图时，教师让学生动手做一做：哪些东西的形状是圆柱，哪些东西的形状是球，哪些东西既不是圆柱也不是球，把它们标记出来。(作者为福建省福安市实验小学副校长、特级教师、中学高级教师)

从该文可见黄老师非常有经验，教学过程生动有趣，教学效果也很好。但是该课是在哲学和经验取向的教学论指导下设计的。由于理论分析不到位，其他教师可以模仿黄老师具体方法，但学不到该课教学设计的实质。苏州铁道师范学院吴红耘副教授根据现代教学设计原理对这节课进行了分析，并重新进行了设计，现转引如下：[1]

《湖南教育》1995年第四期刊登了福建省福安市实验小学特级教师(中学高级教师)黄育粤《"圆柱、球的认识"教学过程》一文(下称黄文)。正巧，该刊同期刊登了华东师大皮连生教授的《知识

---

[1] 该文载于皮连生主编：知识分类与目标导向教学：理论与实践，华东师范大学出版社，1998年，第282~285页。

分类学习论、教学论及其应用》一文(下称皮文)。本文拟用皮文所提出的知识分类学习论和教学论的原理对黄文提到的教学实例加以评析。目的是想以此为例,说明我国许多优秀的教学经验有待于上升到现代学习论和教学论的水平。经验一旦上升到理论高度,就能对其他教师更富有启迪作用。

一、本节教学内容在知识分类学习论与教学论中的位置

皮文把广义的知识分为陈述性知识、智慧技能和策略性知识。"圆柱、球的认识"在这个分类系统中属于第二类知识,即智慧技能的学习。智慧技能由简单到复杂,又分为知觉辨别技能、运用概念和规则的技能。在概念学习和运用中,又分具体概念和和抽象概念的习得与运用的教学。

现代认知心理学对具体概念的学习与教学有明确的要求。具体概念是儿童通过概念的正、反例,经过他们的辨别、提出与检验假设和抽象、概括,最后把握同类事物的共同关键特征而习得的。这类概念的掌握既不要求教师给学生提供明确的定义,也不要求学生说出概念的明确定义。判断这类概念是否被学生所掌握的标准是学生能否识别概念的正、反例。

二、黄育粤老师的教学设计的优点

黄育粤老师的"圆柱"和"球"的教学完全符合具体概念的学与教的一般规律。在概念的形成阶段,如"圆柱"的教学,教师和学生共同提供了"圆柱"的正例有圆柱模型、罐头盒、易拉罐、蜡纸筒、没削的铅笔、小电池等。反例有粉笔、削过的铅笔等。通过辨别这些正反例的特征,教师引导学生去概括、归纳出圆柱体的特征:圆柱体有两个面是圆形,大小一样,中间粗细一样。这样形成概念可以用如下同化模式来概括:

图中 a_1、a_2、a_3 是概念的正例,如这里的罐头盒、蜡纸筒、没削过的铅笔等。虚线上的 A 表示通过概括得出的圆柱体的特征。"A→"表示外部提供的信息。由于 A 是学生从具体例子中抽象出来的,所以外部的 A→可以转化为学生内部的 A。这样学生便形

成了概念。儿童大量的日常概念和小学低年级教学中的许多概念都是通过这样的教学形式习得的。

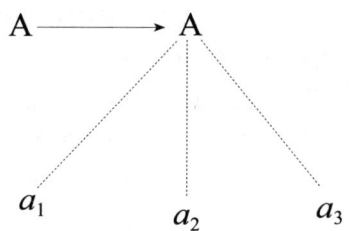

黄育粤老师教学"圆柱体"和"球"这两个概念的设计也很巧妙。他把知识的检验与游戏结合，请学生从大量的不同形体的物体中挑出学过的两种形体。其实质是让学生应用所习得的概念来识别正反例，从而又加深了学生对"圆柱"和"球"这两个概念的认识。

"圆柱、球的认识"的教案（九年义务教育六年制小学数学第二册）

教学目标

学完本节课后，学生能从提供的圆柱和球形物体以及非圆柱和球形物体中，识别出圆柱形和球形物体。

任务分析

起点能力：儿童已有圆柱形、球形、方形等物体的感性经验，"圆柱"和"球"两个词已认识，有用图画表示物体的经验。

本节课属于智慧技能中的具体概念学习。具体概念学习以辨别学习为先决条件。所以其教学顺序是先辨别、后归纳。本节课一课时完成。

教学过程

1. 告知教学目标，引起学生注意（见原教案引导语）。
2. 分别进行"圆柱"形和"球"形概念教学。方法：先辨别正、反例（正反例可由师生共同提供）。

> 3. 引导学生比较同类形体的共同特征和不同类形体的不同特征。
> 4. 师生共同归纳"圆柱"和"球"的共同特征。
> 5. 告知学生"圆柱"和"球"两种形体的图形表示方法。
> 6. 组织游戏，检验新习得的概念。
>
> 学习概念的目的是为应用概念办事。学生能从混有其他形体的物体或图形中指出或摸出"圆柱形"和"球形"物体，说明教学目标已经达到。在以后的学习和生活中进一步运用这两个概念，学生的行为受概念支配，能力也就获得了。

新教案中采用行为目标技术陈述可以观察和和测量的教学目标；在目标陈述之后，拓展学习结果分类理论对教学任务进行了分析，得出了学习结果类型；通过任务分析导出教学方法（包括教学步骤、例子的选用、师生活动方式、以及教学目标的检测。也许读者目前无法透彻理解其中的道理。但这正是本书后面各章要详细阐述的思想。）

案例二："总分句群"的教学设计

下面是华东师范大学附属小学青年教师丁亦文在华东师范大学心理学系科研人员指导下用现代教学设计思想设计的句群教学的教案。

总分句群教学（小学三年级语文课）

教学目标：能按提示要求，会写符合总分关系的一段话。

任务分析：

1. 学习结果类型：按加涅的学习结果分类，属于智慧技能中的概念和规则学习。按图式理论，是在句子图式的基础上形成句群图式。

2. 起点能力：(1) 学生能看懂给出的例子的内容；(2) 已进行了

承接关系句群的训练和写作；(3) 已阅读过大量总分关系的段落。

    3. 学习条件：按图式理论，同时呈现两个以上例子，学生进行辨别、提出假设与检验假设和最后进行概括。

教学过程	教学内容与教师的活动	学生活动
1.习得阶段	一、出示例A： 　　**葡萄成熟了，收下来的葡萄真多啊！**有的葡萄运到城市去，深受市民的欢迎；有的运到当地的阴房里，制成葡萄干；有的运到酒厂去，酿成香醇的美酒。 　　1. 问：下面我们一起来读读这段话，想一想：这一节主要写了什么？哪句话可以概括？（划线句） 　　2. 问：从哪几方面写了葡萄的多？（加点字） 　　3. 小结：第一句总的写了葡萄真多，概括了全节的内容。其余的句子围绕这句概括句写了葡萄有的运到城市去，有的运到阴房里，有的运到酒厂去，具体写出了葡萄的多。 二、出示例B： 　　**今天，天气非常闷热。**树叶一动不动，知了不停地叫着。大滴大滴的汗珠从人们脸上滚落下来，人们多么希望来一阵大风啊！可风却和我们捉迷藏，不知躲到哪里去了。 　　问：(1) 哪句话概括了全节的内容？（划线句） 　　(2) 围绕天气闷热，写了哪几方面？（加点字） 三、出示例C： 　　**乐山大佛是世界上最大的石刻雕像。**它有二十多层大楼那么高。大佛的眼睛有三米多长，耳孔里能并排站两个人，一个脚趾上就可以放一张桌子，供十来个人吃饭呢！	1. 齐读短文。 2. 个别回答问题。 女生读短文。 个别回答问题(1)(2)。 个别读短文。 个别回答问题(1)(2)。 同桌讨论后交流。

	问：(1)哪句话概括了全节的内容？（划线句） (2)围绕乐山大佛的大，写了哪几方面？ **四、得出结论：** 　　1．出示三个例子，问：以上三个例子有什么相同的地方？ 　　出示：第一句话概括了全节的内容，后面的句子围绕概括句分几个方面把意思写具体。 　　2．述：第一句和其它几个句子之间的关系叫做——总分关系。 　　板书：总分关系 　　3．引读：总分关系的句子有什么特点？ **五、告知目标：** 　　今天这节课我们就来学习写总分关系的句子。	齐读"总分关系"。 齐读出示内容。
2．练习阶段	述：首先，请你判断下列段落中的句子是不是总分关系，如果是，请划出概括句。 　　**1．出示第一题：** 　　**日月潭是一个美丽的大湖**。潭里有个小岛，把潭分成两半。"日潭"和"月潭"湖水相连，像个碧绿的大玉盘。小岛就像玉盘中的明珠。日月潭的四周是山，山上是茂密的树林。日月潭的水很深。山林倒映在潭里，湖光山色，非常美丽。 　　(划线句) 　　**2．出示第二题和第三题：** 　　周总理走到教室后面，看墙上的学习园地，一边看一边不住地点头。然后，他在我的身边坐下来，拿起我的语文课本，轻轻地问："是讲这一课吗？"我连忙回答说："是的。"周总理戴上眼镜，认真地看课文。看完课文，他把眼镜拿在手里，跟我们一起听讲。 　　煤可以用来做饭烧水，炼钢发电，开动火车和轮船也都要用煤做燃料。人们还可以从煤身上提取很多	个别读短文。 同桌讨论后交流。 自由读短文，判断。交流。

3. 变 式 练 习	宝贵的东西做成原料，再加工成人造肥料．人造石油和染色的染料等。 1．问：(1) 这段话有几句？每句各讲什么？ (2) 两句都讲了什么？ (3) 你能不能加上一个概括句，把它变成总分关系的一段话？ 出示：煤的用处可真大！ 2．述：概括句除了放在一段话的开头，也经常放在最后来总结这段话的主要意思。谁来为大家读一读。 3．在原文最后加上：人们称它是"工业的粮食"，"黑色的金子"。 述：最后这句话把煤比作"工业的粮食"，"黑色的金子"，说明煤的用处很大，对我们的生产生活很重要，起到了总结的作用。像这样，段落开头概括主要意思，结尾时再总结一下，也是常见的写作手法。	个别回答。 齐读短文。 个别读短文。 个别读短文。
4. 应 用 练 习 与 目 标 检 测	述：下面，老师要来考考你们，看你们是不是学会了。自己来说一说，写一写。 1．分几方面把句子写具体： (1) 清晨，树林里的小动物都醒来了，可热闹啦！ _____。 (2) 大扫除开始了，同学们干得可带劲了。 _____人。 2．写一段总分关系的话。_____ _____。	同桌讨论。 口头练习。 自由练习后交流。

* 变式指概念和规则应用情境的变化（参见本书第二章第三节）。

    本教案是根据王小明博士在其博士论文中提出的"句子图式训练法"[1] 设计的，符合现代教学设计的要求：第一，本课的目标与巩固练习

---

[1] 王小明等著：《句子图式训练方法的实验研究》，华东师范大学学报（教育科学版），2001年，第三期。

阶段的目标检测题完全对应；第二，本课的教学过程与任务分析完全对应；第三，本课的教学方法来源于现代认知心理学的图式理论。据认知图式形成过程，其教学方法是：先呈现若干例子（此处为总分语段），让学生辨别，分析；然后引导学生发现这些例子的共同本质特征。这叫"举三反一"。接着再呈现若干正、反例，让学生运用刚刚习得的总分句群本质特征分析这些正反例。这叫做"举一反三"。然后再进行变式练习。最后，对照目标检测学习结果。如果学生能通过测验，则可以认为，一种新的技能便初步形成了。

第三节　本书的结构与学习重点

本书分三个单元，共 12 章。

第一单元：现代教学设计的理论基础（共 3 章）

第一章先介绍作为一门教学技术的现代教学设计的性质、特征、起源与发展；接着介绍了心理学家通过新教师与专家教师比较研究所揭示的专家教师的教学专长及其知识结构特点；最后论述了教师培训中引进现代教学论对促进教师专长发展的作用。本章学习的重点是：**能说明现代教学设计与传统备课写教案之间的异同。**

第二章阐明教学设计的学习论基础。综合加涅、奥苏伯尔等著名教育心理学家的学习论观点，先阐明了人类学习的一般过程和条件，再阐明不同类型的学习的特殊过程和具体条件，为不同类型的教学目标的教学过程和条件设计提供了科学学习论基础。本章训练的重点是**按学习结果对学习进行分类。**

第三章阐明教学设计的教学论基础。首先区分了哲学取向的教学论与科学心理学取向的教学论。后者是在第二章阐明的学习论基础上建立起来的。新的教学论对教育目标、教学过程、教学手段和教学结果评价等作了全新的解释,为教学设计奠定了教学论基础。本章训练的重点:**区分两种不同的教学论关于教学目标、过程、原则、方法和评价的不同观点**。

第二单元:目标导向的课堂教学设计(共7章)

第四章有两个重点,一是教学目标的设置,二是克服目标含糊性。本章围绕这两点介绍了国际上公认的心理学理论与相关技术,并提供了良好陈述的目标的许多例子。本章训练的重点是**陈述规范的教学目标,避免含糊的目标和用错误的方法陈述的目标**。

第五章在阐明任务分析起源、发展以及课堂教学设计中引入任务分析的意义之后,介绍了指导任务分析的两个理论,即加涅的学习分类论和奥苏伯尔的同化论,最后通过语文、数学、地理、历史等学科的实例指导教师如何做学习任务分析,即分析目标中暗含学习结果类型、学习的先决条件和起点能力。

本章学习的重点是:**第一,能用实例说明任务分析在教学设计中的重要性;第二,能用奥苏伯尔的同化论和加涅的智慧技能层次论分析学习类型和学习条件。**

第六章和第七章阐明如何根据任务分析的结果,针对不同目标设计教学过程和师生的活动。所涉及的目标类型是:

1. 陈述性知识;
2. 概念;
3. 作为陈述性知识的命题即原理;
4. 作为智慧技能的规则;
5. 作为特殊程序性知识的认知策略。

通过这两章具体说明教师如何设计与创设不同的外部教学事件,使学生分别习得结构化的陈述性知识,掌握作为陈述性知识核心的概念和原理以及如何使作为陈述性知识习得的概念向智慧技能转化。这两章训练的重点是针对不同目标设计不同外部教学事件。可以通过写教案、说课、评课等形式，使教师坚定"学有定律，教有优法"的信念。学员进一步体验到课堂教学中引入任务分析是教学设计的中心环节，也是最难的环节。

第八章阐明如何将习得的陈述性知识、程序性知识和策略性知识综合运用解决问题。由于研究性学习的心理实质是解决问题，所以将解决问题与研究性学习一起讨论。研究性学习是教学设计不成熟的一个领域，只能提供不同观点让学员讨论。

第九章先介绍媒体的分类与不同类型的媒体的特征和作用，然后介绍影响媒体选择的因素，最后举例说明媒体选择的方法。本章训练的重点是**依据教学目标类型和学生的特征对媒体作出最佳选择**。

第十章指出，布卢姆的目标分类适合于指导终结性测验和评价，加涅的学习结果分类适合于指导形成性和诊断性测量和评价。教师应善于根据不同测验目的，针对教学目标，编写检测教学目标是否达到的测验题，适时诊断学生的学习困难并采用补救措施或修改教学设计，包括重新设置目标。本章训练重点是**针对不同目标编写合格的测验题**。

第三单元：教学设计实施的先决条件（共2章）

目标导向的课堂教学设计从教学目标设置开始，以教学目标的检测和达成而告终。当中所设计的教学事件和选用的媒体都是针对具体教学目标，从而使教学过程、方法、策略达到优化。但教学设计能否在具体课堂情境中得到落实，除了在第一章提到的教师应具备必要的素质之外，还应具备两个先决条件。第三单元论述这两个先决条件，以保证教学设计能转化为教学行为。

第十一章论述第一个前提条件，即学生有学习动机。

第十二章论述第二个重要条件,即班级有较好的班风和良好的课堂纪律。

这两个因素不同于上述因素,不随具体目标类型改变而改变,故不作教学设计的环节,而作为保证条件。这两章为自学教材,可以让学员自学。

综合练习题:

1. 请说一说教师平常的哪些行为可以归入广义教学范畴,哪些行为可以归入狭义"教学"范畴?
2. 何谓系统教学设计,现代教学设计的5个特征是什么?
3. 请举例说明,教学设计发展与学习论和教学论发展的关系(至少要举两个以上的例子)。
4. 加涅教学设计原理的5个基本观点是什么?
5. 现代教学设计理论是从什么时候被引入我国的?哪些人在从事这方面的研究工作?

第二章 现代教学设计的学习论基础

教学是帮助学生学习的。教师要掌握教学设计的理论与技术,先要知道学习的规律。科学心理学对学习的研究有100多年的历史,积累了大量的文献资料,产生了许多学习论派别。为了给教师学习现代教学设计理论提供必要的基础,本章将介绍从事教学设计所必需的科学学习理论。

学习的理论(简称学习论)是研究学习结果的类型和性质、学习的一般过程和一般条件、不同类型的学习的特殊过程和特殊条件的各种学说。本章先论述学习的定义、学习的分类和学习的一般过程,然后分两节分别论述陈述性知识和作为程序性知识的技能(智慧技能、作为特殊程序性知识的认知策略和动作技能)的特殊学习过程和条件。本章学习目标:

1. 能根据学习定义区分学习与非学习的生理变化现象(如成熟、疲劳、适应等)并能陈述和举例说明加涅的学习结果分类。

2. 能陈述并举例说明梅耶的学习的信息加工模型所概括的学习一般过程和条件。

3. 对给予的教学实例能根据加涅的学习结果分类的标准划分智慧技能学习与动作技能,智慧技能学习与认知策略学习,符号学习、事实学习和有组织的整体知识学习。

4. 能正确设计概念与规则的正反例。

第一节　学习概述

一、学习的定义

我们常说教育的目的是促进学生的发展。但人的发展是由多种因素构成的。教育只是促进人的发展的因素之一。人的自然成熟也是导致人的发展的重要因素。教育是通过帮助人的学习来促进发展的。所以如果要用科学的观点研究教育，从事教育工作，就需要接受科学心理学关于学习的定义。

心理学家为了使学习与成熟相区别，把学习定义为："通过后天经验引起的能力和倾向的相对持久变化。"按学习的常识观，儿童在读书就是学习。但按学习的定义，如果儿童通过读书这种活动一无所获，即没有带来他的能力和倾向的相对持久变化，则不认为学习存在。再如体育老师在教一套新的广播体操时，儿童开始不会做操，通过几次教学，学会了新的广播体操。这表明学习发生了。但是为了达到锻炼身体的目的，儿童日常重复做广播体操，就不存在学习了。可见，儿童从事某些活动，如果活动导致他的能力和倾向的变化，则学习存在，否则学习不存在。而且这些变化是不可逆转的，能相对持久保持。定义中强调后一点是因为疲劳、适应和药物等因素也可能导致人的能力和倾向的变化，但这些变化可以逆转，不能持久保持。因为自然成熟也能引起人的能力和倾向的变化，学习定义中用"后天经验引起的"这一定语来限制"变化"，表明学习导致的变化中应排除自然成熟引起的变化。总之，我们用三条标准来判断儿童从事的活动是否属于学习：

1. 是否有能力或倾向变化？有变化，则认可学习存在；无变化，不认可学习存在。

2. 变化是否可以相对持久保持？可以相对持久保持，则有学习；不能持久保持，则无学习。

3. 变化是否由成熟引起的？即排除成熟的影响之后的变化才是纯粹的学习。

下面给出几个例子，请你根据以上标准作出判断：

习题 1：在一个实验中双生子之一 T 从第 48 周起每日作 10 分钟爬梯训练，连续 6 周。在此期间另一双生子 C 不作爬梯训练，从第 53 周开始训练。结果 C 在 2 周后赶上了 T 的爬梯水平。双生子 C 为什么只用两周训练便能赶上双生子 T 训练 8 周的水平？其中什么因素在起作用？

习题 2：许多野生动物如长颈鹿出生以后立即试着站立，然后试着走路，而且很快就会走了。新生长颈鹿的这种能力变化属于学习吗？为什么？

二、学习分类

学习是一种极为复杂的现象，心理学家为了对学习规律作深入研究，对学习现象作了多种分类，以便找出不同类型的学习的特殊规律。

（一）加涅的学习结果分类

最有名的学习分类是美国著名教育学家加涅的学习结果分类。加涅认为，学习的结果导致人的能力和倾向变化。他用性能（Capabilities）一词代表人的能力和倾向。通过学习活动，人的性能发生哪些变化呢？加涅认为，不论中小学生学习何种学科，其学习结果可以划分为如下 5 种类型：

1. 言语信息：指可以用言语符号或文字符号表达的信息，包括：符号，如知道书的英文符号是"book"；事实，如知道一星期有七天；整体性的知识，如知道第二次世界大战产生的原因、主要参战国、战争经过和结果等。

2. 智慧技能：指用符号对外办事的能力。如运用"长方形面积＝长×宽"这一公式求出某些具体的土地或房屋的面积。要求学生理解和运用概念、规则进行逻辑推理。

3. 认知策略：指运用规则调控自己的学习、记忆和思维等认知过程的能力。如在打电话时，为了记住要拨打的电话号码，在拨打之前，先重述几遍。这种重复的方法被称为复述策略。

4. 动作技能：指运用规则调控自身肌肉协调的能力。如婴儿学会发"猫咪"的音，成人学会打乒乓球。

5. 态度：指通过后天学习形成的影响个体行为选择的内部倾向。例如，在课余自由活动时，有的学生去图书馆看课外书，有的学生去操场上打球，有的学生在室内下棋。这些不同的自由选择反映了学生的内部倾向，即态度。所以也可以把态度定义为个体对人、对己、对事、对物的行为选择倾向。

加涅的5种学习结果可以归入认知、情感和心因动作三个领域。言语信息、智慧技能和认知策略属于认知领域；态度属于情感领域；动作技能属于心因动作领域。此处在动作之前加上"心因"二字，意指这里的动作技能是学习的结果。有些动作技能是先天的，如婴儿碰到奶头会吸吮；儿童或成人受到风吹时会眨眼睛。这些复杂的肌肉协调能力是不学而能的。

上述三个领域的划分不是绝对的。许多学习同时包含几种结果。如小学低年级学生在词语学习中学会字词的发音，主要属于动作技能学习；学习字词的笔划，主要要求文字符号的记忆，属于认知领域的机械记忆；学习语词的词义，属于认知领域的意义学习。

下面的习题提供了几个实例，请据上述学习结果分类标准，对这些实例属于三个学习领域中哪个领域作出划分并陈述理由：习题

3：2岁半幼儿学会了背诵唐诗"床前明月光，疑是地上霜……"这首唐诗。

习题4：通过地理课学习，初中生能说出我国的邻国的名称和位置。

习题5：小学六年级学生在课堂学习了"圆"这节课之后，老师布置家庭作业，要求学生用圆规画一个圆。学生顺利完成这一任务。

习题6："杀鸡吓猴"这个成语中暗含了人们期望出现某种学习结果。

（二）信息加工心理学的广义知识分类

信息加工心理学家认为，人类后天习得的能力，即加涅学习结果分类中的言语信息、智慧技能和认知策略以及动作技能都可以用习得的知识来解释。不过这里的知识是广义的，不仅从人能回答是什么的问题可以推论出他有知识，而且还要从他会做什么推论他的知识的存在。例如，如果我们问儿童："一个星期有几天？"他正确回答了此问题，我们认为他有知识。如果我们观察儿童的言语行为，他在与别人交流时，正确使用了"你"、"我"、"他"这些代词，我们可以推论，该儿童掌握了人称的概念。他说不出什么是"第一人称"、"第二人称"和"第三人称"的定义，并不影响我们对他有区分人称的能力的判断。因为判断一个人是否掌握某个概念的行为标准，不是看他会说什么，而是看他会做什么。一般来说，人们会做的东西超过他会说的东西。根据某人会说什么推知某人所具有的知识被称为陈述性知识，即可以用言语表达的知识；根据某人会做什么推知某人所具有的知识，被称为程序性知识。婴儿生下来会吃奶，吸吮动作的执行受一套内部的复杂程序支配。这种程序是遗传决定的。小学生会做加减乘除的计算题，会用正确的词造出合乎规范的句子，这种行为也受内部程序支配，但这些程序是后天习得的。

程序性知识还可以分两个亚类，一类是对外办事的。另一类是对内起调控作用的，被称为策略性知识。例如，现在要你计算"1/3+1/4=？"，你很快说出答案为 7/12。从你能得出这个答案可以推测你头脑中贮存了做分数加法的程序性知识。信息加工心理学家把计算分数加法的程序分解为如下步骤：

P1　如果　我的目标是要将分数相加，
　　　则　建立一个子目标，即求出它们的最小公分母。
P2　如果　我的目的是要将分数相加，
　　　　　且现在有两个分数
　　　　　且两个分数的最小公分母已知，
　　　则　用最小公分母除第一个分数的分母。
P3　如果　我的目的是将分数相加，
　　　　　且现在有两个分数，
　　　　　且两个分数的最小公分母已知，
　　　　　且已得结果 1，
　　　则　以结果 1 乘第一个分数的分子和分母。
　　……

因为你的计算很熟练，基本上达到自动化，你一般意识不到这些心理运算的具体步骤。但这种程序性知识的的确确贮存在你的头脑中。

习题 7：请你填写下表，找出加涅的学习结果分类与信息加工心理学广义知识分类之间的关系。

加涅学习结果分类	信息加工心理学的知识分类
1. 言语信息 2. ＿＿＿＿ 3. 认知策略 4. 动作技能 5. 态度	1. 陈述性知识 2. 程序性知识 3. ＿＿＿＿ 4. ＿＿＿＿ 5. ＿＿＿＿

三、学习的一般过程和条件

（一）梅耶的学习的信息加工模型

信息加工心理学家认为，学习是一个信息加工过程，经过外部信息 (S) 输入 (即感知)，短时记忆 (STM，一般只能保持在 20 秒以内)，短时记忆又称工作记忆 (WM)。在短时记忆中的信息经过加工，形成新知识的内部联系和新与旧知识之间的联系 (后者又称外部联系)。最后新知识与旧知识一道被贮存于长时记忆 (LTM) 中 (见图 2-1)。

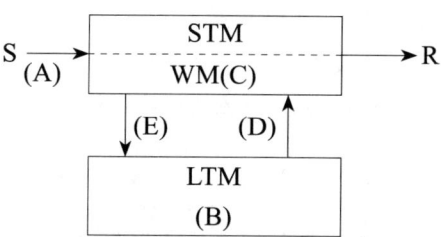

（A）注意 （B）原有知识 （C）新知识的内部联系
（D）新旧知识的联系 （E）新知识进入长时记忆

图 2-1 梅耶的学习信息加工模型

从图 2-1 可知，学习的关键阶段发生在短时记忆 (即工作记忆) 中。学习的关键过程是建立两个联系的过程，也就是学生利用原有知识理解新知识的过程。认知心理学家把利用原有知识理解新知识的过程称为同化。关于新旧知识的同化是怎样发生的，读者可以参阅奥苏伯尔著的有意义言语学习理论。(奥苏伯尔等：《教育心理学——认知观点》，佘星南等译，人民教育出版社，1994年)

据图2-1，可以将有效学习的一般条件概括如下：

1. 注意(A)：有注意，可以产生学习；没有注意，学习不能发生。

2. 原有相关知识(B)：有相关的原有知识，学习可能是有意义的，即可以产生理解；没有相关原有知识，所产生的学习只能是机械的，无法理解。

3. 形成两个联系即内部联系(C)和外部联系(D)：有两个联系，学习是理解的，而且可以长期保持。形成两个联系意味着学生应有学习的主动性，积极发现学习材料的内部联系、新材料与旧材料之间的异同。(图中R表示反应，E表示贮存)

(二) 广义知识学习阶段和分类模型

梅耶的信息加工模型只适合解释陈述性知识的学习和保持，但不适合解释陈述性知识怎样向程序性知识(或向技能与策略)转化。为此下面还要引入广义知识学习阶段和分类模型。

信息加工心理学中的广义知识的分类，与知识、技能和策略的关系可以图解如下：

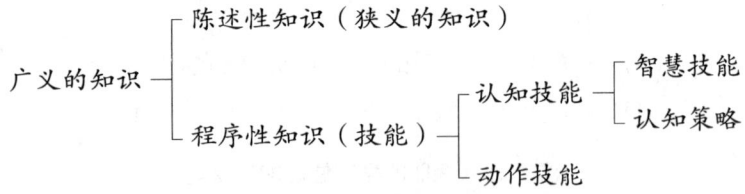

图 2-2　广义的知识分类

从图2-2可以看出，广义的知识概念已包含了技能，因此对学生进行某种技能的培养和训练时不应该忽视有关概念、规则等的传授，也不应该将学生陷入题海之中，埋头苦练，而是应当首先使学生掌握或理解有关操作或运算步骤的知识，即这些知识进入学习者原有的命题网络；然后设计变式练习，让学生在多种问题情境中进行练习，以促使陈述性知识转化为程序性知识（技能）。用知识来解释技能，无疑能引导我们走出目前学校教育中认知技能和动作技能培养模式的误区。

第二节 作为言语信息的陈述性知识学习

一、陈述性知识学习的重要性

按加涅的分类，陈述性知识包括符号、事实和有组织的整体知识三种类型。人的一生要记忆大量符号，如学习汉语，要记忆约3000—5000个汉字；学习英语，至少要记住5000个单词才能流利进行交谈与阅读。事实性知识也是不可缺少的。例如当你出远门旅行，你需要知道行程路线、交通工具、目的地的气候等。电视里的知识竞赛题基本上属于事实性知识题。人的一生需积累大量的事实性知识。但对学生来说，最重要的是习得有组织的整体性知识。认知心理学家认为，人的知识是按某个主题分层次组织的。例如，到现在为止，本章讲的学习的结果可以分层组织如下：

有人认为，现在电脑发展了，知识学习不重要了，重要的是培养学生的能力。这种说法没有科学依据。通过专家和新手比较研究表明，专家解决问题主要靠他们长期积累起来的丰富的专门领域的知识。认知心理学家认为，陈述性知识是构成习得的能力的重要方面。在中小学的自然常识、物理、化学、生物和历史、地理等课程的学习中，陈述性知识学习占有很大比重。

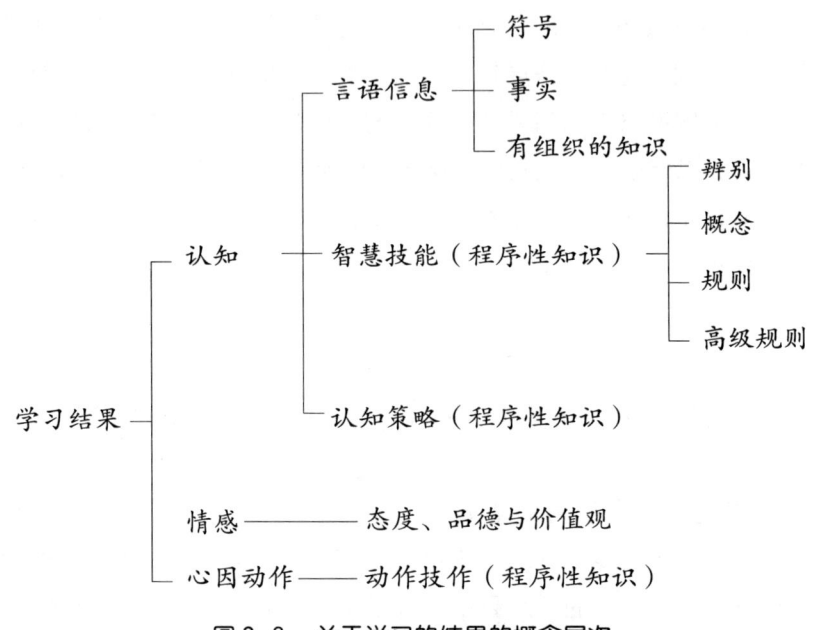

图 2-3　关于学习的结果的概念层次

二、陈述性知识学习的过程和条件

（一）符号学习

符号学习属于机械学习。自从艾宾浩斯的无意义音节记忆研究结果发表以来，心理学中有关机械记忆的研究资料极为丰富。机械记忆的心理机制是人为联想。其学习的基本规律可以用刺激、反应和强化等概念来解释。例如记忆外语单词时，外语单词（刺激）要反复呈现，学生要作出读、写、默等反应，而且要经过多次重复，每次重复反应之后，必须伴有反馈信息，以达到强化正确反应的目的。"一口气学英语"这个口号一提出立即遭到专家的批评，因为学会一门外语必须花费大量时间来进行这类机械记忆。也有人认为，若一天能记 5 个外语单词，一年就能记 1500 多个单词，似乎记忆难度不大。但有的学生学了 10 多年外语，记住的单词数不足 1000，这是什么原因呢？这是因为机械记忆的东西遗忘率极高，而且遗忘的原因是单词之间的相互干扰。学习的东西越多，干扰的可能性越大，记忆的难度增加。

（二）事实性知识学习

事实性知识学习不属于机械学习范畴，而是属于有意义学习范畴，因此这里需要引入美国著名教育心理学家奥苏伯尔关于有意义学习的三个条件：

1. 学习材料本身具有逻辑意义，即对人类来说是有意义的。

2. 学习者认知结构中具有同化新学习材料的相应知识。如果第二个条件能得到满足，则第一个条件中的有逻辑意义的材料对学习者来说，成了潜在有意义的材料(即他有可能理解新材料)。

3. 学生具有有意义学习的动机，即能主动利用自己的原有知识来理解新知识，使新材料的潜在意义转化为他个体的心理意义。

例如，初中学生在地理课上学到"中国的地势西高东低，呈阶梯状下降"，这个句子陈述了中国陆地高低走势的方向和特点。这里有两个事实。用上述有意义学习的三个条件来分析，在这里第一个条件是成立的。关键要看第二个条件，学生是否具有同化这个事实的原有知识。如果让学前儿童来学，则第二个条件不能满足，必然出现机械学习。对于初中学生来说，这个句子中只有"地势"是一个地理概念，其余词语如"中国""西高""东低""阶梯状""下降"都只涉及常识，所以理解不难。对于初中学生来说，第二个条件一般都可以满足。最后一个条件要求学生改变用死记硬背的方法学习历史、地理的习惯，仔细理解句子所表征的具体事实，此处要对照地图来学，而且要在地图上找到三级阶梯的位置在何处。

在有意义学习条件满足以后，事实性知识的学习过程是由文字符号所表征的事实与学生头脑中的相关表像、概念和观念建立联系的过程。事实性知识学习理解不难,难在记忆,因为事实性知识多了以后容易混淆。

(三)有组织的整体知识学习

当学生学习一篇课文,一段教材时,他们要记住的除了符号和具体事实之外,更重要的是"期望他们能学习并回忆主要议题或主要论点,并能用充足的事实举例说明或阐述这些论点"。例如,我们以初中二年级《中国地形特点》这节地理课为例研究有组织的知识学习。这节地理课要学习许多地理名称,如昆仑山、祁连山、黄土高原等;要学习地理事实,如中国地形分布特点,大陆架特点等。但是主要目的是要求学生理解如下三个论题:

1. 地势由西向东变化特点及其对河流流向的影响
2. 沿海大陆架分布特点及其对经济的影响
3. 地形类型分布特点及其对经济的影响

学生如果能列举事实或实例论述上述三个论题,说明学生理解了有关知识。

如上所述,有组织的整体知识学习的过程是学生建立两个联系,即新知识内部联系和新旧知识联系的过程。上述《中国地形特点》中的三个论题强调了新知识的内在联系,如"地势变化对河流流向影响""大陆架分布对经济影响""地形分布对经济影响"。如果教师引导学生将"中国地形特点"与已学过的"欧洲地形特点"进行对照、比较,则做到了新旧联系。

有组织的整体知识学习属于有意义学习的主要类型,在此,上述有意义学习的条件第一个条件已满足。第二个条件涉及学生原有知识的丰富与组织,原有知识越丰富,组织越好,则越有助于有意义学习。第三个条件涉及学生的学习动机和学习策略。教学中教师在保证上述两个条件以后，应指导学生采用符合有意义学习的策略进行两个联系，避免有意义材料机械学习。

三、促进陈述性知识学习的基本策略

这里讲的策略包括教师的教学策略和学生的学习策略。教学策略是教师在教学过程中，为达到一定教学目标而采取的一系列相对系统的行为。学习策略是学生采用的提高学习效率的活动。学生的学习策略在很大程度上决定于教师的教学策略。教与学的策略都应当建立在科学心理学的基础上。这里根据认知心理学所揭示的陈述性知识学习的规律，提出促进陈述性知识学习与保持的策略。

(一) 促进简单陈述性知识学习与保持的策略

简单的陈述性知识主要是符号表征学习和事实的学习。这类学习的难点不在理解而在保持。也就是说，它们的遗忘速度快，而且遗忘率高。在这类知识的教学中，教师指导学生的学习与记忆策略或方法，培养学生良好的学习与记忆习惯十分重要。经心理学研究证明，有效且适合于学习与记忆简单知识的策略或方法如下：

1. 复述 (rehearsal) 策略

复述指为了保持信息而对信息进行多次重复的过程。例如，学生为了记住外语单词，必须出声或不出声地重复念单词。要背诵一首古诗，也必须多次重复。这里讲的复述与阅读教学中学生用自己的话复述课文故事大意的教学方法不同。前者是原封不动地保持原材料，如记忆外语单词时不可改变词中的任何字母或它们的顺序；后者旨在促进学生对课文的理解。复述要达到提高记忆效率的目的，宜于采用复述与结果检验相结合的方法。美国心理学家盖茨 (Gates, A.T) 在 1917 年的实验表明，重复与结果检验相结合的学习方法比单纯重复的方法，在即时记忆与延时记忆的效果上明显要好。

2．精加工（elaboration）策略

精加工指对记忆的材料补充细节、举出例子、作出推论，或使之与其他观念形成联想，以达到长期保持的目的。记忆术是典型利用精加工的技术。例如，一个中学生在记忆陈胜、吴广在公元前209年领导农民起义这个历史年代时，他想象陈胜、吴广两人领（谐音"零"）导900农民起义，"两人领900人"这个观念与"209"建立了联系，这个历史年代便牢牢记住了。

3．组织策略

组织指发现部分之间的层次关系或其他关系使之带上某种结构以达到有效保持的目的。在中国小学低年级识字教学中，有人按字音归类识字，有人按偏旁结构归类识字。在外语词汇教学中，也利用类似的归类识字教学法。这些都是组织策略用于简单学习任务的例子。组织策略的实质是发现要记忆的项目的共同特征或性质，而达到减轻记忆负担的目的。

（二）促进复杂陈述性知识学习与保持的策略

在复杂知识的学习中，学习的实质是习得言语材料中的意义，意义如果以命题网络或认知图式储存，则能持久保持且易于提取和应用。在复杂知识学习中，同样利用上述复述、精加工和组织策略，但应用的目的和条件不同。

1．复述策略

在复杂知识学习中，复述策略包括边看书边讲述材料；在阅读时做摘录、划线或圈出重点等。心理学家对划线的作用作了许多研究。例如，有人比较了在不同划线条件下的回忆效果：当要求学生自由划出一段文章中的任何句子时，比只要求他们划出最重要的句子的回忆效果好。原因是在自由划线条件下，被试可以将文中已有的结构联系起来。

2．精加工策略

在复杂知识学习中，精加工策略包括释义、写概要、创造类比、用自己的话写注释、解释、自问自答等具体技术。

记笔记和做笔记 (note taking & note making) 是心理学中研究较多的一种精加工技术。维特罗克称之为生成技术。研究表明，笔记有助于指引个人的注意，有助于发现知识的内在联系，有助于建立新知识与旧知识之间的联系。

3．组织策略

在复杂知识学习中，可以采用列课文结构提纲和画网络图的方法对材料进行组织。

许多编写得好的教科书，在每章的开头都有一内容结构提纲。结构提纲提供大小标题及其层次和序号，可以使读者清晰地知觉课文的内在逻辑关系。教师在讲课时，也可以在黑板上列出内容结构提纲，为学生学习这种方法提供示范。

有心理学家建议采用如下步骤训练学生列结构提纲：

1. 给学生提供较完整的结构提纲，其中留出一些下位的细目空位，要求学生通过阅读或听讲填补这些空位；

2. 提纲中只有一些大标题，所有小标题要求由学生完成；

3. 提纲中只有小标题，要求学生写出大标题。

网络图如一棵倒置的知识树，把最概括的概念置于树干的顶端，把局部的概念置于枝干，最后把具体细目置于树枝的末梢。这种画知识网络图的方法在英文中叫 mapping，其结果是得到一幅概念关系图 (见图 2-3)。

习题 8：上海一家出租汽车公司的电话号码是"2580000"，为了便于乘客记住，公司在广告语中教大家用上海话说"让我拨四个零"与电话号码联系起来。这是属于哪种记忆策略？

习题9：精加工策略与组织策略的不同点是什么？

第三节　作为程序性知识的智慧技能、认知策略和动作技能学习

传统教学论在论述教育目标时，常用"知识"与"技能"这两个词来描述学生学习的结果，但对于"知识"与"技能"的关系如何、技能的本质是什么未能揭示。直到信息加工心理学提出陈述性知识与程序性知识分类以后，人们才认识到，可以用程序性知识来解释技能。广义的技能可分三类：

1. 智慧技能。按加涅的观点，智慧技能又可分如下四个亚类：(1) 知觉辨别技能；(2) 运动概念对事物进行识别与分类的技能；(3) 运用规则对外办事的技能；(4) 综合运用若干规则办事并产生高级规则的技能。

2. 认知策略。作为一类特殊的智慧技能，是运用规则调控自己的认知活动的技能。

3. 动作技能。运用规则调节自己身体肌肉协调的技能。中小学教师的教学设计主要是针对上述各类技能的设计。一般来说，陈述性知识学生可以自学。技能的学习，尤其是智慧技能的学习，则需要教师有目的地安排练习，练习之后还应及时提供反馈与纠正。但是我国传统教育学中只有含糊的"知识"与"技能"概念。这样的知识与技能观，不能指导当前的课程改革。为此教师应更新自己的传统知识与技能观，树立新的知识与技能观。下面分别说明智慧技能、认知策略、动作技能的学习过程和条件。

一、智慧技能的学习过程和条件

（一）知觉辨别学习

知觉辨别过程可以用模式识别来解释。如婴幼儿识别妈妈的脸。心理学家假定，儿童见到他妈妈的脸，脸的特征被贮存在他头脑中，以后再次看到妈妈的脸，他用贮存的模式与新知觉到的脸的特征加以比较，如果两者的特征相吻合，则识别了妈妈的脸。知觉辨别能力有很大的天生成分，大部分知觉辨别能力是在日常生活中学会的。影响知觉辨别的外部条件主要有：

1. 扩大目标物的有关特征，如教"大"和"太"字的区别时，把"太"字的一点加以强调。

2. 对比，如教字母"b"时，与"d"进行对比。

3. 发挥多种感官的作用。

4. 强化与反馈。如南方人受方言的影响，在感知语音时分不出前鼻音和后鼻音，翘舌音与平舌音。教师应让学生反复感知这些音，并对发音正确与否提供反馈与纠正。

（二）概念学习

概念学习的本质是掌握一类事物的共同本质特征。一个概念总是涉及一个类，这个类中的所有成员被称为这个类的正例，如"人"这个类中，男人、女人、老人、小孩均为正例；猴子、猩猩是它的反例。概念是对这个类的正例的共同本质特征的概括。用一个命题揭示这种共同本质特征，便是给概念下定义。因儿童年龄不同，原有知识经验不同，概念学习可分如下两种情况：

1. 通过例子归纳出它们的共同本质特征

人们日常交流中使用的词语一般不代表个别事物，而表示一类事物，如"狗咬人"这个短语中的狗不是指哪一只具体的狗，人也不是哪一个具体的人，而是涉及一个类，即代表概念。这类概念是人们在日常交流中归纳出来的,但要经过很长的时期,而且概念不一定精确。

为了缩短概念形成的时间,教师可以有意识地设计概念的正反例,指导学生发现这些正例的共同本质特征,从而习得概念。我们将这种习得概念的方式简称"举三反一"。这里的"三"表示若干正例;"反"表示抽象和概括的思维过程;"一"表示归纳出来的共同本质特征。这样习得的概念一般未下严格的定义。例如,小学生在学习"圆"这个几何概念时,通过归纳,知道什么是圆,自己也可以用圆规画出圆来。但因学生原有知识的缺陷(因未学过"轨迹"),还不能给圆下一个精确的定义。

用"举三反一"的方式习得概念的条件是:

(1) 要有若干正例和反例的观察与辨别;

(2) 要在教师指导下积极地进行抽象概括的思维活动;

(3) 教师对学生的反应及时提供反馈。

2．通过直接下定义揭示概念的本质特征

例如,如果学生已经掌握分数概念及其运算方法,现在要学习百分数概念及其运算方法。由于百分数是分数的一个特例,教师可以直接给出百分数的定义:"百分数是分母为一百的分数"。一般来说,学生不难理解百分数这个概念。类似的例子很多。如在学习了长方形以后,学生在学习"平行四边形"时,也可以通过下定义的方式学习。但教学时教师不是给出定义以后就完事了,还应提供例子,促使学生加深对概念定义的理解。例如当学生知道百分数定义之后,教师可以让他们计算班级女生和男生各占全班总人数的百分数是多少等。

心理学上把前一种即"举三反一"习得概念的形式称发现学习;后一种习得概念的形式称为接受学习。采用接受学习形式的条件是:

(1) 学生认知结构中已有同化新概念的上位概念，如分数是百分数的上位概念，分数的概括程度较高；

(2) 教师或教材呈现概念的定义；

(3) 紧随概念定义呈现之后，举例说明概念定义中所包含的本质特征。

> **习题 10**：圈出下面城市概念的正例，并说明理由：上海、华盛顿、天安门、苏州、人民广场。
>
> **习题 11**：圈出下面表征概念的词，并说明理由：Book、地球、圆、西安事变、西红柿。

（三）规则学习

这里"规则"是指定理、定律、公式、原理、规则等。学习规则同概念学习一样，其学习过程既可以通过发现的形式进行，也可以通过接受的形式进行。

1．规则的发现学习（例—规法）

通过若干例子的辨别，学生从例子中提出假设，再通过的例子变化来验证假设，直到发现他们的共同原理、定理或概括性结论。这样习得规则的过程被称为规则的发现学习。按发现学习过程所设计的教学方法被称为例—规法。

例如，我们在一个实验中给 5、6 年级学生呈现下述两组例子：

要求两组学生根据呈现的例子，找出规律，用最简便的方法求 $1+3+5+\cdots\cdots$一直加到 99 的和。结果，看到 A 组例子的学生大多数能发现规律，即"几个连续奇数的和等于奇数个数 N 的平方"。而看到 B 组例子的学生，无一人能发现规律。采用例—规法的条件是：

A 组例子	B 组例子
$1=1^2$	$1+3+5=3^2$
$1+3=2^2$	$1+3=2^2$
$1+3+5=3^2$	$1+3+5+7+9=5^2$
$1+3+5+7=4^2$	$1+3+5+7=4^2$
$1+3+5+7+9=5^2$	$1+3+5+7+9+11=6^2$

(1) 同时呈现体现规则的若干变化的例子；

(2) 学生应积极辨别例子，提出假设，并根据例子的变化来检证假设；

(3) 教师对学生的发现活动给予指导和反馈，保证学习成功。

2．规则的接受学习（规—例法）

规则接受学习的过程是学生利用自己的原有知识(一般是知识原理、结论、规律等)同化新知识的过程。所以，其前提条件是学生认知结构中具有可以用于同化新规则的知识结构。

例如，学生在学习立方体、长方体、圆柱体等形体的概念和体积计算公式(即 $V=Sh$)之后，再学习圆锥体的体积计算公式，就可以用接受的方式进行学习。教师用倒水的方法演示圆柱体容器所装水是与它等底等高的圆锥体容器所装水的三倍。所以圆锥体的体积等于与它等底等高的圆柱体的 1/3。学生利用原有的上位公式 $V=Sh$ 来同化新的公式 $V=1/3 Sh$ (此处 V 代表圆锥体体积，S 代表等底等高的圆柱体的底面积，h 代表圆锥体的高)。学生很快理解了新的公式。规则接受学习条件是：

(1) 学生认知结构中有同化新规则的概括水平高的规则、原理或结论等（也称上位规则、原理或结论）；

(2) 学生应比较新规则与原有上位规则的异同点；

(3) 教师或教材提供适当例子说明新规则与原有上位规则的异同。

（四）高级规则学习

高级规则是若干简单规则构成的新规则，其学习方式一是通过问题解决学习；二是通过接受的方式学习。问题解决过程包括理解问题（接受学习），寻找解题方案（发现学习），执行解题方案（包括原有技能的执行和元认知监控）和解题结果的检验（接受学习）。其先决条件是构成高级规则的简单规则已为学生掌握。

这里需要指出，概念是知识的细胞，命题是知识的最小单元。概念和概括性命题既可作为有组织的知识来学习，也可以作为智慧技能来学习。作为前者学习其重点是理解，形成有意义的命题网络的构成成分。作为后者来学习，除了理解之外，还要将概念和命题转化为以"如果/那么"的产生式形式表征的规则，从而转化为办事的智慧技能。有些智慧技能的执行要达到自动化。知识向技能转化的关键是概念和原理（定律、公式等）在变式条件中的运用练习。

习题 12：将一篇在电脑上打好的文章按一定格式排版所需要的学习类型是：（选择）动作技能、智慧技能、言语信息。

习题 13：可以把 a+b=b+a 看成一条规则，请设计它的三个变式。

二、认知策略学习的过程和条件

认知策略可以分为支持信息加工过程的具体策略和高级元认知监控策略，前者如，支持注意的策略，有在阅读的材料上划线，作各种记号等；支持记忆的策略，有复述、精加工和组织等；支持理解的策略，有画概念网络图，列表比较知识的异同等。后者包括监测和控制两方面。监测是信息由客体水平流向元水平。控制是信息从元水平流向客体水平。例如优秀的阅读者在阅读时能对自己是否理解作出及时判断（监测），如果理解了，他会继续阅读新材料；若未理解，他将回头重新阅读或采取其他补救措施（即调控阅读速度与方法）。

许多认知策略是儿童在学习和日常生活中自发形成的。例如国外心理学家发现，学前儿童在做 5+8 这样的两位数心算时，有的儿童要从 1 数到 5，再从 1 数到 8，最后得出总数。这是一种全部数字——数一遍的策略，被称为 count all；聪明的幼儿知道在心里记住大数（不必数），然后通过数数加上小数。这种策略被称为 count on。

认知策略也是可教的。前提条件是教师应将支持认知策略的规则提炼出来，如上述 count on 策略可以用如下程序性知识表达：

如果有两个数，且要求它们的和，

那么在心里记住大的那个数，再用数数的方法加上小的那个数。

这种用"如果/那么"表达的规则被称为产生式规则。这种规则的教学与上面谈到的作为对外办事的规则一样，通过若干变式例子说明规则如何应用，从而使学生掌握规则。规则的概括性越高，适应范围越广，变式练习的量也应相应增加。

认知策略可以分为与具体学科领域知识有关的策略，如上述两位数加法策略、阅读策略、写作策略、解数学应用题策略；还可以分为与具体学科领域知识无关的一般思维与推理策略，如目的—手段分析策略、逆向推理策略等。心理学研究表明结合学科领域的知识开展认知策略教学效果较好。单独开设认知策略课或思维训练课的教学效果并不理想。

在心理学中，研究过的策略很多，但可以分为两大类。一类是支配具体信息加工过程，如知觉、短时记忆、长时记忆和信息提出等过程的策略；另一类是对整个认知过程实行监控的元认知策略（又称反省认知策略）。前一类策略可以在较短时间习得和教会，后一类策略难以在短时的训练中获得成功。

认知策略的训练研究表明：认知策略学习不能离开言语信息和智慧技能学习以及具体学科领域的问题解决单独进行。认知策略的训练要同反省认知训练结合进行，即让学生知道要学习的策略是什么，新的策略与传统的学习方法相比其优越性在什么地方，新的策略可以在什么时间(When)、什么场合(Where)应用。这里的When和Where所代表的知识被称为条件性知识。研究还表明，认知策略的训练还要与动机激发相结合，即要使学生体验到运用策略所带来的好处。与动机激发相结合，习得策略的策略可以在与训练情境相同的情境中应用，即解决策略的保持问题；与元认知训练相结合，解决习得的策略在新情境中运用问题，即解决策略迁移问题。

三、动作技能学习

动作领域的学习的结果是习得动作技能(motor skills)。动作技能与智慧技能有相同之处，都含一套操作(或运作)步骤。这些步骤被称为程序性知识。其不同之处是，智慧技能可以在头脑内完成。而动作技能必须借助个人的躯体、四肢或其他部位的肌肉的协调才能完成。所以在认知领域，规则用于支配个体的认知运作；在运动动作领域，规则用于支配个体的骨骼和肌肉协调。

动作技能中有认知成分和肌肉协调成分，其学习阶段包括认知、动作联系形成和动作执行自动化三阶段。

虽然动作技能和智慧技能都属于技能，但两者学习过程和条件很不相同。学习的第一阶段，对智慧技能而言是习得概念和规则，这一习得过程一般可以用"举三反一"来描述。这里的"三"代表辨别多个例子;"反"是概括、归纳或发现一类事物的共同特征、规律、原理;"一"是学习的结果,概括性概念或原理。

对动作技能来说,学习的第一阶段不需要"举三反一",学生只要观察正确的操作步骤,并在头脑中形成正确表征。有时学生可以明确知道运动动作的规则,如写毛笔字先写哪一笔,后写哪一笔;有时不必知道动作的规则,如学习言语的正确发音,只需模仿正确的发音,而不必明确知道口腔、舌头如何运动的规则。

第二阶段:对于智慧技能来说,是变式练习,可以用"举一反三"来描述。这里的"一"是第一阶段习得概念、原理、定律等。这里的"三"是概念和原理运用情境的变化。这里的"反"是总结出概念和原理运用的条件。对于动作技能来说是将局部的动作联系起来,其练习是重复练习,不是变式练习。有时也可在头脑中重复思考动作的进行过程,这叫心理练习。

第三阶段:对智慧技能来说,是概念和原理的运用,这种运用一般称为迁移。对于动作技能来说是动作技能的执行自动化,局部动作的意识程度控制下降,抗外界干扰能力提高,甚至可以一心二用。

动作技能学习的条件与智慧技能学习的条件也不同。动作技能需要观察动作示范,需要大量的重复练习和反馈纠正。而智慧技能需要发现,需要变式练习,而不需要大量重复练习。动作技能可以通过模仿习得,而智慧技能不可能通过模仿习得。

综合练习题：

1. 心理学家为什么要对学习作分类研究？
2. 你过去所知道的"知识"与"技能"的概念与本书所介绍的知识与技能概念有何差异？为什么说传统"知识与技能"观不能指导当前的课程改革？
3. 请联系教学实践对广义知识学习阶段与分类模型所提出的"知识"向"智慧技能"和"认知策略"转化的过程作出适当解释。
4. 说明智慧技能与动作技能学习的过程和条件的联系与区别。
5. 假定要你向小学一年级学生教如下教材：

"一年有四季，春天暖，夏天热，秋天凉，冬天冷。"

(1) 学完本课，让儿童能回答一年有哪四季，此题检查何种学习结果？

(2) 让儿童能回答冷、暖、热、凉是什么意思，此题检查何种学习结果？

(3) 假定南方儿童不会发春天的"春"这个字音，教师需按哪类学习规律给予指导和纠正？

(4) 如果发现儿童混淆"温"和"凉"的字义，教师应如何进行补救教学？

(5) 有人根据地球绕太阳公转的道理向儿童解释为什么一年有四季，这是属于哪类知识教学？有必要吗？

第三章 现代教学设计的教学论基础

经过大约一个世纪的不懈努力,研究学习与教学的心理学家可以在科学心理学基础上提出新的教学论。新的教学论可以为教师的教学设计提供处方式指导。本章首先将教学论分为两种取向:一是哲学与经验取向,二是科学心理学与实证研究取向。本章将要说明两种取向的教学论的起源与依据,对教学的不同观点及其不同的应用价值;接着将要论述科学心理学与实证研究取向的教学论的主要观点及其对教学设计的指导意义。本章学习目标:

1. 比较和说明两种不同取向的教学论各自的起源、发展及其应用价值。

2. 能陈述科学取向教学论关于学生素质、教学目标、教学过程、教学原则和方法的观点与传统教学论的区别。

3. 能初步树立用科学取向教学观指导自己的教学行为的愿望。

第一节 两种取向的教学论及其应用价值

一、哲学与经验取向的教学论

我们把主要依据哲学思辩和经验总结所形成的教学论称为哲学与经验取向的教学论(简称哲学取向教学论)。

(一)哲学取向教学论的起源与发展

1. 哲学取向教学论的起源

在教育学史上,虽然捷克教育家夸美纽斯于1628~1632年间写成、随后于1657年公开发表的《大教学论》,被认为是世界上最早的系统教学论著作。但在此之前,哲学取向的教学论思想早已存在。这是因为教育涉及有目的、有计划地改变人性。而人性的改变问题是教育的主题,也是哲学家讨论的主题,所以历史上的教育家往往也是哲学家(或思想家)。他们用自己的哲学思想总结教育经验,提出种种教育论主张。例如,孔子在公元前400多年就探讨了人性问题,认为"性相近也,习相远也"。其意是:人与人之间的差异主要不是由先天决定的,而是由后天学习造成的。这种认识决定了孔子对教育事业的重视,并终身献身于教育事业。

又如,与孔子差不多同时代的古希腊哲学家、教育学家苏格拉底认为,真理存在于人的灵魂中,据此他提出了被称为"助产婆法"的启发式教学法。他认为,老师类似于接生的助产婆。助产婆的责任是帮助产妇把孩子生下来;而老师的责任是启发学生使他心灵中本来就有的知识得以澄清。

随着近代资本主义发展,班级授课制出现。此时的教学不是一个教师面对一个学生,而是一个教师面对由许多相同年龄儿童组成的教学班。夸美纽斯反映了时代发展的需要,提出了系统的教学论主张,其中包括一系列教学原则如直观性原则、循序渐进原则、量力性原则、自觉性原则。而最重要的是"教育适应自然秩序原则"。他的《大教学论》一书的出版标志着一门哲学和经验取向的教学论学科正式诞生。皮亚杰说,他的教育主张"直到今天仍然时兴","对于我们的时代具有重要的意义"。[1]

---

[1] 邵瑞珍、张人杰主编:《中学百科全书教育学·心理学》卷,华东师范大学出版社,1994年,第200页。

2. 哲学取向教学论的发展

自夸美纽斯的《大教学论》问世至今，作为一门学科的教学论已经经历了 300 多年的发展。虽然期间许多教育家认识到心理学对教学论发展的重要性，如瑞士教育家裴斯泰洛齐 (1746~1827) 主张"教育要心理化"；后来德国教育家赫尔巴特 (1776~1841) 以心理学作为他的教育和教学理论的重要基础，系统阐述了教学过程的阶段和程序。但直到现在，在整体上教学论仍然是哲学和经验取向的。因为裴斯泰洛齐和赫尔巴特主张的心理学不是科学心理学，而是哲学的一部分。

自 19 世纪科学心理学诞生以后至今，科学心理学的发展经历了 100 余年，其研究结果对哲学和经验取向的教学论产生了一些影响，但教学论主要依赖于哲学和经验的状况并未改变。例如，在 20 世纪影响深远的美国实用主义哲学家杜威主张的教学论和苏联凯洛夫的教学论也都是哲学和经验取向的教学论。我国的教学论在新中国成立前主要受杜威的思想影响；在新中国成立后，主要受原苏联凯洛夫教学论影响，所以也主要是哲学与经验取向的。

（二）哲学取向的教学论的应用价值与局限性

1. 哲学取向的教学论的应用价值

在科学心理学诞生之前，教学论以哲学和经验取向；在科学心理学诞生 100 年之后，这种状况并未根本改变，而且这种状况还将长期继续。出现这种状况是与教学本身的复杂性分不开的，也是与哲学取向的教学论的应用价值分不开的。

第一，教学是人类的重要实践之一。人类的许多实践往往走在理论的前面。医生治病就是一个典型的例子，人们凭经验治病在先，对病理的科学研究在后。所以在医学科学产生之前，许多民族的药学都是哲学与经验取向的。在药学科学诞生之后，遇到许多疑难杂症时，科学暂时无能为力，仍然需要依赖哲学和经验。教学比医生治病更复杂，其科学规律更难揭示，而教学实践不能停步，故依赖哲学与经验是必然的。

第二，许多哲学家和教育家能高瞻远瞩，提出符合学习和教学规律的观点。例如上述孔子关于学习对人性改变的重要性的观点，苏格拉底强调教师要像助产婆一样启发学生自主学习的观点，至今仍然是正确的。当科学心理学产生以后，有些复杂的心理学问题，科学心理学无法回答，但哲学家根据经验和他们过人的思辨能力，能较好地回答。例如在20世纪初，桑代克通过观察猫打开迷笼的行为，认为人和动物解决问题的过程是尝试与错误和最后获得成功的过程。格式塔心理学家反对尝试错误说，他们通过观察黑猩猩将两根棒子接起来够着远处的食物的行为，认为解决问题的过程是顿悟的过程。与此同时，杜威通过经验总结和思辨，提出人类解决问题经过暗示、理智化、假设、推理和用行动检验假设五个阶段。1978年奥苏伯尔在回顾科学心理学关于思维和问题解决的研究文献后得出结论说："作为对思维中所包含的连续时间阶段的一种正式描述，六十多年来并没有人对杜威1910年的描述作过明显的改进"。[1]

就指导教学实践而言，杜威的问题解决过程的描述远比当时格式塔心理学家和行为主义心理学家以动物为被试得出的研究结论更有用。

第三，任何社会或国家的教学目标、内容、制度、组织形式都离不开一定社会或国家的政治和经济状况。哲学与经验取向的教学论离政治近，能适时反映社会政治和经济的需要，而且许多理论又来源于当时的教学实践，所以易于推广和传播。

---

[1] 奥苏伯尔等著：教育心理学——认知观点，佘星南等译，人民教育出版社，1994年，第698页。

2．哲学取向的教学论的局限性

上面已经谈到,哲学和经验取向的教学论有其应用价值,而且在很长的时期内,仍将处于优势地位。但是我们也应清楚地认识到,哲学和经验取向的教学论存在明显的局限性。

第一,对教学目的、过程、方法和原则等所作的哲学概括,似乎放之四海而皆准,普遍适用,但这些概括只对人们如何进行教学实践提供启发意义,而不能具体指导教学实践。例如,哲学与经验取向的教学论中有一条著名的教学原则是"传授知识与发展能力相统一的原则"。据这一原则,教学中要传授知识,但更要重是发展能力。但对于什么是知识,什么是可以教会的能力,什么是不能教的或很难教会的能力的问题,哲学取向的教学论从不作进一步具体回答。教学实际工作者自然很难在教学中切实解决知识与能力"辩证统一"的问题。

第二,由于哲学和经验取向的教学论所论述的教学目标、过程、原则和方法等高度概括,而且许多概念未严格定义,含糊不清,因而很难转化为具体操作的规则。在这种教学论指导下,教师的成长很慢。这可以用中医和西医来类比。西医的规则是严密的,通过西医培养的大学生职业成长较快;而中医的规则模糊,中医学院毕业后的医生还需要伴随老中医,通过师傅带徒弟的方式,经过长期实践以后才能独立治病。

第三,通过用哲学观点总结教师经验的研究方法很难推动教学理论有实质性的进步。例如,中国的语文教学论是一个典型的例子。中国语文教学有几千年的历史,在近现代产生过无数特别优秀的语文教师或特级教师,出版过大量的反映语文优秀教师的教学经验的著作和文章,但是中国的语文教学费时之多和效率之差是公认的事实,而且至今这种状况没有多大改变。重要原因之一是哲学观点加经验总结的方法并未使中国的语文教学论产生实质性的进步。

二、科学心理学与实证研究取向的教学论

我们把依据科学心理学，尤其是学习心理学并通过实证研究建立起来的教学论称为科学心理学和实证研究取向的教学论（简称科学取向教学论）。

（一）科学取向的教学论的起源与发展

1. 科学取向的教学论的起源

持科学观的教育心理学家对哲学与经验取向的教学论的含糊性和缺乏可操作性不满，力图创建以科学心理学，尤其是以学习科学为基础的教学论。行为主义心理学家率先在这方面开展了工作。教育心理学创始人桑代克"对于教育实践中的许多模糊哲学问题不抱希望，而且尽可能把问题转化为一种可以得到切实解决的形式。例如桑代克支持教育测量和明确陈述教育目标的思想。"[1]

20世纪50年代，著名行为主义心理学家斯金纳把学习原理应用于教学实践，创建了程序教学。程序教学是把教学建立在科学心理学基础上的一次系统尝试。程序教学强调知识技能学习的目标具体明确，教学内容被分成许多相互联系的小步子，并形成系列。学生必须在掌握先前的知识技能成分以后，才能学习新的知识技能成分。学生每前进一小步都能知道自己学习的结果，并能得到反馈和强化。根据学习理论编写的程序教材不仅可以由教师来教，也可以通过教学机呈现，让学生自学。用机器呈现教材的教学被称为机器教学。

但是桑代克和斯金纳用科学的方法解决教学问题的努力并未获得成功。经过严格的实证研究表明，采用程序教学的实验班的教学

---

[1]鲍尔·希尔加德著：学习论，邵瑞珍等译，上海教育出版社，1987年，第78页。

效果并不比采用传统教学方法的对照班的教学效果好。所以程序教学曾风行一时，不久，人们对它的热情便减退。

2．科学取向的教学论的发展

桑代克和斯金纳坚持用科学和实证研究的方法解决教学问题，其方向是对的。他们的努力之所以未取得成功，是因为他们低估了人类学习的复杂性。他们主要只研究动物和人的低级学习(如条件反应和通过强化改变幼儿的行为)。当遇到儿童和青少年的高级学习问题(如阅读理解、解决复杂代数或几何问题)时，他们的理论显得无能为力。教育实际工作者只得求助于哲学和经验取向的教学论。

但20世纪60年代后，学习和教学研究的情况发生了革命性的变化。心理学家提出了许多学习理论和相应的教学模式。

(1)布鲁纳的认知—发展说和发现教学模式

布鲁纳虽然没有提出系统学习论，但他的许多思想对学习和教学的研究产生了重大影响。其一，他于1956年通过人工概念的研究，发现被试推理策略的差异，提出了思维策略的概念；其二，他的《教学过程》一书突出教材结构，强调发现学习，区分了普遍迁移和特殊迁移；其三，他于1964年提出儿童表征外部事物的方式从动作式表征到图像式表征，最后到符号式表征的三种表征方式；其四，1966年他出版了一本探讨教学论的文集，指出了学习论和教学论的区别，认为学习论是描述式的，"教学论是处方式的，因为它提出了获得知识或技能的法则，并提供了测量或评定结果的技术。他还认为，教学的理论是规范化的，因为它树立了需要达到的目标，并论述了达到目标的条件。

布鲁纳(1966年)说道：……总之，教学理论所关注的是，人们想教的东西怎样能最好地被学会，它所关注的是改进学习而不是描述学习。

这不是说学习和发展的理论同教学理论毫不相干。事实上，教学理论一定既注意学习又注意发展，并且必须同它所赞同的学习和发展的那些理论相吻合。

布鲁纳进而指明教学理论必须包含的四个特点：

第一，学习的倾向 (predisposition to learn)。教学理论必须注意那种将使儿童入学时具有乐于学习和能够学习这一心理倾向的经验与背景。

第二，知识的结构 (structure of knowledge)。教学理论必须规定大批知识进行组织的方式，以便学习者能够很轻易地掌握这些知识。

第三，序列 (sequence)。教学理论应当规定呈现教材最有成效的序列。

第四，强化 (reinforcement)。教学理论应当规定奖励的性质与步速，促使外来奖励转化为内部奖励。

(2) 奥苏伯尔的有意义言语学习论及其中蕴含的教学论思想

奥苏伯尔针对行为主义和机械联想主义心理学家混淆机械学习与有意义学习的区别，混淆人类学习与动物学习的区别，将动物学习规律和人类机械学习规律推论到人类有意义的学校学习的倾向，于20世纪60年代提出了预定解释课堂上知识和智慧技能学习的学习论。该理论认为学生在课堂上学习的主要不是言语符号，而是言语符号所携带的意义。教师的任务是设法把这些言语符号所携带的人类能理解的意义转化为学生的心理意义。这也就是学校智育的任务。

奥苏伯尔的有意义言语学习理论的主要观点可以归纳如下：

第一，有意义学习的结果是形成良好的认知结构。能促进学习迁移的良好的认知结构的三个变量是：(1) 原有认知结构中具有上位的、包容范围广的概念和命题；(2) 原有观念的巩固和清晰；(3) 原有观念与新学习的观念之间具有可分辨性。

第二，机械学习的心理机制是联想，所以重复练习是影响机械学习和保持的主要因素；而有意义学习的心理机制是同化，原有认知结构变量是影响新的学习与保持的主要因素。

第三，意义习得的主要形式是接受和发现，但学校教育中接受学习是最主要形式。

第四，认知组织的原则，在纵向上，是从一般到个别不断分化；在横向上，是融会贯通。

第五，在有意义学习中，原有认知结构和动机是推动新的学习的两个重要因素，但两者起作用的方式是不同的。

奥苏伯尔虽然没有提出系统的教学论，但其学习论观点中蕴含可以操作的教学论思想。

第一，由于教学目标是预期的学生学习结果，所以可以把智育目标定义为塑造学生良好的认知结构及其三个变量。

第二，由于有意义学习的心理机制是原有知识对新知识的同化，奥苏伯尔提出的同化模式可以具体指导概念和命题知识学习过程和条件的设计。

第三，由于接受学习是学生习得知识和智慧技能学习的主要形式，所以奥苏伯尔的有意义接受学习的过程和条件的理论可以为课堂上的主要教学形式——教师讲解式教学提供具体指导。

第四，为了促进知识不断分化和融会贯通的组织，奥苏伯尔提出了设计陈述性组织者和比较性组织者促进知识组织的技术。

第五，由于奥苏伯尔提出学生的学习动机是由认知内驱力、附属内驱力和自我提高的内驱力三个成分构成的，所以教师可以根据儿童年龄阶段不同，适当利用动机的这三个成分来推动与维持学生的学习。

(3) 维特罗克的生成学习理论与生成技术

维特罗克兼用学习的信息加工观和认知建构观指导学科学习与

教学的研究，经过长期理论与应用研究，他提出了生成学习理论。生成学习包括四个主要成分，即生成、动机、注意和先前的知识经验。生成指形成新知识的内在联系和新知识与已有经验之间的联系。前一种联系简称文内联系，后一种联系简称文外联系。动机指积极生成这两种联系的愿望，并且把生成联系的成效归因于自己努力的程度。注意是指引生成过程的方向因素，它使生成过程指向有关的课文、相关的原有知识和经验。先前的知识经验包括已有的概念、反省认知、抽象知识和具体经验。

在此基础上他又开发了一系列生成技术，以促进学习材料之间、学习材料和学生原有知识之间的双重联系。前一联系被称为文内联系，是教材编写者应注意的；第二种联系被称为文外联系，是教师在教学设计时应着重注意的。1991年维特罗克把生成技术分为促进呈现的教学内容之间的联系的技术和促进教学内容和先前的知识之间的联系的技术(见表3-1)

表3-1　生成技术的作用

教学内容之间的生成		教学内容与学生原有知识之间的生成	
教师呈现的	学生生成的	教师呈现的	学生生成的
大标题	想出大标题	演示	学生进行演示
小标题	列出小标题	隐喻	打比方
问题	写下问题	类比	进行类比
目标	陈述目标	例子	举例说明
摘要	写摘要	图片	绘画
图示	作图	运用	解决问题
表格	准备表格	解释	作出解释
主要观点	构思出要点	释义	用自己的话解释
		推理	作出推论

(4) 认知策略与元认知研究及其教学论含义

好的教学不能停留于传授知识和技能,还要教学生学会学习。会学习和善于学习这种能力的本质是什么呢?哲学取向的教学论不能回答这个问题。1956 年认知心理学家布鲁纳在人工概念中发现不同被试在归纳人工概念的本质属性时,采用了不同的思维策略,而且产生了不同效果。20 世纪 70 年代加涅把认知策略作为 5 种学习结果之一。此后儿童认知策略发展与教育的研究成了认知心理学研究的中心课题之一。为了解决认知策略训练的迁移问题,认知发展心理学家弗拉维尔提出了元认知(metacognition)概念。元认知(又译反省认知),被定义为认知的认知。它在人的学习、记忆、思维和解决问题中起监测和控制作用。例如儿童在阅读过程中,通过浏览文章标题、文中大标题和小标题,根据已有经验大致猜测文章的主要内容(这是一种具体阅读策略)。在阅读时,他必须时刻监测所读文章的内容是否与自己的猜测相符合。如果相符合,则阅读顺利、流畅。如果发现文章内容与自己的预测不符,他可会停下来思考,或回头再读并作出应留意的记号等。这些活动反映个人的元认知在起调控作用。

尽管认知策略与元认知研究是学习研究的一个新领域,而且研究的难度高,但可以从已有的研究中引申出若干认知策略的教学论原则。

第一,研究表明,支配认知策略的是一类特殊的程序性知识,这些知识大部分是内隐的,个人不能用明确的言语把它们陈述出来,但它们都能对人的认知活动起调控作用。为了对儿童和青少年进行有目的和有计划的认知策略训练,训练者必须明确向训练者陈述支配策略活动的规则是什么(这里的规则常常是启发式的),使内隐的规则外显。

第二,策略训练应与动机激励相结合,使儿童或青少年体验到新学习的策略能有效提高他们学习效率和解决问题的成功率。

第三,策略训练应与元认知训练相结合,被训练者不仅应知道要训练的策略是什么,而且要在变式练习中体会到策略应用的条件。

第四,策略有简单的,如为了控制注意可以在阅读的材料上划线;为了延长短时记忆,可以采用复述策略。这些策略可以在短时间内学会。复杂的策略主要指思维与推理策略,如作家在写文章时的构思策略,学生在解决数学应用题时使用的推理策略。这类策略需要很长时间才能掌握。

第五,研究表明策略教学不能离开学科内容单独进行,而是应该结合学科内容渗透认知策略和元认知教学。

(5) 班杜拉的社会认知论及其教学含义

人类的学习不仅有知识与能力的学习,而且有人格与品德方面的学习。知识与能力学习主要解决知不知与会不会的问题,而人格与品德学习主要不是解决知不知与会不会的问题,重点是要解决"愿不愿意"的问题。如在公共汽车上为老、弱、病、残和孕妇让座不是知不知与会不会的问题,而是愿不愿意的问题。加涅把这类学习称为态度学习,也有人称这类学习为情感领域的学习。班杜拉提出的个人因素(P)、环境因素(E)和行为因素(B)三者相互作用的社会认知论能较好地解释人的态度、价值和行为习惯的学习(见图3-1)

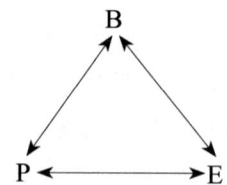

图3-1 在三方互动原因中三类决定因素

可以以看电视为例说明图 3-1 中的三组因素的相互作用。人的喜好 (P) 影响他们从可以利用的频道中在何时和选择什么节目收看 (B)；通过人们的观看行为，他们部分影响了电视环境的性质 (E)；而电视环境所提供的选择范围也部分影响了观众的喜好。所以观众喜好、收视行为和电视节目三者彼此相互影响。但在这三者的相互影响中，班杜拉强调人的认知的作用，因为环境对人的行为的影响不是直接的，需要经过人的认知的中介。

为了具体说明人的思想和行为怎样受环境影响，班杜拉区分了两种学习：亲历学习和观察学习。亲历学习指个人亲身经历的学习，如儿童在路上拾到东西后，将拾物交给老师或其他人。儿童的行为受到成人的赞扬，其行为受到强化，以后出现的可能性增加。观察学习指个体观察到其他人(班杜拉称为榜样)做什么，他会模仿榜样，表现出相似的行为。观察学习不仅受人的榜样的影响，也受电影、电视或文学作品中的符号化的人物形象影响。制约观察学习结果的一个重要因素是替代强化，即观察者看到榜样表现出某种行为，其行为受到奖励，在观察者身上会产生强化作用；观察到榜样的行为受到惩罚，在观察者身上产生抑制作用。

班杜拉提出观察学习主要是由四个成分构成的。这四个成分是：榜样展现的事件→集中注意→保持从观察中获得的信息→复现习得的行为→在动机作用下重复已习得的行为。除外部事件之外的四个成分都是学习者自身的内部过程。

班杜拉等还提出观察学习受如下六个因素影响：

1．儿童发展状态：随着年龄增加，他们集中注意的时间更长，能运用策略保持信息，并激励自己去行动；

2．榜样的特征：榜样显示越有能力、有地位、有权威，儿童越易模仿他们的行为。所以父母、教师、体育明星、影视明星都易于成为儿童模仿的榜样；

3．榜样的行为结果：榜样展示的行为结果如果传递了受人重视或得到赞许和奖励的信息，这样的行为易被模仿。

4．结果的预期：观察者认为是适当的并能将导致奖励后果的行为，将易于受到模仿。

5．目标定向：如果榜样展现的行为有助于观察者达到目标，则易于吸引注意和被模仿。

6．自我效能感：如果观察者认为他们有能力学习与执行榜样所示范的行为，那么他们将注意该榜样，类似榜样的观察影响自我效能感（"如果他们能做到，我也能做到"）。

从班杜拉的观察学习理论中可以引申出许多重要的德育与行为习惯教育的原理。例如，第一，榜样是青少年行为模仿的源泉。榜样有现实的，如父母、教师；和符号化的，如媒体中呈现的人物。榜样的影响有积极的与消极的，榜样无处不在，其影响也无处不在。教师必须设法让学生多接触好榜样，避免不良榜样的影响。第二，观察者看到榜样行为结果是决定其是否重复榜样行为的关键因素之一。教育工作者和整个社会都应向青少年显示，榜样的不良行为应带来不良后果，从而避免儿童和青少年模仿榜样的不良行为。第三，由于强化是影响学生行为的重要决定因素，教师可以利用直接强化、替代强化和自我强化这三种形式，引导学生保持良好的行为习惯。

习题1：根据媒体报道，电视剧《还珠格格》上演以后，有小孩模仿小燕子，从楼上往下跳。按班杜拉的学习论，这种学习属于亲历学习或是观察学习？据班杜拉的替代强化理论，可以消除媒体展示的"榜样"行为（此处是小燕子的行为）的不良影响。请提出适当建议。

习题 2：小学生在路上拾到一支铅笔，马上交给老师，老师说："拾物交公的孩子是好孩子。"老师的行为对小学生起何种强化作用

(6) 加涅的《学习的条件》和《教学设计原理》

加涅于 1965 年出版《学习的条件》一书。该书于 1970 年、1977 年、1985 年 3 次修订再版。1985 年版的书名改为《学习的条件和教学论》。在《学习的条件》的基础上，加涅于 1974 年出版了《教学设计原理》一书。该书于 1979 年、1998 年和 1992 年三次修订再版。《学习的条件》阐明学习结果分类、每类学习结果的外部行为表现和学习的过程和条件。在此基础上，加涅提出了不同于哲学和经验取向的教学论，他称这种教学论为任务分析教学论。其含义是：教师和教学设计者应对作为教学目标的学习结果类型进行分析；根据不同的类型学习的规律为学生的学习创设最佳的内部和外部条件；最后根据每类学习结果的不同性质进行学习结果的测量和评价。《教学设计原理》一书则是其学习论和教学论思想的具体运用。该书成了西方教学设计的经典。

（二）科学取向的教学论的应用价值和局限性

1．科学取向的教学论的应用价值

第一，科学取向的教学论建立在经过实证研究获得的学习规律的基础之上。从实证研究中得出的学习规律是具体的，有条件限制的，建立在这种学习规律基础上的教学论也是具体的，可以操作的。例如，哲学取向的教学论论述的教学过程依据哲学认识论，把教学过程分为感知、理解、巩固和运用四阶段。而从科学取向的教学论来看，学习可以分为许多类型，不同类型的学习的过程是不同的，帮助学生学习的过程也应该是多种多样的。学习的类型和过程细分

以后，教师的操作就方便了。而且教学类型细分以后，教学不再是"教无定法"，可选择的方法十分有限了。如概念可分为具体概念和定义性概念，教具体概念的唯一方法是通过先呈现概念变式例子，然后引导学生发现概念本质属性的方法。而且教定义性概念只有两种方法，一是像具体概念一样，采用从例子发现概念本质属性的方法；另一种方法是先下定义揭示概念的本质属性，然后列举若干例子，说明概念的本质属性的方法。

第二，由于科学取向的教学论具体，易于操作，用该理论培训教师的教学技能，有助于教师较快掌握教学技能。1896年美国著名心理学家詹姆斯说："心理学是一门科学，教学是一种艺术。"在詹姆斯的这一论断发表近70年后，人本主义心理学家库姆斯(Comes, A.W)认为，在教学中"专家"或"熟练者"的能力无法直接地传授给其他人，也就是说，在教学中，"方法"不是"公开的"，在这个教师算是"好的"有效的方法，对那个教师而言未必就是好的。(Comes, A. W. , *The Professional Education of Teachers*, 1965)

科学取向的教学论及其相应教学设计技术的出现能够使教学更富有科学性。例如我国的语文学科教学因其艺术性成分多，用传统的心理学、教育学和语文教材教法培训教师，一般收效不大。教师的成长需要经过长期摸索。在科学取向教学论指导下发展起来的语文教学论将语文教学目标分解为语文内容知识(所谓文以载道的"道")教学，语文基本技能(即学生正确运用字、词、句表达自己的思想)的教学，高级技能(即谋篇、布局、选材、文章详略等读写策略)的教学和语文本身的知识(如语法知识、写作知识等)教学。语文内容知识和语文本身的知识属于陈述性知识，不是中小学语文教学的重点。重点是语文基本技能和高级技能即策略性知识和反省认知知识。新的语文教学论将要详细研究每一类知识及其许多亚类的学习规律，并据此发展许多教学模式。[1] 我们的初步研究表明，用这样的学科教学论及其相应教学设计技术培训教师，语文教师的教学技能迅速提高，他们不仅知道如何教，而且可以说明为什么要这样教。

2．科学取向的教学论的局限性

尽管与哲学取向的教学论相比，科学取向的教学论有更具体、易于操作和有助于教师的教学技能的掌握等优点。但科学取向的教学论作为一门学科，还处于起步阶段，其局限也是明显的。科学心理学对学习的研究虽然有很大进步，但未知领域还很多，特别是知识的综合运用和解决问题的心理机制的研究尚无重大突破。现代认知心理学分析了广义知识的三个成分即陈述性知识、程序性知识和策略性知识在解决问题过程中的不同作用。从分析的角度来说，研究取得了重大的突破。但三类知识如何综合的研究显得较薄弱，因此，关于如何进行研究性学习与教学（或解决问题的教学）基本上只能接受哲学取向的教学论的指导。

> **习题 3**：班杜拉提出的观察学习过程经历哪几个阶段？举例说明其教学设计含义。
>
> **习题 4**：试运用生成学习理论和技术生成本章所介绍的 6 种学习理论及其教学含义的异同比较表（或图）。

第二节　科学取向教学论的主要观点及其教学设计含义

据《教育大词典》的定义，教学论是"以研究教学规律为对象

---

[1] 王小明著：语文学习与教学设计（小学卷），上海教育出版社，2004 年，待出版。

的学科。研究范围包括教学任务(目的)、内容、过程、原则、方法、形式、评价等。""受到各国学者普遍关注的课题是：在教学中学生认知发展规律和特点；课程设计和教材选编；教学方式；教学目标与教学评价；教学研究的方法等"。[1]本书根据科学心理学对学生心理发展与学习规律的研究以及上述心理学家的教学论思想，就如下课题概括科学心理学取向教学论的主要观点：

1. 学生的素质及其构成成分
2. 教学目的与目标
3. 反映学习过程的教学过程
4. 教学原则、方法
5. 学习结果的测量与评价

一、加涅的学生素质观及其教学设计含义

在讨论人的素质时，因所持的立场不同，对人的素质有不同要求。当讨论学生素质时，我们把学生看成是一个学习者，以这样的视角看素质，一个学习者所要求的素质与一名职业运动员所要求的素质是不同的。加涅从学习的角度，将影响学生学习的素质分成三类。

（一）学习者的先天素质

加涅认为，与学习有关的个体的某些素质是遗传决定的。如视敏度与许多学习有关，但这种个人的特征是不能通过学习或后天教育改变的。视力可以影响知觉和动作技能的学习，但对智慧技能的学习无多大影响。

然而有些信息加工特征对智慧技能和知识的学习有重要影响，例如，在人们思考问题时，工作记忆中只能暂时贮存 7+2 或 7-2 个信息

---

[1] 顾明远主编：教育大辞典，上海教育出版社，1998 年，第 717 页。

项目。这个数字叫短时记忆容量。不同的人短时记忆容量存在差异。又如，亨特(Hunt, E)等人发现，人们从长时记忆中识别和提取先前习得的概念的速度不同，而且提取速度与智力有明显的相关。加涅认为，短时记忆容量大小和概念提取速度很可能是由遗传特征决定的。

学习者的先天素质对教学设计的含义是：教学设计者不能企图通过教学改变这些特征，而应按照"避免超越人类潜能"这样一条思路去进行设计。例如，低年级儿童记忆容量小，向他们呈现的句子不宜过长，教师讲话的语速也应适当放慢。

（二）后天习得的素质

我国素质教育的口号喊了10多年，但是对于能受教育影响与不能受教育影响的素质是什么和易受教育影响和不易受教育影响的素质是什么的问题，哲学取向的教育论因未区分学习、发展和成熟等概念，只能作出含糊的回答。加涅学习分类理论认为，能直接受教育影响的学生素质就是学生学习的结果。这些结果被贮存于人类长时记忆中，构成后天习得的性能(learned capabilities)，也就是我们说的习得的素质。

哲学取向的教学论一般把学生的学习结果分为知识与技能。加涅的学习论把学生的学习结果分为言语信息、智慧技能、认知策略(含反省认知)、动作技能和态度5种类性。这5种学习结果还可以被划分成若干亚类，如智慧技能又分辨别、概念、规则、高级规则。

把学生学习的5种结果看成学生习得的素质，其教学设计的含义是：因为教学目标是预期的学生学习的结果，所以教学设计是以教学目标(即学习结果)为根本依据的。一切教学过程、事件和环境等条件的创设、媒体和材料的选用等都要服务于教学目标；教学效果的测量与评价也必须以目标为参照。

（三）个体发展中自然形成的素质

哲学取向的教学论在讨论学生素质时犯的一个共同的理论错误，是没有区分学生在学校教育直接影响下习得的能力和在自然发展中形成的并通过智力测验所测得的智力。加涅说："一般来说，能通过心理测量来评估的能力通常是人类个体稳定的特征，是长期不变的，不易被大量针对它们的教学和实践改变的。"[1]

除了这种一般的"能力"之外，个体在发展中形成的不易受教育影响的特征是与情感有关的特质，如有些学生内向，有些学生外向，有些学生焦虑水平高，有些学生焦虑水平低等。加涅认为："人类行为的这些方面，像能力一样，也同样持续相当长的一段时期，也是不易被旨在改变它们的教学所影响的。"[2]

把在自然发展中形成的素质（主要指智商）与通过学校教学习得的素质分开考虑的教学设计含义是：智商是一个相对稳定的人格特征，它不易受教育影响，但决定学生学习速度的快慢。智商高的学生学习速度快，智商低的学生学习速度慢。据《斯坦福-比纳智力量表》，智商平均分数为 100，智商 85～115 的儿童属于中等水平，约占人口的 68%；智商 85 以下和 115 以上的儿童属中下和中上水平，各约占人口的 16%。一般的教学设计往往只能照顾智商中等水平的儿童，而无法兼顾智商水平两端的儿童。智商两端的人的需要应通过学校采取其他措施，如允许跳级、重新分班、分组和有选修不同课程的自由等去满足。

---

[1] R.M. 加涅等著：教学设计原理，皮连生等译，上海教育出版社，1999 年，第 111 页。
[2] 同上。

二、教学目标观及其教学设计含义

教学是人类有目的和有计划地培养下一代的特殊实践活动。用科学指导教学实践，除了要认识学生素质的上述三个成分及其教学设计含义之外，接着重要的一步，是将学生习得的素质加以细分并用预期的学生学习结果来陈述各级各类教学目标。

（一）我国哲学取向教学论的教学目标观及其局限性

教学目标的陈述的概括性水平至少可分三级水平：第一级水平是国家教育方针政策水平。这一级水平的教学目标的英文名称是 aim（即宗旨）。如智育目标陈述为："学生解决实际问题和创新能力得到发展……"。第二级水平为课程水平。这一级水平的教学目标的英文名称是 goal（即较长远的教学目标）。如课程标准中语文朗读教学目标陈述为："学生能用普通话正确、流利、有感情地朗读课文"。第三级水平为教学单元、课题或课时目标，其英文词是 objective（即可以观察和测量的具体教学目标）。

我国哲学取向的教学论的教学目标陈述往往只停留于第一级和第二级水平，而且"教学目标"和"教学目的"这两个术语互相替代，不加区分。教学设计的第一步是科学地设置与陈述教学目标。哲学取向教学论的含糊的目标观显然不能具体指导教学设计。

我国哲学取向教学论的教学目标观的另一个局限性是未区分上述学生素质中的三个成分，尤其是未将作为学习结果的素质与在自然发展中形成的素质加以区分。例如，我国一本有影响的《教育学》在论述"组成素质的诸因素"一节中说："智：由知识、智力以及相关的智力技能构成"[1]，该书没有指出这里的"智力"是学习的结果还是自然发展中形成的智力。前者是易受教育影响的，是教学的

---

[1] 南京师大教育系编：教育学，人民教育出版社，1984年，第188页。

目标；后者不易受教育影响，其天生成分占 **60%**。它是影响教学目标达成的重要因素，但不能作为具体教学的目标。

（二）科学取向教学论的教学目标观及其教学设计含义

科学取向教学论的教学目标观可以概括如下：

1．学校教学是一种目标导向的特殊实践活动。目标决定教学内容、过程、方式方法以及测量与评价。

2．不论哪一级水平的教学目标，都必须以预期的学生的学习结果来界定。

3．为了指导教学设计与教学设计的实施，必须依据合理的标准对学生的学习结果进行分类。这种分类将随着学习研究的深入而发展。当前公认的对教学设计有普遍指导意义的学习结果的分类是加涅的学习分类。该分类认为，学生的学习结果是由言语信息、智慧技能、认知策略、动作技能和态度 5 个成分构成的。尽管当代认知心理学研究为人们对学习结果中的言语信息和认知策略提供了新的认识，例如认知心理学家认为，言语信息中应包括结构性知识、心理模型，认知策略中应包括元认知知识和元认知技能，但加涅学习结果分类的框架未变。

4．现代认知心理学认为，学习结果的认知成分和情感成分是紧密联系的，因此在认知心理学中出现了"热认知"(hot cognition)概念。例如，通过成功的学习，学生增强了对自己学习能力的信心（情感成分），这种自信心又推动学生克服学习困难，增加努力，从而又发展了认知能力。

科学取向教学论认为，用预期的学生学习结果陈述具体和可以测量的教学目标是良好的教学设计的出发点和归宿。因此教育心理学家开发了许多陈述具体教学目标的技术。如马杰 (Mager) 提出了陈述行为目标的技术；格兰伦提出了认知与行为相结合的目标陈述技术(详见第四章)。

> **习题 5**:说教学目标是"促进学生个性全面发展",这种说法属于何种教学论的教学目标观。从加涅素质观看,其局限性是什么?

三、反映学习过程的教学过程观及其教学设计的含义

(一)我国哲学取向教学过程观及其局限性

自从班级授课制出现以后,教师不是面对个别儿童授课,而是要面对数十人的教学班授课。教学活动总是在一定时间流程中展开的。所以教学过程的结构(或阶段)便成了教学论研究的重要课题之一。例如,新近出版的一本教学论教科书说:"为了正确地安排和指导教学过程,必须明确地认识和阐明它的发展逻辑,探寻教学过程的各种不同方案,以便找到使学生由不知到知、从不会到会的运动的最有效的最理想的依据的途径,这正是教学论的任务的实质所在。要解决这一问题,就需要阐明教学过程的时间结构,找出教学过程的各个组成部分即各个环节即特有的职能。"

该书列举了中外哲学取向教学论所提出的如下教学过程模式:

1. 我国古代的:"博学之、审问之、慎思之、明辨之、笃行之。"
2. 西方古代昆体良的:"模仿、接受理论的指导、练习。"
3. 赫尔巴特的:"明了、联想、系统、方法。"
4. 原苏联凯洛夫的:"感知、理解、巩固、运用。"
5. 80年代后我国公认的教学过程阶段:"引起动机、感知、理解、巩固、运用检查。"[1]

---

[1] 黄甫全、王本陆著编:《现代教学论学程》,教育科学出版社,1988年,第43~45页。

也有人根据教师的课堂教学经验，提出课堂教学经过如下环节：组织上课、检查复习、讲授新课、巩固新教材和布置课外作业。

上述教学过程模式对指导教学实践发挥了积极作用。但是从科学取向的教学论来看，哲学取向教学论关于教学过程的描述有很大的局限性。

其最大的局限性在于：它的依据是哲学的认识论和教师的经验，不能反映不同类型的学习的特殊的过程和相应教的教程。例如，如果把"博学、审问、慎思、明辨、笃行"作为我国古代的教学过程描述，那么这里的描述反映了学，而未反映教，所反映的学习只涉及"知识"的学习，未反映"技能"的学习。西方古代昆体良的模式反映动作技能的学习，未反映智慧技能的学习。赫尔巴特、凯洛夫和我国的教学过程描述只反映了"知识"学习，未反映智慧技能和动作技能的学习。用这些只反映了局部学习过程的模式来概括一般的教学过程显然是不适当的。

（二）科学取向教学论的教学过程观及其教学设计含义

加涅认为，学习有独立过程，因为没有教，学生也可以自学；教没有独立过程，因为教只是帮助学，教不能离开学。加涅根据对学习理论含义的反思，提出了教学事件的概念。他说："一般来说教学包括一套外在于学生的、设计用于支持学习者内部过程的事件"。"在多数情况下，教学事件必须由教学设计者或教师作出审慎的安排。这些事件的确切形式(通常是对学生的交流)一般来说并非适用于所有课，而且必须依据每一个学习目标来确定。"[1]

依据学习的信息加工过程模型，加涅认为，单一学习活动要经历注意、选择性知觉、复述、语义编码、提取、反应组织、反馈七

---

[1] R.M.加涅等著：教学设计原理，皮连生等译，上海教育出版社，1999年，第193页。

个步骤。此外还有执行控制过程参与。据此他提出了相应的教学事件及其顺序(详见表3-2)。

表3-2 教学事件与学习过程的联系

教学事件	与学习过程的联系
1. 引起注意	接受各种神经冲动
2. 告知学生目标	激活执行控制过程
3. 刺激回忆前提性的学习	把先前的学习提取到工作记忆中
4. 呈现刺激材料	突出有助于选择性知觉的特征
5. 提供学习指导	语义编码，提取线索
6. 引出作业	激活反应组织
7. 提供作业正确性的反馈	建立强化
8. 评价作业	激活提取，使强化成为可能
9. 促进保持和迁移	为提取提供线索和策略

加涅的教学事件没有区分陈述性知识与程序性知识学习过程和教学过程的差异。皮连生在其所著《智育心理学》[1]中首次提出了广义知识学习阶段与分类模型，在此基础上提出广义知识学习和教学过程模型。并在随后的教改实验中进行了运用研究。研究表明，该学习与教学模型有助于教学设计的科学化。

图3-2广义知识学与教的一般过程模型可以概括为"六步三阶段教学"模型。图中1-4步为学与教的第一阶段。这一阶段学与教的目的是解决新知识的理解问题。所谓理解，用现代认知心理学的术语来说，是新知识(或新信息)进入学习者原有知识结构的适当部位。用信息加工心理学的术语说，是新信息进入原有知识网络并进

---

[1] 皮连生著：智育心理学，人民教育出版社，1996年，第248页。

行新的编码和组织的过程。所以这一阶段的学与教必须符合信息加工的基本条件,也就是图 3-2 中的前四步:1. 学习者的注意和对学习结果的预期;2. 激活原有知识;3. 选择性的知觉外界呈现的新信息;4. 积极地将新信息与个人原有的相关知识(包括表象、概念原理和事实等)联系起来,达到对新知识的理解的目的。图中第五和第六步各代表学与教的一个阶段。第五步代表知识的巩固或转化阶段,第六步代表知识的提取与运用阶段。

完整的教学过程必须符合六步三阶段模型,缺少任何一步,或者学习不能发生,或者学习虽然发生,但不能转化或持久保持。

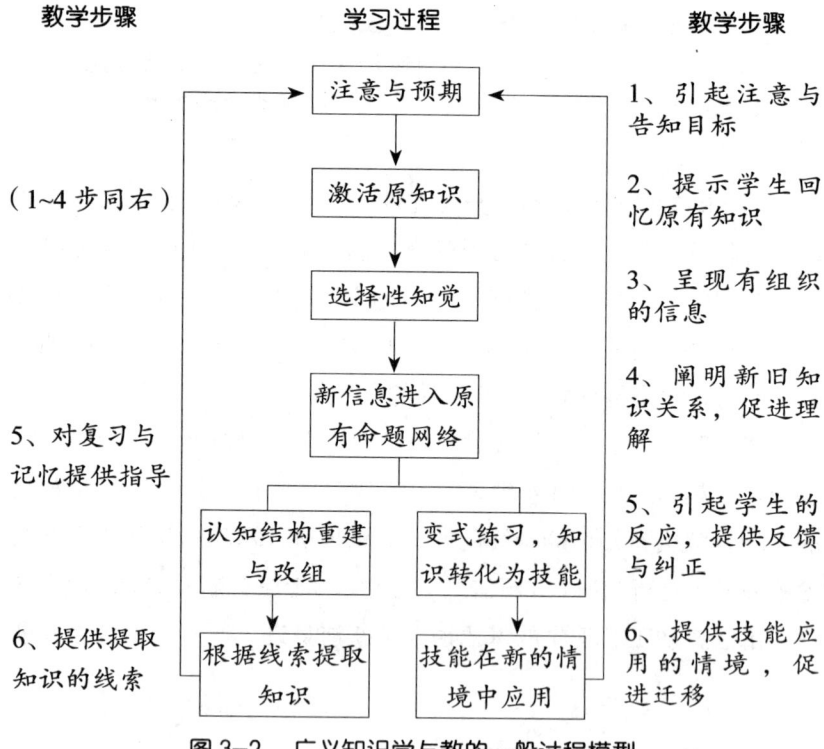

图 3-2 广义知识学与教的一般过程模型

如果把教学过程仅仅看成六步三阶段,则新的教学过程模型同历史上的教学过程模型和我国当前流行的教学过程模型在形式上差别不大。新的教学过程模型与传统教学过程模型的明显区别在于:第一,传统教学过程模型着眼于教师的行为,新的教学过程模型着眼于师生双向活动。所以严格的说,我们的教学过程模型应称为"学与教"的一般过程模型。该模型认为,教无独立过程,它是学习的外部条件,为学服务。离开了学,就没有教。第二,传统教学过程模型没有知识分类学习的思想;新的教学过程模型反映了知识分类学习的思想。自第五步开始,学与教分为两支,左边的一支代表陈述性知识的学与教;右边的一支代表程序性知识的学与教。所以可以进一步把新的教学模型概括为"六步三段两分支"学与教过程模型。

尽管新的教学过程模型有许多优点,如较好地体现了学生主体与教师主导关系的原理;反应了现代认知心理学关于知识分类学习思想;能较满意地解释知识与技能学习的异同。但它不能解释学生的道德品质的学与教。所以,我们这里谈论的教学只是中小学各学科知识、技能或策略的教学,未涉及情感领域的教学。

习题6:请指出"六步三段两分支"教学模型中"三段、两分支"及其心理依据各是什么?

四、反映学习条件的教学原则、方法观及其教学设计的含义

(一)哲学取向的教学论原则和方法观及其局限性

教学论在回答了教什么的问题以后,接着要回答的问题是如何教。为了指导如何教,哲学取向的教学论一般要阐述若干教学原则和介绍许多教学方法。例如,新近出版的一本教学论教科书阐述了

如下 8 条教学原则：

1. 科学性和思想性统一原则；
2. 理论联系实际原则；
3. 传授知识和发展能力相统一的原则；
4. 教师主导作用和学生自觉积极性相结合的原则；
5. 直观性与抽象性统一原则；
6. 系统性和循序渐进相结合的原则；
7. 理解和巩固相结合的原则；
8. 统一要求和因材施教相结合的原则。

通常被介绍的教学方法是：讲授法、读书指导法、练习法、演示法、实验法、实习作业法、讨论法、研究法。

这些原则和方法是在一定的哲学观指导下，总结教师教学实践经验而提炼出来的。辩证统一的教学原则对教学实践能提供一般指导。但其局限性是：这些原则和方法的提出缺乏科学学习论基础。所以当人们问，在具体教学情境中这些原则和方法如何运用时，哲学取向教学论的典型回答是"教学有法，教无定法"。据统计，现已整理出来的教学方法有 700 多种。面对数不胜数的教学方法，教师最后如何作出选择呢？没有学习分类理论的支持，教师是很难作出选择的。所以我国教师培训中常常发现，教师不愿意接受理论培训，却愿听公开课。因为公开课看到的方法便于模仿，不必自行选择。

（二）反映学习过程和条件的教学原则与方法观

教学原则和方法应反映学习的过程和条件。关于学习的过程如何决定教学过程，上面已经论述过了。这里将要从心理学关于学习的条件的研究引出的若干教学原则和方法。

学习论告诉我们，学习的发生及其保持必须依赖于一定的条件。学习条件有一般条件和特殊条件。一般条件适合于各种类型的学习；

特殊条件是某种类型的学习所必需的。教育心理学中的一个著名公式是：

$$学习成绩 = f(M, IQ, K)$$

这里的 M 代表学习动机，IQ 代表智商分数，K 代表原有知识技能。这一公式表明，学生的学习成绩与其学习动机、智商分数高低和原有知识技能成正相关。当外部条件保持不变时，学生的学习动机越强，智商水平越高，原有知识技能越丰富和巩固，则学习成绩将越好。

可以将这一描述学习的一般条件的公式转化为指导教学设计及其实施的三条原则：

1．好的教学应有利于激励学生的学习动机；
2．好的教学应充分利用学生原有的知识基础；
3．好的教学应适应学生的个别差异。

第一条原则反映学习动机的重要性。动机属于学习情感因素，在新的学习中起催化剂作用，能加速或减慢学习过程。动机通过集中注意和增强努力来影响新的学习。好的教学应使学生通过学有所得带来信心与满足。

第二条原则反映原有知识基础的重要性。此处的知识是广义的，包括已掌握的事实、概念、原理、学习方法和技能。原有学习与新的学习通过相互作用，形成新的知识结构。原先的学习不只是影响新的学习的快慢，它还决定新的学习是否能够出现。好的教学应使学生已习得的东西有助于新的学习，即有助于学习的迁移。

第三条原则反映学生的智商水平在学习中的作用。智商水平是在发展中形成的相对稳定的学生素质。它一般不决定学习能否发生，但决定学习的速度。好的教学应使学得快的学生适当快学，学得慢的学生适当慢学，不应企图把学生的学习速度拉平。

新近的研究表明，学生除了由智商高低决定的学习速度差异之外，他们的认知方式也存在差异。如有的学生善于形象思维，有的学生善于抽象逻辑思维。所以好的教学除了要考虑学习速度差异之外，还要考虑学生认知方式的差异。

从上述影响学习的一般因素转化而来的教学原则是经得起实证研究和教学实践检验的，所以它们是科学心理学与实证研究取向教学论的教学原则。为了反映不同学习类型的特殊学习条件，还应补充两条教学原则：

4．用具体教学目标指导教师的教、学生的学和学习结果测量与评价；

5．通过任务分析，为不同的教学目标选择最优教学步骤、方法和技术。

第四条原则可以简化为"目标导向教学原则"。为了使教学科学化，教学目标的陈述必须明确、具体，对不同的人有共同的含义，不能含糊不清，各人有各自的理解。教师的教与学生的学都必须围绕目标而展开；评价教学效果的唯一客观标准是教学目标达成的数量与质量。

第五条原则可以简化为"依据任务分析进行教学设计的原则"。教学设计中引入任务分析，教师通过分析教学目标中蕴含的学习结果的类型，确定实现每一目标所需要的特殊条件，为教学步骤、方法或技术的选择提供学习论依据。这样教师就不会感到"教无定法"，而是觉得"教有优法"。

习题7：请举例（至少举三例）说明"学有定律，教有优法"这一科学教学论观点。

五、目标导向的测量与评价观及其教学设计的含义

一个完整的教学论在回答了教什么和如何教的问题以后,最后必须回答教得如何的问题。回答教得如何的问题首先涉及学生学习结果的测量,其次要对测量结果作出达到目标与否的评价。通过测量与评价达到改进教学的目的。

本书在第一章给学习下定义时指出,学习的结果是学生的内部性能变化,包括能力和情感态度变化。但是内在的变化不可直接测量,能直接测量的是外显行为。因此教学设计人员必须掌握通过外部行为测量去推测学生内部性能变化的理论和技术。

(一)布卢姆的教育目标分类及其教学设计含义

在 20 世纪 50 年代,以布卢姆(Bloom,B.S.)为首的一个委员会推出了认知领域教育目标分类,即认知教育目标由低级到高级分为知识、领会、理解、分析、综合和评价 6 级水平。

1.知识。指对先前学习的材料的记忆。一个人有没有知识是他内在的能力的一个方面,可以通过让他回答是什么的问题,作出知识的推测,如问第二次世界大战的原因是什么?学生回答正确,则可以作出他知道二次世界大战原因的推测。但学生是否理解,据这样的测验不能做出结论。

2.领会。比知识高一级水平,指能把握材料的意义。要求问题情境与原先学习的情境有适当变化。例如可以要求学生用自己的话重述原先习得的结论,或者举例说明原先学习过的知识。

3.运用。理解的标志,指能将习得的材料应用于新环境,主要指概念和原先理解的运用。例如学生学习过长方形面积等于长乘以宽。如果学生用这一公式正确计算如一张书桌或一间房屋的面积,就可以作出他理解了长方形面积概念及面积的计算公式的结论。

4.分析。运用指单一概念和原理的运用;分析要求综合运用若

干概念和原理，能分析材料结构成分并理解其组织结构。例如，给学生一篇新课文，要求学生分段。学生先要阅读全文，知道文章讲了什么（需要文章内容知识和语词解码技能）；然后找出作者思路（需要文章结构知识），最后确定文章分几段。

5．综合。比分析高一级，指能将部分组成新的整体。需要利用已有概念和规则产生新的思维产品。如给一个题目，要求学生写一篇有新意的文章。这一任务要求学生运用文章内容知识、语言表达的基本技能和构思策略。

6．评价。指对材料作出价值判断，是最高水平的认知学习结果。评价之所以是认知学习结果的最高标准，是因为它要求学生利用两个标准（内在标准和外在标准）对别人的思维产品作出评判。例如给予学生一篇同伴的文章，学生应根据文章的内在内容、逻辑结构等作出评判，还要超越该文，用更高的标准作出评判。

1964年布卢姆的合作者提出了情感领域的教育目标分类，即情感领域教育目标由低级到高级分为接受、反应、评价、组织和性格化5级水平。1972年布卢姆的合作者还提出动作技能目标分类。布卢姆的目标分类适合于指导单元或学期的学生成绩测验题的编写。编题的基本原则是：

1．凡是测验情境与原先学习情境相同的测验题，所测出来的是知识。

2．凡是测验情境发生适当变化，不同于原先学习情境，所测验出来的是能力，由低级至高级是领会、运用、分析、综合和评价能力。

（二）加涅的学习结果分类及其教学设计含义

由于心理学研究的限制，当前能科学测量的教育目标主要限于认知领域的目标。由于认知心理学研究发展，加涅的认知学习结果分类比布卢姆的认知教育目标分类更能正确指导学习结果测量和评价。其原因是：

1．布卢姆只是根据测量的操作划分知识与能力，但他未阐明能力的知识本质。而加涅明确指出习得能力是由言语信息、智慧技能和认知策略构成的，从而指出了习得的能力测量的途径。

2．中小学教学以智慧技能为中心。布卢姆的目标分类中没有明确的智慧技能概念。加涅提出智慧技能由辨别、概念、规则和高级规则构成。这样智慧技能变成了可以教会和可以严格测量的能力。

3．加涅发展了教学目标陈述技术，规定了每类学习结果的标准性能动词和相关的行为动词。这样陈述的目标可以直接转化为目标检测题（参见第四章）。

综合练习题：

1．什么是哲学取向的教学论？请举一例说明其产生的理论基础，应用价值及其局限性。

2．什么是科学取向的教学论？请举一例说明其产生的理论基础，应用价值及其限制条件。

3．加涅区分了哪三种学生素质？其区分的依据是什么？这种学生素质的区分对教学设计有何意义？

4．为什么要把学习结果而不是发展的结果作为教学目标？

5．科学取向教学论的教学过程观与哲学取向教学论的教学过程观有什么不同？为什么有这些不同观点？

6．"教学有法，教无定法"反映哲学取向教学方法观，请用实例比较和说明这种观点的教学设计含义。

7．认知心理学家提出了哪些认知策略教学原则？

第二单元
目标导向的现代教学设计

第四章 教学目标的设置与陈述

在传统的课堂教学中，出于对形式完整性的追求，教师也进行教学目标的设计，实际的关注点却是教学方法和教学手段。教学心理学在理论和实践两方面的研究都表明，教学目标制约教学过程、方法和师生的课堂活动方式。所以在教学设计时，教师首先要关注教学目标的设置与陈述。也就说，教师首先要使自己的教学目标定位适当，然后尽可能用可以观察和测量的行为词语清晰地陈述目标。这是教师教学行为科学化的决定性第一步。为此，本章先论述教学目标的功能，介绍指导教学目标设置的理论，然后论述教学目标陈述的理论与技术，最后提供目标导向教学的实证研究。本章学习目标：

1. 能用实例分析传统的教学目标陈述方式可能带来的弊端。

2. 能用实例说明布卢姆教育目标分类理论和加涅学习结果分类理论在指导教学目标设置时的适用性。

3. 对熟悉的教材能用本章的技术设置并陈述合乎要求的教学目标。

第一节 教学目标的功能：指导教学目标设置的理论

一、教学目标的功能

制定教学目标是课堂教学设计的第一步，是教师完成教学任务所要达到的要求或标准。这里讲的教学目标，是指在课堂教学活动中由课时或由若干课时构成的教学课题的目标，它是预期的学生学习结果。

教学目标在教学中有三种功能：导学、导教、导测评。

（一）指导教学方法、技术、媒体的选择和运用

教学目标一旦确定，教学设计者就可以根据教学目标选用适当的教学方法。例如，历史上有接受学习与发现学习之争。研究表明，如果教学目标侧重知识或结果，则宜于选择接受学习，与之相应的教学方法是教师的讲授法。如果教学目标侧重过程或探索知识的经验，则宜于选择发现学习，与之相应的教学方法是教师指导下的发现法。同样，历史上也有讲演法与讨论法的优劣之争。研究表明，讲演法适合于传递信息；讨论法适合于改变人的信念或观念。所以，离开了目标，就很难比较教学方法的优劣。

教师要用目标指导教学方法或技术的选择与应用，必须确定学习结果的类型和同一类型学习所处的阶段。一旦学习类型和学习阶段确定，他们就可以用本书第二部分所阐明的学习原理来指导教学方法或技术的设计。

（二）指导教学结果的测量与评价

一节课、一个教学课题或一个教学单元结束后，教师应自编测验题测量教学效果；教师或学校领导听课，一般要对所听课作出评价。评价有许多标准，如现代化教学技术的应用情况，教师的思维是否清晰以及学生参与的程度等等。但唯一最可靠和最客观的标准是教学目标是否达到。教学结果的测量必须是针对目标的测量。如果试卷上的测验题没有针对目标，则测验缺乏效度。如一节语文课可能有多种目标，若教师的目标是侧重朗读技能训练，而测量的重点是阅读理解，目标和测量不一致，测验就无效，评价也就缺乏可

靠依据了。

评课也必须首先考虑课的目标。例如，有些经过精心准备的公开课，看上去学生思维很活跃，参与程度也很高，对教师的问题学生都能顺利回答。但如果我们发现学生在课上并未习得新的知识或技能，那么此类课充其量只能算是练习课。

（三）指导学生学习

学生的学习一般是有目标指导的学习。上课一开始，教师清晰地告诉学生学习的目标，目标能引起学生的注意，使他们把注意集中在要掌握的目标上。目标导向的教学测量和评价也会给学生提供他们应如何学习的重要信息。

关于如何向学生呈现目标，教师应根据学生年龄、学科内容特点，灵活采用不同的方式方法。例如，对小学低年级学生，教师不要生硬地在上课开始时宣布预先写好的几条目标，教师应以生动的语言告诉学生，某个课题或某个教学单元学完以后，他们将要获得什么新本领，获得哪些新知识，以鼓励学生努力完成学习任务。对于中学生，教师可以直接向他们宣布教学目标，明确告诉他们学完某个课题或某个教学单元之后应表现哪些技能，会做什么事，会分析、说明什么问题，而且应使学生明确认识教师宣布的目标在课程或单元完成之后一定要检查，不能达标要补教与补学，促使学生养成按时完成学习任务的习惯，养成学习的自觉性。

二、指导教学目标设置的理论

教学目标要能够实现以上三方面的功能，应当符合一定的设计要求。布卢姆的教育目标分类和加涅的学习结果分类系统为教学目标设置提供了理论指导。

（一）布卢姆教育目标分类学

美国以布卢姆为首的一个委员会先后公布认知、情感和心因动作技能三个领域的教育目标分类。

1．认知领域目标分类

认知领域的目标分类于 1956 年公布。根据学生掌握知识和技能的深度，布卢姆等将认知目标由低到高共分六级，即知识、领会、运用、分析、综合、评价。详见第三章第三节中布卢姆教育目标分类理论部分。

2．情感领域目标分类

情感领域的教学目标于 1964 年公布。其分类依据是价值内化的程度。这一领域的目标由低到高共分五级。

（1）接受（注意）：指学生愿意注意特殊的现象或刺激（如课堂活动、教科书、文体活动等）。从教的方面来看，其任务是指引起和维持学生的注意。学习结果包括从意识到一事物存在的简单注意到学生的选择性注意。它是低级的价值的内化水平。

（2）反应：指学生主动参与。处在这一水平的学生，不仅注意某种现象，而且以某种方式对它作出反应（如自愿阅读规定范围外的材料），以及反应的满足（如以愉快的心情阅读），这类目标与教师通常所说的"兴趣"类似，强调对特殊活动的选择与满足。

（3）价值化：指学生将特殊的对象、现象或行为与一定的价值标准相联系。包括接受某种价值标准（如愿意改进与团体交往的技能），偏爱某种价值标准和为某种价值标准作奉献（如为发挥集体的有效作用而承担义务）。这一阶段的学习结果所涉及的行为的一致性和稳定性使得这种价值标准清晰可辨。价值化与教师通常所说的"态度"和"欣赏"类似。

（4）组织：指将许多不同的价值标准组合在一起，克服它们之间的矛盾、冲突，并开始建立内在一致的价值体系。重点是将许多价值标准进行比较、关联和系统化。学习的结果可能涉及某一价值系统的组织。与人生哲学有关的教学目标属于这一级水平。

（5）价值与价值体系的性格化：指个人具有长时期控制自己的行为以至发展了性格化"生活方式"的价值体系。其行为是普遍的、一致的和可以预期的。这一水平的学习结果包括范围广泛的活动，但强调学生行为的典型性和性格化。这阶段的教学目标着重学生的一般适应模式（包括个人的、社会的和情绪的）。

3．动作技能领域目标分类

动作技能领域的教育目标分类比情感领域的教育目标分类公布更晚，而且出现了好几种分类法。目前尚无公认的最好分类。这里介绍辛普森（E.H.Simpson）等1972年的分类。该分类将动作技能教育目标分成七级。

（1）知觉：指运用感官获得信息以指导动作。

（2）定向：指对稳定的活动的准备。包括心理定向（心理准备）、生理定向（生理准备）和情绪准备（愿意活动）。知觉是其先决条件。

（3）有指导的反应：指复杂动作技能学习的早期阶段，包括模仿和尝试错误。通过教师或一套适当标准可判断操作的适当性。

（4）机械动作：指学习者的反应已成为习惯，能以某种熟练和自信水平完成动作。这一阶段的学习结果涉及各种形式的操作技能，但动作模式并不复杂。

（5）复杂的外显反应：指包含复杂动作模式的熟练动作操作。操作的熟练性以迅速、精确和轻松为指标。

（6）适应：指技能的高度发展水平。学生能修正自己的动作模式以适应特殊的装置或满足具体情境的需要。

(7)创新：指创造新的动作模式以适合具体情境。强调以高度发展的技能为基础的创造能力。

（二）加涅的学习结果分类

指导教学目标设计与陈述的另一种分类系统是加涅的学习结果分类。由于教学目标是预期的学生学习结果，所以教学目标与学习结果是指同一件事。加涅的五种学习结果已在本书第二章作了介绍。为了便于教师应用加涅与布卢姆分类系统，此处有必要比较这两个分类系统的异同（见表4-1）。

表 4-1　布卢姆的教学目标分类与加涅的学习结果分类比较

布卢姆的分类	加涅的分类
（一）认知 1. 知识 2. 智慧技能： 　领会 　运用 　分析 　综合 　评价 （二）情感 （三）心因动作	（一）认知 1. 言语信息 2. 智慧技能： 　辨别 　概念 　规则 　高级规则 3. 认知策略 （二）态度 （三）动作技能

* 为了便于比较，这里的"智慧技能"只表明布卢姆分类中的领会、运用、分析、综合、评价大致相当于加涅的"智慧技能"。

（三）两种理论在指导教学目标设置时的适用性分析

由表4-1可见，这两个分类系统在三个大领域的划分上完全相同，所不同的只是用词上的差异。布卢姆的认知领域与加涅的认知领域在用词上和所涉及的范围上完全一致，布卢姆讲的情感即加涅讲的态度。布卢姆的心因动作也就是加涅讲的动作技能。布卢姆在动作前加"心因"两字,意指此处所说的动作是学习的结果,非天生的反应形式,其中含有许多习得的认知成分。加涅在动作之后加"技能"两字也是意指此处的技能是后天学习的结果。所不同的是认知领域内部各亚类的划分目的和标准不同。

在 20 世纪 50 年代,人们并不知道知识和智慧技能的本质是什么,更不知道习得的能力是由不同类型的知识构成的。所以,布卢姆所用的标准是测量学的。从测量和操作上看,凡是以简单回忆、不需要对原输入的信息作较大的加工或改组的测验所测出来的结果是知识。智慧技能不同于知识之处在于:它们是加工知识的方式,需要在头脑里对知识进行组织与重新改组。所以当测验情境与原先的学习情境有程度不同的变化时,所测量出来的结果才是水平不同的智慧技能。布卢姆区分认知领域六级目标是为了指导教学结果的测量和评价。因为测量和评价必须参照教育目标,有了可以操作的水平的不同具体目标,测量和评价就有了可靠的标准。但从目标导向教学的观点看,因为布卢姆的分类系统中并未阐明知识和智慧技能习得的过程和条件,教师在随后的教学中为学生创设良好的条件以促进学习的发生就缺乏依据,学生也无法依据教学目标所确定的学习要求进行学习方法的选择。所以它导学和导教的功能就无法顺利实现。

加涅的学习结果分类的提出与形成的年代较晚,它吸取了现代认知心理学的最新成果。加涅学习结果分类对教育的最大贡献是用知识阐明了学生习得的能力的本质。按加涅的观点,学生习得的认知能力除了言语信息之外,就是智慧技能和认知策略。智慧技能的知识本质是习得的概念和原理(包括公式、定理、定律、法则等)的运用。认知策略的本质也是指导人们如何进行学习、思维和记忆的规则的运用。对于儿童自发形成的认知策略可以用内隐知识来解释。这样人们就不必在广义的知识之外去寻求不可捉摸的能力发展了。加涅阐明了每类学习结果得以出现的过程和条件,以及其测量的行为指标。因此,加涅的分类系统不仅有助于学习结果的测量和评价,而且有助于导学和导教。

  布卢姆的目标分类适用于较大的教学单元的目标设置。例如可以根据布卢姆认知领域的目标分类设置本书每章的教学目标,规定哪些事实性知识需要记忆;哪些概念和原理需要运用。运用中又分单一概念和原理的简单运用和若干概念和原理的综合运用。如果将布卢姆的目标分类用于小范围的单元或单节课的课堂教学目标,可能会造成同一内容的重复陈述,因为按布卢姆的目标分类,同一个知识点可从记忆、领会、运用到分析、综合和评价 6 次重复陈述目标。例如,针对上海市小学语文课本 (H 版) 第四册 (上海教育出版社,1994 年版),上海市教委教研室组织编写的《语文教学参考资料》上《小壁虎借尾巴》教案的目标陈述如下:

认知:
 识记 1. 能正确拼读本课生字
    2. 能读、写、默本课 12 个生字和课后 16 个词语
    3. 能背诵课文 3、4、5 段
    4. 能根据音节写出句子
 理解 1. 理解本课有关词语的意思
    2. 在理解课文基础上,说出鱼、牛、燕子都不能把尾巴借给小壁虎的原因
 运用 1. 能用"看见"按规定句式造句
    2. 能在读懂课文基础上填写鱼、牛、燕子尾巴的功能
情感:懂得鱼、牛、燕子尾巴的用途和壁虎尾巴的特征

这里有关"鱼、牛、燕子"尾巴功能的内容陈述三次。同一内容既作为"认知"目标，又作为"情感"目标，既作为"理解"目标，又作为"运用"目标。词语目标也出现三次，作为"识记"的"拼读"目标，"读、写、默"目标和"理解"词语意思的目标。

布卢姆教学目标分类的根本缺陷是它只告诉人们如何测量，而不告诉人们如何学和教。为了克服这个缺点，有人在学习结果之外提出过程目标。例如，北京师范大学出版社 2002 年 7 月出版的义务教育课程标准实验教科书《数学》(七年级上册) 中有这样的教学目标：

"经历展开与折叠、切截以及从不同方向看等数学活动，积累数学活动经验"。(第 1 页)

"经历探索事物之间的数量关系，并用字母与代数式进行表示的过程，建立初步的符号感，发展抽象思维能力"。(第 98 页)

"根据具体问题中的数量关系，经历形式方程模型、解方程和运用解方程解决实际问题的过程，体会方程是刻画现实世界的有效数学模型"。(第 164 页)

这样的目标陈述在一定程度上弥补了用布卢姆的目标分类陈述目标的不足。但是这样做使学习结果和学习过程相混淆了。而且"经历"与"体会"是难以测量的。如果在目标陈述之后引入教学任务分析技术，那么学习结果与学习过程或教学目标与达到教学目标的过程会得到统一，教学中只注重结果而不注重过程的弊端可以得到有效防止。为了便于任务分析，本书主张，对于小的教学单元或课时教学目标，教师应尽可能用加涅的学习结果分类指导教学目标的陈述。

习题 1：请说一说教育心理学中的教学目标三个领域与我国课程改革纲要中提出的三维目标之间的关系。

第二节　教学目标的陈述

一、传统教学目标陈述的方式及其弊端

我国教师的教案设计中一般有教学目标（有时也写成教学要求或教学目的）一栏。该栏一般反映思想品德教育和知识技能掌握两方面的目标，但在陈述时往往存在以下几方面的问题：

第一，在表述教学后学生要能"做什么"时，使用意义含糊的词语。如"懂得""理解""认识""掌握""体会""加深体会""进一步认识"。这是目前教学目标陈述中最常见的问题。

例如，上海市某中学曾举行优秀教案展览，我们对展出的 35 份教案进行统计，发现 5 份无目标陈述，其余 30 份陈述目标常用的词语是"掌握""了解""培养""理解"（见表 4-2）。这些词语所表达的教学意图是含糊的。

表 4-2　传统陈述目标日常用词语及使用频率

词语	30 份教案中出现次数
掌握	21
了解	14
培养	9
理解	7

例如，历史课《帝国主义国家》这个课题的教学目标是：

1. 要求学生掌握基础知识（列出 7 项内容）；

2. 要求学生认识科学技术发展大大推动了经济的发展，科学技术就是生产力；

3. 培养阅读能力，设计简表概括材料的能力，分析比较能力。

语文课《听潮》的两个目标是：

1. 抓住景物特征描写景物；

2. 通过讴歌大海的雄壮抒情。

语文课《鲁提辖拳打镇关西》的两个目标是：

1. 了解一些重要句子在刻画人物形象方面的作用，学习抓住主要句子分析人物形象的方法；

2. 进一步提高理解课文的能力。

用含糊其词的方式陈述教学目标会妨碍目标导学、导教、导测评功能的实现。以地理课"台湾省"课题的教学目标"使学生了解台湾省的位置、范围、面积等基本情况；使学生了解台湾省优越的自然条件和丰富的自然资源；使学生知道台湾省的经济特点，了解其'进口-加工-出口'型经济"为例，这里的知道"了解"是指记住这些内容还是要求在理解的基础上进行运用，从目标本身无法判断，那么对学习结果进行测量时，就缺乏切实的依据，学习者也无法判断是否已经达到了教学目标。

第二，由于教师普遍缺乏分类思想的指导，因而陈述的教学目标缺乏层次性，所谓"眉毛胡子一把抓"。以前面列举的语文课《鲁提辖拳打镇关西》目标之一"了解一些重要句子在刻画人物形象方面的作用，学习抓住主要句子分析人物形象的方法"为例，按照加涅的分类理论，目标中的"了解一些重要句子在刻画人物形象方面的作用"，属于智慧技能的学习，"学习抓住主要句子分析人物形象的方法"，属于认知策略的学习。

现在教师常将目标分成三类：知识、能力、品德，由于知识与能力界限不清，在实际操作中有时将记住知识和理解知识的目标放在"知识"里，有时又将运用知识解决问题和记住、理解的知识都放在"能力"里，有些知识目标又放在"品德"里。目标陈述层次上的混乱，会影响后续教学的有序展开。

第三，目标主体的偏离。教师在陈述教学目标时最常用的句式是：通过教学，使学生了解……，使学生掌握……，使学生认识……。教师是使能者，学生是效应者。教师是否做了"使能"的努力，将成为评价课堂教学的重要的行为观测点，学生是否"能了"，反倒成为教师教学有效性的助证。如是这样，与"教学目标是预期的学生的学习结果"这一基本界定产生了目标主体的偏离。

以上三种问题的存在，使得教学目标的导学、导教、导测评功能受到严重影响，以致于许多教师怀疑教学目标的功能和作用。要克服以上问题，首先要求教师理解教学目标的含义，从观念上改变"教师中心"的倾向；其次是能够自觉运用目标分类理论来解析教学目标，使目标层次分明，并能为教学过程设计和教学方法设计提供依据；然后是运用一些技术，使教学目标明确、具体，能够行为化的尽可能以可以观察和测量的方式表达。

二、克服教学目标含糊性的理论与技术

心理学家称传统方式陈述的目标是"用不可捉摸的词语"(magic word) 陈述的目标。这样陈述的目标很难起到导教、导学和导测评作用。为此，在西方教育心理学界发起了克服教学目标含糊性运动。1962 年马杰 (Mager, R. E.) 出版了《准备教学目标》(*Preparing instructional objectives*)。此书被誉为"陈述教学目标中发起的一场革命"。[1] 1975 年美国国会通过的"94-142 公法"中有这样的要求："美国政府实际上要求教师应该用具体教学目标让儿童参与特定

---

〔1〕J.A.Glove & R.H.Bruning, *Educational Psychology: Principles and Application*, 1987, p.479。

的教学计划"。[1] 下面介绍三种克服教学目标含糊性的理论与陈述技术。

(一) 马杰的行为目标

马杰于 1962 年根据行为主义心理学提出行为目标(behavioral objectives)的理论与技术。行为目标有时也称作业目标(performance objectives)，指用可观察和可测量的行为陈述的目标。马杰提出，写得好的行为目标具有三个要素：一是说明通过教学后，学生能做什么（或说什么）；二是规定学生行为产生的条件；三是规定符合要求的作业标准。例如，假设语文教师在教学目标中说："通过教学培养学生的分析能力。"这是一种十分含糊的说法，不可能给教学及其评价提供具体指导。改用行为术语陈述的目标是：

"提供报上的一篇文章，学生能将文章中陈述事实与发表议论的句子分类，至少 85% 的句子分得正确。"

由此可见，行为目标的优点是非常清楚的，它清楚地告诉人们，这里所指的分析能力意味着什么以及如何观察和测量这种能力。行为目标强调学习之后的行为变化和变化的条件。它的一般模式是行为主义心理学的刺激——反应模式。也就是说，它要求陈述提供什么条件（刺激）和学生能做什么（行为）。只要将刺激和反应规定得具体，则陈述的目标也就具体了。例如，下面陈述的目标都符合行为目标的要求。

例 1　阅读目标

"读以 AN 结尾的 CVC(即辅音—元音—辅音)三字母音节，如 can, dan 等，共 10 个项目；其中 9 个项目正确为及格。"

例 2　教学目标

---

[1] J.A.Glove & R.H.Bruning, *Educational Psychology: Principles and Application*, 1987, p.479。

"给出两个不同分母的分数,其中一个分母能被另一个分母整除(如 3/6 和 2/3),学生能通分并求两个分数的和,15 题中对 12 题为及格。"

例 3　历史目标

"给出 10 个有关革命战争的是非题,学生能分别在正确和错误的命题上标上是与非,9 题正确为及格。"

例 4　心理学目标

"提供有关遗忘过程及其原因的实验数据(包括图、表),能说明该试验可能得出的结论和它可以支持的假设。"

行为目标虽然避免了用传统方法陈述目标的含糊性,但它本身也有缺点。他只强调了行为结果而未注意内在的心理过程,教师可能因此只注意学生外在的行为变化,而忽视其内在的能力和情感的变化。例如,假定我们的目标是培养学生的爱国主义情感,按行为目标的要求,是希望学生完成几项表明他的爱国主义情感的行动(如参加爱国卫生大扫除,写歌颂祖国的诗文等)。如果教师只着眼于学生的行为,而忽视了支持这些行为的内在情感过程的变化,则教学可能停留于表面形式。为弥补行为目标之不足,格兰伦(N.E.G)提出了一种折衷的陈述目标的方法。

(二)内部过程与外显行为相结合的目标

坚持学习的认知观的心理学家认为,学习的实质是内在心理的变化。因此教育的真正目标不是具体的行为变化,而是内在的能力或情感的变化。教师在陈述教学目标时首先要明确陈述如记忆、知觉、理解、创造、欣赏、热爱、尊重等内在的心理变化。但这些内在的变化不能直接进行客观观察和测量。为了使这些内在变化可以观察和测量,还需要列举反映这些内在变化的行为样品。例如语文的一个教学目标可以这样陈述:

1 理解议论文写作中的"类比法"。
1.1 用自己的话解释运用类比的条件。
1.2 在课文中找出运用类比法阐明论点的句子。
1.3 对提供的含有类比法和喻证法的课文,能指出包含了类比法的句子。

这样陈述的教学目标强调教学的总目标是"理解",而不是表明"理解"的具体行为实例。这些实例只是表明理解的许多行为中的行为样品。这样就避免了严格的行为目标只顾及具体行为而忽视内在心理过程变化的缺点,也克服了传统方法陈述的目标的含糊性。

例如,高中二年级语文《改造我们的学习》、《个人和集体》两篇课文,分别提出了"提高学生对理论联系实际重要性的认识,注意树立正确的学风"和"正确理解个人和集体的关系"这两个目标。这两个目标都是情感领域的目标,都涉及价值观教育。但这样的目标太含糊。如果能根据高二年级学生的年龄特点,陈述一些表明他们提高了对理论联系实际重要性的认识和对个人与集体关系的正确理解的行为样品,则这两个目标就会清晰得多,能对教学过程和教学的测量与评价起更具体的指导作用。

(三)表现性目标

有时,人的认识和情感变化并不是参加一两次教育活动以后便能立竿见影的。教师也很难预期一定的教育活动后学生的内在心理过程将会出现什么变化。在品德教育方面,这种情况尤为明显。为了弥补上述两种陈述目标方法的不足,艾斯纳(Eisner, E. W.)提出了表现性目标(expressive objectives)。这种目标要求明确规定学生应参加的活动,但不精确规定每个学生应从这些活动中习得什么。心理学家认为,这种目标只能作为教学目标具体化的一种可能的补充,教师千万不能依赖这种目标,不然,他们在陈述目标时又会回到传统的老路上去。

> **习题 2**：请指出下列描述心理和行为的动词，并陈述理由：
> 1. 能读懂课文。
> 2. 能陈述课文的主要内容。
> 3. 能深刻理解人物的内心世界。
> 4. 把描述人物内心世界的句子划出来。
> 5. 能掌握所教的概念。
> 6. 能陈述概念的定义。
> 7. 能列举概念的正反例。
> 8. 学习作者对劳动人民同情的态度。
> 9. 指出课文表现作者同情劳动人民的句子并有感情地读一读。

三、良好陈述的目标的标准、样例及呈现方式

（一）良好陈述的目标的标准

第一，教学目标陈述的是学生的学习结果(包括言语信息、智慧技能、认知策略、动作技能和情感或态度)。教学目标不应该陈述教师做什么，应陈述通过教学后学生会做什么或会说什么。

第二，教学目标的陈述应力求明确、具体，可以观察和测量。尽量避免用含糊的和不切实际的语言陈述目标。用一些行为动词将会做什么和会说什么具体化，目标陈述就可具体化。

第三，教学目标的陈述反映学习结果的层次性。认知领域的教学目标一般应反映记忆、理解与运用(包括简单运用与综合运用)三个层次。在态度领域的目标应尽可能反映接受、反应和评价三个层次。

第四，如果仅从测量方面考虑，可以用布卢姆的目标分类系统

陈述目标；从指导教学方面考虑，应该用加涅学习结果分类系统陈述目标。课时计划的教学目标，不宜用布卢姆的目标分类陈述，宜用加涅的学习结果分类陈述。

（二）良好陈述的目标的实例分析

例一：教学课文：《小壁虎借尾巴》（小学二年级下学期语文课）

教学目标

1. 拼音：利用拼音读准生字的音；能看着课后练习中的拼音读出并写出句子 (bi hu de wei ba duan le,hai hui zhang chu xin wei ba)。

2. 字词：能写、默课文中 12 个生字和 16 个词，并能说出这些字词在课文中所指的意思。能口头解释"摇着尾巴"、"甩着尾巴"和"摆着尾巴"三个带点动词的不同含义。

3. 句式：能按下面的句式造句或仿写句子。"谁—看见—谁（什么）—在哪里—怎么样地—干什么"

4. 课文理解：(1) 能独立找出课文中分别描写鱼、牛、燕子尾巴作用的句子；(2) 找出并说出课文 3、4、5 段在形式和内容上的异同点。

5. 课文朗读和背诵：能流利朗读全文并能背诵课文 3、4、5 段。

评析

单篇课文教学目标宜用两个维度进行陈述，第一个维度涉及语文单篇课文学习结果的内容：字、词、句、篇（小学低年级还有拼音）；另一维度涉及学生的行为表现：听、说、读、写。如掌握词语这一项的内容，可以从认读句子、解释词义等行为中表现出来。

本课是小学低年级语文单篇课文教学目标，通过两维的方式呈现，目标定位准确，可以观察测量。

例二：教学课题：《神态与动作描写训练》（初中一年级下学期语文）

教学目标

  1. 能从学过的课文中找出对人物神态与动作描写的词语。
  2. 能大体上分析所提供的材料中对人物神态、动作描写的作用。
  3. 能对学生习作中一些对人物神态、动作描写上的不妥处进行修改。
  4. 能根据所给的材料较形象地续写一段描写神态、动作的文字。

评析

  本课题所列是语文单项能力目标。目标反映语文读写结合的原则。前两个目标是阅读教学目标，反映学生结合课文理解了什么是人物神态和动作描写(从找出有关词语中看出)和神态与动作描写的作用(从学生的分析中看出)；后两个目标是写作教学目标，把从课文中习得的神态与动作描写方法运用于修改作文和续写一段文章。目标定位适当、具体，可以观察和测量。

例三：教学课题：《朗读技能中的"重音"指导》（小学六年级语文）

教学目标

  1. 提供带有重音符号和其他符号的句子，学生能指出重音符号。
  2. 能根据所要表达的思想感情给课文中的一些句子标上重音符号；选择已学过的课文，给句子标上适当的重音符号，并根据重音定义陈述理由。
  3. 能用"加大音量，延长音节"的方法，正确读出已加上重音符号的句子。

评析

  表面上看，朗读技能属于动作技能学习。但这里的三个目标表明，在"重音"朗读指导中，智慧技能是主要的。目标1是符号表征学习，目标2是重要概念学习，目标3是动作技能学习。这三个目标的重点和难点是重音概念的掌握。一旦句子的重音确定了，对于六年级学生来说，按"加大音量和延长时间"的规则朗读不难。

例四：教学课题：《长方形的面积》（小学四年级下学期数学课）

教学目标

1. 能借助透明方格胶片或带有方格的面积图，说明长方形面积等于它的长乘宽的理由。
2. 对给予的长方形和实物，能正确计算它们的面积。

评析

对于小学四年级学生来说，套用长方形面积计算公式求长方形面积并不难，因为 a×b=？ 的计算技能已经是学生的现有能力。本课题的难点是学生理解长方形面积计算公式。目标1是本课题教学的重点和难点，所以要求借用透明方格说明长方形公式是怎样来的。两个目标一个反映理解，另一个反映应用。两个目标暗含行为目标的两个成分：一个成分是行为，另一个成分是行为产生的条件。

例五：教学课题：《力的图示》（初中二年级物理课）

教学目标

1. 能说出力的三要素。
2. 对提供的实例，能用力的三要素来分析力的作用效果。
3. 对提供的实例，能用力的图示法正确作出力的图示。

评析

在物理学中"力"是一个原始概念，难下定义。在本课题教学中要求学生理解力的三要素和它们的图示法。此处三个目标中目标1是知识目标，目标2和目标3是力的性质概念的运用目标。通过"说出""分析"和"作图"三个行为动词，目标变得可以观察和测量。

例六：教学课题：《（中国）地形特点》（初中二年级第一学期地理）

教学目标

1. 能用自己的话说出中国地形三大特点及其影响；
(1) 地势由西向东变化特点及其对河流影响；
(2) 沿海大陆架分布特点及其对经济影响；
(3) 地形类型分布特点及其对经济影响。

2. 对给予的某一纬度地形剖面图，能填写不同剖面所代表的地形类型。

3. 能说出"山地"和"山区"两个术语的含义异同。

评析

本课题重点是地理知识教学。通过"用自己的话说出""填图"和"说明术语含义异同"，使目标具体，可以测量，而且表明学生理解了所学地理知识。

例七：教学课题：《Which Book Is More Interesting》（初中一）

教学目标

1. 语音

(1) 给予 lit/i/—let/e/；pick/i/—peak/i:/ 等词的读音，学生能正确区分［i］与［e］、［i］与［i:］的读音。

(2) 给予 differen(t) ⌣ kinds of books, have ⌣ you, it ⌣ is, dete(c)tive 等词或词组，学生能用失去爆破和连读方法正确朗读。

(3) 给予 /□fiu□□□/，/□st□□r□/ 等10个词的音标，学生能根据音标写出单词。

2. 生词和词组

能正确读、听、默写生词表中13个生词和词组。

3. 词法

对教师或课文中所提供的多音节和双音节形容词，学生能正确写出或说出它们的比较级和最高级。

4. 句型

会用英文说类似如下含有多音节和双音节形容词的比较级和最高级的句子：

(1)Detective stories are more interesting than children's stories.

(2)Detective stories are the most interesting stories of all.

(3) 会说含有 some..., others...；prefer... to... 这样的词语搭配的句子。

5. 课文

能正确、流利地朗读课文，并能将它们译成汉语。

评析

英语单篇课文教学目标与语文单篇课文教学目标类似，可以仿照语文两维目标陈述法陈述目标。一维是教学内容，即语音、词语、词法、句型和篇；另一维是听、说、读、写。此处的目标都是具体的、可以观察和测量的。本课目标的重点是"会说"含有比较级和最高级的句子，反映了把外语作为一种交际工具来学的观点。

例八：教学课题：《犯罪的概念与特征》（初中二年级政治课）

教学目标

1. 学生能用自己的话陈述犯罪及其三个基本特征。

2. 对给予的违法和犯罪案例，学生能识别违法和犯罪行为并能陈述其理由。

评析

"违法"和"犯罪"是两个易混淆的法律概念。学生在学习"违法"概念之后学习犯罪概念。这里的目标1表明学生理解了"犯罪"行为的本质特征，目标2表明学生运用学习过的"违法"和"犯罪"概念来分析违法和犯罪行为并能将这两类行为加以区分。这两个目标都是可以观察和测量的。目标陈述本身暗示了测量方法。测量目标1的方法是让学生口头或笔答陈述；测量目标2的方法是学生辨别正反例子。

（三）教学目标的呈现方式

设置和陈述得好的教学目标需要有恰当的呈现方式。在教学实践中，我国教师总结出许多呈现教学目标的方法和策略：

1．一般而言，分散展示目标的效果优于集中目标；

2．展示目标与回扣目标(教学内容结束时回扣目标)结合效果更好；

3．每一课时目标不宜太多，且要定出重点目标、难点目标；

4．鉴于小学低年级学生对目标理解的有限性，对他们不展示目标或只变相展示目标；

5．对于跳跃性大、术语生僻、难度大的内容，教学目标的展示最好放在课堂的最后一个环节完成；

6．情感目标在课堂上不一定展现，但设计中必须有其地位，这样教师在课堂教学中，才能有计划地、不失时机地渗透情感教学内容，实现情感教学目标。

第三节 关于目标导向教学的实证研究

自从1962年马杰提出行为目标之后，西方教育心理学家就教学目标的作用作了许多实证性研究。例如，德梯斯(Datis,G.T. ,1970)以十年级学生为被试，以"健康教育"作教材，比较了精确的目标、含糊的目标和无目标三种条件对学生学习成绩的影响。结果发现，精确陈述的目标同另外两类目标相比，前者促进了学生学习成绩的提高。又如赫米尔通(Hamilton,R.J. ,1985)回顾了一系列有关研究，发现各种不同类型的目标都有助于学生回忆他们阅读过的材料。只要目标清晰地陈述了要学习的材料，不论目标的类型如何，都有助于言语信息的保持。克劳尔(Klauer,K.L.,1984)搜集了 1970~1980 年期间的 23 项研究,通过分析发现,在阅读课文中提供教学目标,学生能习得更多与目标有关的材料。然而与目标无关的信息,学生习得较少。因此,可以认为目标有助于指引学生的注意。我国也做过类似研究,例如,上海市青云中学在历史学科中研究"目标具体化对提高学生历史学成绩"的作用。研究表明,目标具体化显著促进学生历史常识和一般能力的提高。我国四川江油市开展了"农村初级中学目标导学实验",实验中研究者"根据学科的教学大纲和知识体系,把教学内容分成由 5-7 学时组成的一个个单元,制定单元目标和课时目标,按照单元目标和课时目标组织教学活动"。"通过导学目标控制教学内容,规范教师的教学行为,并以此引导学生的学习行为;通过准备、示导、议练、诊断、补救等五个环节,保证大多数学生达到导学目标。"这项研究规模大(全市 61 所初级中学),时间长(历时三年)。研究结果表明,目标导学大面积提高了学生的成绩。

上海市宝山区 10 所中小学在区教育学院指导下,开展"知识分类目标导向教学实验"研究。在研究期间,参加实验的教师经过了严格的目标导向教学设计培训,教师在进行课堂教学设计时,严格按目标导向教学原则,设置并陈述可以观察和测量的具体目标。课中与课后严格对照目标检查教学效果并以此为依据对课堂教学进行评价。为了检验教师培训的效果,在研究的最后阶段,参加本实验的教师与未参加实验但能力水平匹配的教师开展了对比教学实验研究。对比实验教学以小学四年级和初中一年级学生为被试,所教科目是语文和数学两科。共 20 个班,实验班和对照班各半(其中小学 12 个班,语数各 6 个班;初中为 8 个班,语数各 4 个班)。对比实验教学包括教师备课、上课和课后说课。为了控制无关因素影响,参加实验和不参加实验的教师均不教自己的班,预先不知教学内容。规定备课时间。备课时允许语文教师带词典,无其他任何参考资料。课后休息 10 分钟立即进行测验。任课教师不参加监考,试卷由教育学院教研员出题。测验结果如下 (见表 4-3)。

表 4-3　两种不同教学模式教学效果比较

	常规组			目标组			t	p
	N	M	S	N	M	S		
小学语文	122.	75.70	12.87	160.	81.95	10.43	4.37	0.000**
小学数学	123.	85.23	12.26	122.	89.41	10.97	2.81	0.005**
中学语文	91.	71.29	10.18	86.	72.51	10.93	0.77	0.411
中学数学	91.	57.30	13.46	84.	64.41	19.69	2.77	0.006***

$*P < 0.05$;$**P < 0.01$

从表中可以看出:

小学语文教学结果存在极显著差异 (P=0.000);小学数学教学结果存在显著差异 (P=0.005);中学数学教学结果存在显著差异 (P=0.006);中学语文,从表面上看,差异不显著 (P=0.411),但考虑到在分组时,控制组是重点中学学生,实验组是非重点中学的学生。前者语文平均分高出后者 4 分,经检验,与实验班差异极显著。试教后实验班反而平均仅高出 1.22 分,因此两者实际差异是显著的。

教学目标具体化以后也可能带来一些弊端。简单的目标容易具体化,高级目标如创造性思维,高级的情感等难以具体化。人本主义心理学家认为:个人的感情和信息的个人意义是不能用行为术语来测量的。他们反对应用行为目标。但多数教育心理学家认为,尽管目前有关目标促进学生成绩的实证性研究的结论还不完全一致,但大多数的研究表明,具体教学目标促进了教学,至今尚未发现精确陈述的教学目标有不利于学生学习的实验实例。所以，绝大多数教育心理学家反对使用含糊的教学目标，主张使用精确陈述的目标。

综合练习题：

1. 为什么说布卢姆的目标分类只适合于指导教学目标测量，而不适合于指导教学？
2. 请用加涅学习结果分类和布卢姆教学目标分类评价我国2001年的《基础教育课程改革纲要(试行)》提出的"知识与技能、过程与方法、情感与价值"三维目标。
3. 请用自己熟悉的例子说明良好陈述的教学目标具有导学、导教和导测评三种功能。
4. 请分别陈述表明学生已掌握概念和规则的行为目标，目标中应暗含学生的行为和行为产生的条件。
5. 参照本书所列良好陈述的目标的标准，就自己熟悉的学科，陈述一节课的完整教学目标。

第五章 教学任务分析

教学目标只是规定了一定的教学活动完成之后，学生应习得的终点（相对）能力。教师接着要做的是对教学目标中规定的能力或倾向的构成成分及层次关系进行分析，为学习顺序的安排和教学条件的创设提供心理学依据。这项工作称为任务分析。

任务分析是一个教师较陌生的概念。但通过对我国一些著名的特级教师和优秀教师的教案分析，发现在他们的教学设计中蕴涵着任务分析的思想。国外的研究更是将任务分析作为连接学习论和教学论的桥梁。现有的探索性研究结果也表明，任务分析是促使教师依据学生学习的过程和条件进行教学设计、将教学活动成为促进学生学习发生的最关键的一步。如果说以现代认知心理学为基础的学习论和教学论有核心的话，那么，前者是学习的分类，后者是任务分析。任务分析在教学设计中的重要性可见一斑。

本章先概述任务分析的起源与发展、任务分析的基本步骤、任务分析在教学设计中的作用；然后介绍任务分析的理论与方法；最后举例说明如何进行课堂教学中的任务分析。本章学习目标：

1. 能陈述教学设计中引入任务分析的意义。

2. 能根据提供的教学实例说明教学目标的类型、学生的起点能力、学习的支持性条件和必要条件。

3. 在自己熟悉的学科领域，能用本章介绍的任务分析的理论和技术进行教学任务分析。

第一节　任务分析概述

一、任务分析的起源

任务分析作为教学设计的一个环节，其最初的理论基础是行为主义心理学。在 20 世纪 50 年代前，西方心理学中行为主义占主导地位。在教育领域，桑代克的联结主义和斯金纳的操作条件反应理论统治了半个世纪。桑代克和斯金纳虽然没有使用我们当今使用的"任务分析"这个术语，但许多心理学家认为，在他们的教育实践研究中体现了任务分析的思想。如桑代克通过常用词的统计，确定小学语文教材词语出现的频率和顺序。在他编的小学数学教材中，加减法的计算技能学习被分成许多小步子，尽量避免遗漏必要的步骤。他说："心理上不同的过程需要不同的教育处理方法。"[1] 斯金纳的学习论主张用小步子，通过强化"塑造"机体的行为，他的程序教学正是充分体现了任务分析的思想。

"任务分析"这个专门术语起源于第二次世界大战期间的军事和工业人员培训。虽然心理学家米勒 (R.B. Miller) 最早提出任务分析这个术语，[2] 但任务分析作为教学设计中的一个重要环节，其理论和技术的发展主要归功于加涅 (R.M. Gagne)。[3] 加涅自 20 世纪 60 年代起便对学习作分类研究。最初他按高低层次将人类和动物的学习分成八类，他试图找出每类学习的不同条件及其外显行为表现的差异。后来，他进一步按学习的结果将学习分为五类，即语言信息、智慧技能、认知策略、动作技能和态度。因为他认为，教学只不过是为学习

---

[1] 转引自 Sylvia Farnham-Diggory, *Cognitive Processes in Education*, 1992, p.490。
[2] 邵瑞珍、皮连生、吴庆麟编：《教育心理学参考资料选》，上海教育出版社，1990 年，第 490 页。
[3] Torsten Husen, *International Encyclopedia of Education*, 1994, pp.5910~5911。

的发生创造外部条件。不同类型学习的内部条件一旦被阐明了，那么教学方法的设计便有了可靠的基础。依据不同类型学习结果的不同内部和外部条件，相应进行不同的教学设计，便成了加涅的教学论的灵魂。所以加涅称他的教学论为任务分析教学论。

20 世纪后期，对任务分析的研究有了有很大发展。乔纳森 (D.H.Jonassen) 等三人写了一本关于任务分析的专著，书名《教学设计中的任务分析方法》(D.H.Jonassen, M.Tessmer &W.H.Hannam, 1999)。书中介绍了 21 种已得到认可的任务分析方法，其中四种适用于工业和动作技能培训，三种适合于课堂教学和有指导的学习，五种适合于认知任务分析和人工智能开发，五种适合于教材开发。另外四种分析方法是在苏联心理学家的活动理论和现代建构主义学习论的基础上发展起来的，适合于开放性的或建构主义的环境设计。由此可见，任务分析是一门复杂的教学设计技术，有多少学习理论就会产生多少相应的任务分析方法。

二、任务分析的内容和基本步骤

（一）任务分析的内容

教学设计有广义与狭义之分。在广义的教学设计中，任务分析包括目标分析和目标的下位子技能 (subordinate skill) 分析。目标分析要将目标按学习领域或学习结果类型分类，并要揭示达到教育或教学目标所需要完成的步骤。下位子技能分析实际上是学习的先决条件分析。例如，按加涅的智慧技能层次论，解决问题学习必须以简单规则的掌握为先决条件。简单规则便成为解决问题学习的下位子技能。这样的下位子技能使终点目标得以实现，所以，这种子技能便成为实现终点目标的使能目标。下位子技能的分析一直要分析到学生原有的起点能力为止。但这样的分析应主要由教材编写人员进行。

　　这里所讲的课堂教学设计同广义的教学设计不同，是狭义的教学设计。因为教师在进行课堂教学设计时，手中已有教材。教师往往可从教材中推测教学目标，然后分析教学任务，确定教学方法，必要时补充某些教材。与此相对应的任务分析主要是目标分析。由于任务分析定义很多，十分复杂，本书将教师所要做的任务分析界定为做如下几项工作：

　　1．通过对教材与学生的分析，确定单元或单课的具体的教学目标；

　　2．对教学目标中的学习结果进行分类；

　　3．根据对不同类型的学习的条件分析，揭示实现教学目标所需要的先行条件，即使能目标及其顺序关系以及其他支持性条件。

　　4．确定与教学目标有关的学生的起点状态。

　　在教学设计中，设置教学目标与分析教学任务（或学习任务）这两件事是难以分开的。因为一节课的目标达到以后，该目标便成了下一节课的起点，下一节课的目标则是更长远一些目标的子目标。所以也有人把任务分析称为目标分析。

（二）任务分析的基本步骤

　　对任务分析的步骤，国外学者提出了各自的看法，尽管在具体步骤和操作顺序上有差异，但有一些要求是共同的，我们将这些共同的步骤称为任务分析的基本步骤。

1．确定学生的原有基础

　　在进入新的学习单元或新的学习课题时，学生原有的学习习惯、学习方法、相关知识和技能对新的学习的成败起着决定性作用。所以教师在确定终点教学目标后，必须分析并确定学生的起点状态即起点能力。另外，从知识分类学习论的观点看，由于智慧技能从

"辨别"到"高级规则"之间有严格的先后层次关系，所以作为高一级智慧技能先行条件的较低级智慧技能必须全部掌握。而且由于技能的形成比知识习得所需要的时间长，所以，在教新的技能之前，一旦发现学生缺乏先行的技能，应及时进行补救性教学。

确定学生起点能力的方法很多，在一般的情况下，学生的作业、小测验，或课堂提问、观察学生的反应等方法，都可以被教师用来了解学生的原有知识基础。在一个教学单元结束以后，也可以对照单元教学目标进行单元测验。按照"掌握学习"的原则，学生必须掌握每个教学单元的85%的教学目标后，才能转入下一单元的学习。同时，我们要注意到，在很多情况下，一个教学单元的终点目标的达到同时也构成下一个教学单元的起点，在教学设计中必须强调针对教学目标的测量，并诊断目标实现的程度。这样才能保证课堂之间教学目标完成的一致性。

2．分析使能目标及其出现顺序

从起点能力到终点能力之间，学生还有许多知识、技能尚未掌握，而掌握这些知识、技能又是达到终点目标的前提条件。这些前提性知识、技能被称为子技能，以它们的掌握为目标的教学目标被称为使能目标。从起点到终点之间所需学习的知识、技能越多，则使能目标越多。一般中、小学先后两次教学的知识、技能距离较小，因此其中的使能目标也不多。下面以"弦切角原理"的教学为例，说明构成该目标的使能目标及其层次关系（见图5-1）。

如果我们的目标是在给出任意弦切角条件下，学生能证明"弦切角等于它两边夹的弧所对的圆周角"，学生要完成此项任务，他必须先达到这样三个目标，即知道：

(1) 什么是"弦切角"（概念学习），弦切角的三种类型，即弦切角为直角、钝角和锐角（下位概念学习）。

(2) 什么是"弦切角等于它两边夹的弧所对的圆周角"。

(3) 圆弧所对圆周角和它所对圆心角的关系,即"圆弧所对圆周角等于它所对圆心角的一半"(规则学习)。

学习目标(3)又需要知道"圆弧"(概念学习)、"圆周角"(概念学习)和"圆心角度数和它所对弧的度数的关系"(规则学习)。要知道后一规则,又需知道什么是"圆心角"(概念学习)。

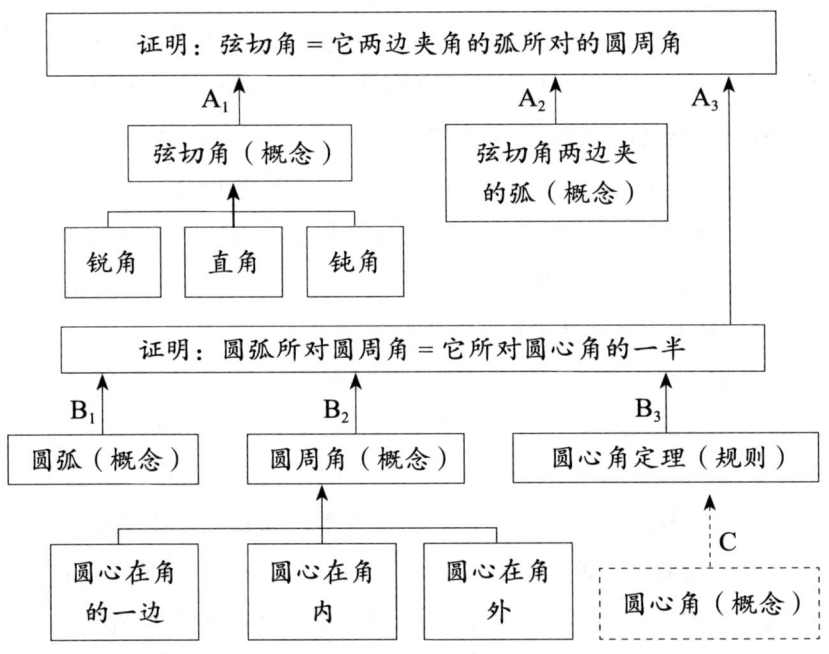

图 5-1　证明"弦切角等于它两边夹角的弧所对的圆周角"的使能目标分析
(图中实线表示使能目标,虚线表示起点能力)

图 5-1 揭示了证明"弦切角等于它两边夹角的弧所对的圆周角"这一定理所要完成的使能目标。图中实线方框和箭头表示要学习的新能力;虚线方框和箭头表示起点能力。由图可见,从圆心角概念

到弦切角定理证明之间的能力分 A、B、C 三级。如果要学习的能力是弦切角定理的证明 (高级规则学习)，学生预先必须具备 A_1、A_2、A_3 三种下位能力。假定 A_1 能力已具备，则任务分析只需要进入 A 级水平即可终止。如果 A_3 能力未具备，则任务分析要降至级 B 水平。揭示构成 A_3 的三项下位能力，即 B_1、B_2、B_3。最后确定学生的起点，即圆心角概念 (图中用虚线方框和箭头表示)。

这种从终点目标出发，一步一步揭示其必要条件 (即使能目标) 的分析方法叫递推法。即从终点目标出发，反复提出这样的问题："学生要完成这一目标，他预先必须具备哪些能力？"一直追问到学生的起点状态，即起点能力为止。然后，教师把学生需要掌握的学习目标分层次排列出来。

3. 分析支持性条件任务分析除了必要条件 (使能目标) 的分析之外，还要进行支持性条件的分析。支持性条件与必要条件的区别在于：必要条件 (即使能目标) 是构成高一级能力的组成部分。如图 5-1 中 A_1、A_2、A_3 三个使能目标是构成证明"弦切角等于它两边的弧所对的圆周角"定理 (高级规则) 的能力的成分。同样，B_1、B_2、B_3 又是这种能力的构成成分。支持性条件虽不是构成新的高一级能力的组成成分，但它有点像化学中的"催化剂"一样，有助于加快或减缓新能力的出现。在图 5-1 中列出的两种证明能力的形成需要两个支持性条件：

其一是学生的注意或学习动机的激发，学生的唤醒水平高，注意高度集中，可以加速新的能力的形成；反之，则会减缓新能力的出现。

其二是学生的认识策略，在这里就是证明定理的思路，即上述两条定理的证明都必须全面考虑三种情况，而其中问题能得以解决的关键是利用圆的直径的性质。这种推理策略虽不是构成这两个定理的证明能力的组成成分，但它可以促进这两种新能力的习得。

此外，在学习以陈述性知识为主要目标的条件下，学生原有的基本智慧技能则是学习的支持性条件。如学习地理知识时，学生识图的基本技能；在学习历史知识时，学生的基本阅读技能，都是陈述性知识学习的支持性条件。在任务分析时，教师也应对这些支持性条件进行分析。

三、任务分析在课堂教学中的作用

任务分析的基本思想是主张学习有不同类型，不同类型的学习有不同的过程和条件。经过几代心理学家的努力，任务分析的思想已进入教学设计中。乔纳森甚至认为："任务分析不论是被用于产生直接教学、作业支持或是建构主义的学习环境设计，它是教学设计中唯一最重要的过程。"[1] 任务分析在当今的课堂教学设计中为什么如此重要呢？

（一）任务分析可以起沟通学习论和教师的教学行为的桥梁作用

1. 进行任务分析的首要条件是将教学目标陈述得具体，可以观察和测量。传统的教学目标描述的是内在的心理过程，所使用的词语是"理解、知道、领会、掌握、热爱、欣赏"等。二课堂教学要求目标具体，目标需要运用行为术语，如陈述、指出、找出、演示、写作、解释等使内部过程外显。陈述良好的教学目标要求教学设计者既要懂认知心理学，也要懂行为心理学。

2. 任务分析的第二项工作是将教学目标分类。因为教学目标是预期的学生学习的结果，一旦要求教学设计者对教学目标分类，他

---

[1] D.H.Jonassen, M.Tessmer & W.H.Hannam, *Task Analysis Methods for Instructional Design*.1999, p.6。

们便自然会联想到学习的结果和学习的分类。对学习作分类研究乃是 20 世纪后半叶学习心理学对教学的重大贡献。现代心理学一般把学习分为认知、情感和动作技能三个领域。在认知领域又分为知识（陈述性知识）、技能（程序性知识）和认知策略（一种特殊的对内调控的程序性知识）三类知识。所以对教学目标分类需要设计者具有学习分类的知识。自从 20 世纪 80 年代中期布卢姆的教育目标分类传入中国之后，这一分类系统在我国被广泛运用。但该分类系统产生于 20 世纪 50 年代中期，是在心理学家对知识和能力的本质尚未作出充分研究的情况下，用于教育测量的一套操作系统。它能指导教育测量，但不能指导教学过程和教学方法的设计。所以教学设计者要懂得布卢姆的教育目标分类，以便有助教学测量的设计，但更要懂得当代有关学习结果的分类的理论，这才有助教学目标、过程等的设计。

3. 教学目标中的学习类型被正确鉴别出来以后，任务分析的另一项工作就是分析作为教学目标的学生学习结果出现的条件。学习的条件包括内部条件（学生自身的条件）和外部条件（学生自身之外的条件）。内部条件又分必要条件和支持性条件。100 多年来心理学家对学习的研究主要是对学习条件的研究。如桑代克的三大定律（准备律、效果律和练习律）概括了有效学习的三个重要条件，即动机、强化和重复练习。巴甫洛夫的条件反射理论强调条件刺激和无条件刺激呈现时间接近和强化。加涅的一本著名的学习论专著以《学习的条件》为书名。奥苏伯尔在其《教育心理学—认知观点》一书的扉页上说："假如让我把全部教育心理学仅仅归结为一条原理的话，那么我将一言以蔽之曰：影响学习的唯一最重要因素，就是学习者已经知道了什么。要探明这一点并据此进行教学。"当今建构主义者把学习的外部条件称为学习环境。根据加涅对教学的定义，教学是为有效学习创设适当条件，或人与物的环境。如果教学设计者通过任务分析找到每类学习的适当条件，那么教学方法的选择、教学材料的设计等问题便迎刃而解了。

4．由于通过任务分析得出的学习的先行内部条件都是教学的子目标，若许多子目标同时出在一个单元或一篇文章中，设计者必须对子目标进行排序，并确定优先的目标。如一篇语文课文的学习也许包括"文"与"道"两方面的学习。"文"的学习又可分字、词、句、段、篇的知识学习、技能学习和策略学习。在这样的条件下确定目标的优先权和各子目标实现的顺序是一项复杂的任务，需要教师作出适当的决策。教师的决策要么依据学习心理学的研究，要么模仿其他教师的经验。教师一旦掌握了任务分析的理论与技术，他会寻求学习论的指导，而不致简单模仿他人的实践。5．任务分析的终点是学生的起点能力。所以任务分析要求教师备课时不仅备教材而且要备学生。任务分析的作用是把我们平时所说的备课要吃透两头（学生和教材）的主张落到实处。

（二）应用任务分析的思想能有效概括和推广我国优秀教师的课堂教学经验

近10年来，我们研究了大量的优秀教师的课堂教学经验。研究发现，凡是被一致认可的好的课堂教学实例，都符合任务分析的思想。如果我们用任务分析的思想对这些经验重新进行总结和阐述，那么优秀教师的课堂教学经验就能更加有效地推广和传承。

例如，应用任务分析的思想来看本书第一章所介绍的《圆柱、球的认识过程》这节课，其优点是：

1．教育目标明确。黄老师文章重点介绍了教学过程，未明确陈述教学目标。但教学目标可以从其最后组织的游戏中推测出来，因为该游戏起着教学目标测验作用。游戏的做法是要求某学生蒙上眼睛，用手摸口袋中的物体（物体中混有圆柱、球、长方形和不规则形体）。其余学生作裁判：举绿牌表示对的，举黄牌表示错的。设计这一游戏的目的是检验学生能否运用学习过的概念来做事（找出已学过的两种形体）。

2．教学目标的学习结果分类。根据加涅的智慧技能学习层次论，这节课的教学目标属于智慧技能中的具体概念的学习。

3．学习条件分析。据加涅的智慧技能层次论，具体概念的学习条件是辨别学习。

4．学习起点能力分析。入学近一年的儿童在日常生活中已接触过许多属于圆柱形和球形的物体，且有用图表示物体的经验。

5．根据任务分析便能导出教学步骤和方法。加涅的智慧技能层次论表明，必须按如下顺序教学：

(1) 从儿童已有生活经验中引出所教形体的正例和反例。

(2) 引导学生观察和比较正、反例的异同。

(3) 抽象概括同类物体的共同本质特征（概念形成）。

(4) 如果所学概念有专门的符号表示，则教师直接将符号告诉学生。此类学习属于"符号表征学习"，是奥苏伯尔有意义学习中的最低层次。

(5) 组织游戏检测学生是否掌握所教的概念。

一般认为，语文学科的教学设计是最难进行任务分析的，但通过对我国许多著名语文特级教师的经验进行剖析，发现其中蕴含着任务分析的思想。例如，上海语文特级教师陆继椿提出的中学语文教学"一课一得，得得相连"的"序列化"思想；广东语文特级教师丁有宽将小学语文课中的记叙文读写的规律性知识归纳为"50法"或"50个基本功"，同时又梳理出基本功间的层次关系和教学顺序。

（三）有助于对学生的学习困难进行诊断和补救

任务分析其实质是对学生的学习任务进行分析，即学生从起点能力出发，如何走到终点目标，期间需要跨过多少能力台阶，需要怎样的条件支持。分析的结果是在教师心中形成一张清晰的学生学习的"认知地图"。倘若学生出现了学习困难，教师可以凭借学习的"认知地图"对问题进行准确的诊断，进而实施补救性教学。

（四）有利于教师领会和贯彻新课程标准的精神

为了克服传统教学中学生记住了大量知识而不能转化为分析与解决问题的能力的弊端，新课程标准十分强调学生自主建构知识的过程，并专门将"过程和方法"作为教育目标分类的一个方面。

从知识分类学习论的观点看，不同类型的学习结果（教学目标）有不同的过程和内外条件。例如外语单词学习属于奥苏伯尔有意义言语学习分类中的符号表征学习，既有机械学习的一面，也有意义学习的一面。机械学习的过程是刺激—反应—强化与反馈，并需经过多次重复。幼儿学习区分你、我、他和左、右，属于加涅的具体概念学习，其过程是在实践中辨别感悟。小学生学习用正确句型造句，其过程是现代认知心理的句子图式的建立与逐渐分化的过程，其语法规则是内隐的。小学数学中的分数概念也是一个具体概念（奥苏伯尔称之为初级概念），其学习过程是一个从例子到归纳其基本特征的发现过程。而在分数概念建立以后学习百分数，百分数是一个定义性概念。其学习不需要发现，可以通过接受的方式进行。小学四、五年级学生学习语文课文的分段，其过程是分析若干篇适合他们年级的作文范例，逐步感悟或发现分段规则（或作者的构思逻辑）的过程。所感悟的规则属于启发式规则。这种规则有助于人们解决问题，但不能保证解决问题成功。而且这种学习不是短期内有效的，必须经过长期训练，才可达到迁移的程度。

教学设计中引入任务分析这个环节的目的就是要求教师依据学的规律进行教学。也就是说，依据不同类的学习结果的学习过程和条件来进行学习。

如果在教学设计中引进了任务分析思想，而且能用任务分析的思想指导教学过程设计，那么，不论教学目标中是否列出过程目标，教师都会根据学习的规律进行教学。反之如果教师不具备任务分析思想，很可能只会照搬别人的教学设计或教案，而不会自主进行创造性教学设计。而且任何教材或教学参考书都不可能把一切教学内容的学习过程作为目标都列出来。所以本书不主张将过程作为目标单列出来。学习与教学过程的科学化问题只有通过对教师进行现代心理学与教学设计培训才能比较合理地解决。

第二节 指导任务分析的理论

如上所说，任务分析的目的是揭示达到教学课题、单元或课时目标的先行的内部条件，从目标导向教学过程和教学方法的选择的观点看，这些内部条件被鉴别出来以后，还应进行相应分类。如进行必要条件与支持性条件、上位概念或规则与下位概念或规则方面的分类等。一旦学习类型确定以后，教学的外部条件的创设便有可靠的依据。我们可以应用本书第二章介绍的加涅的学习结果分类和奥苏伯尔的学习分类理论来指导教学任务分析。

一、运用加涅的学习结果分类理论指导任务分析

（一）运用加涅的学习结果分类分析学习类型

加涅认为，学生的学习结果不外乎五种类型。这五种类型是：

言语信息(也称语义知识)、智慧技能、认知策略、动作技能和态度。教师只需将教学目标中明确陈述的学生的行为样品归入上述类别,便能完成学习任务类型的分类。例如,若教学目标是"陈述记叙文一般应包括的五个要素",则学习类型是言语信息。表 5-1 列举了学习任务的典型例子及其所代表的学习类型。

表 5-1　教学目标中的学习任务举例及其所代表的学习类型

学习任务	学习类型
1. 陈述灭火器的主要种类及其用途	言语信息——交流经过组织的知识,使其意义不发生错误
2. 举例说明在恒温条件下有关气体的压力和体积关系的规则	智慧技能——将规则应用于一个或多个具体例子
3. 创作一篇论述反对官僚主义的论文	认知策略——创造一种处理问题的新方法
4. 用活动扳手拧紧螺帽	动作技能——执行一项连贯的操作
5. 选择阅读小说作为课余消遣活动	态度——个人对一类事件选择行动方向

(二)运用加涅的学习理论分析学习的条件

加涅把学习条件分为必要条件和支持性条件。前者是学习中不可缺少的条件。缺少必要条件,相应的学习便不能出现。后者是对学习产生加速或减速作用的条件。缺少支持性条件,学习不一定不能发生,但其效率不高。不同类型的学习的必要条件和支持性条件既有相同点,也有不同点。

1. 智慧技能学习的条件

在加涅的五类学习结果中,尤以各种智慧技能的学习明显存在一种层次发展关系,即低一级智慧技能是高一级智慧技能的先决条件。假定我们的教学目标是规则学习,教师在进行任务分析时必须鉴别构成该规则的有关概念。如果学生未掌握构成规则的有关概念,则应先教有关概念,即先完成使能目标,然后才能完成终点目标。除了分析智慧技能学习的这种必要条件之外,还应分析它们的支持性条件。例如学习高级规则,除了必要条件——掌握简单规则之外,还应有认知策略和言语信息等支持性条件。

2. 其他各类学习的学习条件分析

言语信息、认知策略、动作技能和态度学习的条件与智慧技能学习的条件不同。如认知策略的必要条件是某些基本心理能力,例如记忆策略需要有心理表象的能力,在解决问题时需要有把问题分成组成部分的能力。其支持性条件是有关的言语信息和力求用新方法解决问题的态度。学习言语信息的必要条件是言语技能(如句法规则),其支持性条件是有关的背景知识和有意义学习的态度。表5-2概括了五种学习的必要条件和支持性条件,可供我们进行学习条件分析时参考。

表5-2 五种学习结果的必要条件和支持性条件

学习结果分类	必要条件	支持性条件
智慧技能	较简单的智慧技能的构成成分(规则、概念、辨别)	态度、认知策略、言语信息
言语信息	有意义组织的信息	言语技能、态度、认知策略
认知策略	某些基本心理能力和认知发展水平	智慧技能、态度、言语信息
态度	某些智慧技能和言语信息	其他态度、言语信息
动作技能	部分动作技能、某些操作规则	态度

二、运用奥苏伯尔的同化论分析教学任务

奥苏伯尔的认知建构观的学习理论又叫同化论。该理论只涉及认知方面的学习，但它阐明了认知领域内各种类型学习的性质、过程和条件，是进行教学任务分析的良好工具。

奥苏伯尔的学习理论将认知方面的学习分为机械学习和有意义学习两大类。机械学习的性质是形成文字符号的表面联系，其心理过程是联想，学生并不理解文字符号的性质。这种学习在两种条件下产生：一种条件是学习材料本身无内在逻辑意义（如无意义音节、电话号码、孤立的历史年代等），在这种条件下必然产生机械学习。另一种条件是材料本身有逻辑意义（如古诗、乘法口诀等），但学生原有认知结构中没有适当知识基础可以用来同化它们，在这种条件下也会产生机械学习。第一种条件下的机械学习是不可避免的；但第二种条件下的机械学习是教学中应力求避免的。倘若需要在第一种条件下进行机械学习，教师可以利用机械记忆的规律来促进这类学习。倘若要避免第二种条件下的机械学习，教师则应了解有意义学习的条件。只有在教学中满足了有意义学习的条件后，才会出现有意义学习。

有意义学习的实质是个体获得有意义的文字符号所表征的意义。如计算自由落体的位移公式是：

$$S = \frac{1}{2}gt^2$$

这一组文字符号，对教师来说是有意义的。这种意义被称为材料的逻辑意义。但对于未学过物理学的儿童来说，它们是无意义的。有意义学习过程就是个体从无意义到获得心理意义的过程。这种个体获得的意义又叫心理意义，以区别于材料的逻辑意义。所以有意义学习过程也就是个体获得对人类有意义的材料的心理意义的过程。

心理意义的获得必须满足下列条件：

第一，学习材料本身有逻辑意义。学生学习的教材知识一般符合这一条件。无意义音节、配对联想词不符合这一条件。

第二，学习者认知结构中具有同化新材料的适当知识基础，也就是具有必要的起点能力。如果这种条件不具备，教学任务应是先教这种起点能力。

第三，学习者还必须具有有意义学习的心向，即积极地将新旧知识关联并区分其异同的倾向。

上述三个条件中，第一为外部条件；第二和第三为学生的内部条件。其中，第二为认知因素，第三为情感或态度方面的因素。

在教学中，最不易处理的是第二个条件。因为根据学生原有知识基础进行教学，乃是教育心理学中最重要的原理。奥苏伯尔提出的同化论为教师分析新知识与学生原有知识之间的关系，并依据原有知识基础进行教学设计提供了理论依据。

奥苏伯尔将有意义学习分为三种类型。最简单的形式是表征性学习，即学习文字符号代表什么。表征性学习的主要内容是词汇学习。如儿童学习用"狗"这个符号代表他见到的狗。这种有意义学习的条件是学习者已经获得符号所指的事物的经验。第二种形式是概念学习。第三种形式是命题学习。命题有概括性的，如加涅所说的规则；有非概念性的，如"《阿Q正传》一书的作者是鲁迅"，这是加涅所说的言语信息中的事实。

奥苏伯尔认为，新知识与原有知识网络中可以利用的适当观念可以构成三种关系：第一种，原有观念为上位的，新的知识是下位的；第二种，原有观念是下位的，新知识是上位的；第三种，原有观念和新知识是并列的。新旧知识的三种关系就导致了三种形式的学习，即下位学习、上位学习和并列结合学习(见表5-3)。

1. 下位学习：学习者认知结构中原有的有关观念在包摄性和概

括水平上高于新学习的知识，因而新知识与旧知识构成类属关系，又称为下位关系，这种学习便称为下位学习。下位学习又有两种形式，一种叫派生类属学习，另一种叫相关类属学习。当新的学习材料作为原先获得的概念的特例，或作为原先获得的命题的证据或例证加以理解时，即为派生类属学习。在这种关系中，所要学习的新材料完全可以直接从上位概念或命题中推衍出来，新知识只是旧知识的派生物。例如，学生在学习正方形、长方形、三角形时已形成了轴对称图形概念。在学习圆时，将"圆也是轴对称图形"的命题纳入或类属于原有轴对称图形概念，学生立即能发现圆具有轴对称图形的一切特征。这种类属学习的结果，不仅使新的命题获得了意义，而且使原有概念或命题得到了充实或证实。当新知识类属于原有的具有较高概括水平的观念后，使得原有的观念得到扩展、精确化、限制或修饰，这种形式的下位学习称为相关类属学习。在这种形式的学习中，新学习的材料与原有观念只有相关关系，不能从原有观念中派生出来。

表5-3　新旧知识的三种建构形式

1. 类属学习（下位学习） A. 派生类属 B. 相关类属	新的内容→ 原有的观念 A / B_0 B_1 B_2 B_3 B_4 新的内容→ 原有的观念 X / Y U V W
2. 总括学习（上位学习）	新学习的观念 A → A / B_1 B_2 B_3 ← 原有的观念
3. 并列结合学习	新学习的观念 A → B—C—D ← 原有的观念

例如，学生的认知结构中已具有"挂国旗是爱国行动"的命题，现在要学习的新命题是"保护能源是爱国行动"。这两个命题只有相关关系，后者不能从前者派生出来。但新的观念被纳入原有的"爱国行动"之后，原有概念的内涵加深了。以后随着学生学到计划生育、卫生大扫除、反击外来侵略等都是爱国行动时，"爱国行动"的内涵就不断加深和扩展。因此，在相关类属学习中，每次新知识类属于原有概念或命题，原有概念的本质属性或被扩展、深化，或被限制、精确化。而在派生类属学习中，新知识纳入原有的旧知识中，原有概念或命题只是得到证实或说明，其本质属性未变。

2．上位学习：当学生的认知结构中已经形成了几个观念，现在要在原有观念的基础上学习一个概括和抽象水平更高的命题或概念，便产生上位学习或总括学习。例如儿童在日常生活中已经知道了"麻雀"、"乌鸦"、"燕子"等概念，再学习"鸟类"这个新的总括性概念时，新概念通过归纳、总括原有下位概念的属性而获得意义。一旦上位观念形成，又可以成为下次新的学习中同化下位知识的上位知识。这时学习又转化为下位学习了。

3．并列结合学习：当新的概念或命题与认知结构中的原有观念既不是类属关系，也不是总括关系，而是并列联合关系时，便产生并列结合学习。假如学生已经知道了质量与能量、热与体积、遗传结构与变异等关系，现在要学习需求与价格的关系。新学习的关系虽不能类属于原有的关系之中，也不能总括原有的关系，但它们之间因具有某些共同的关键特征而呈现并列关系。如后一变量随前面变量的变化而变化等。新关系通过与原有关系的并列结合获得意义。

根据同化模式，教师可以确定要教的新概念或命题的类型及其条件。我们提出如下的建议：

第一，如果学生认知结构中原有的概念或命题的概括性与包容范围高于要学习的新概念或命题，则新概念或命题的学习属于下位学习，教师可以根据下位学习同化模式安排学习的内外条件。

第二，如果新学的概念或命题的包容程度高于原有的观念，则新的学习属于上位学习，教师应根据上位学习的同化模式安排学习的内外条件。

第三，如果新的概念或命题与原有知识既无上位也无下位关系，则可考虑它们是否与原有知识存在某种并列的相互吻合的关系。如果存在这种关系，则可以按并列结合学习模式安排学习的内外条件。

三、运用乔纳森的教育目标分类理论系统分析教学任务

认知心理学理论的新发展表明，上述两个分类系统在解释认知策略、反省认知技能学习和结构不良问题解决方面存在缺陷。乔纳森的分类有助于弥补上述两个分类系统的不足。例如在乔纳森的分类中提出"心理模型"中包括程序性(可以运行的)知识、视觉—空间(表象)的表征、隐喻知识和执行控制。这一思想可以用于解释语文句子结构和作文篇章学习。

语文特级教师丁有宽就是通过教小学一年级学生建立句子结构模型而使句子教学获得成功的。丁有宽认为，句子由四个要素构成："谁""干什么"是两要素句；"谁""在什么时候或什么地点""干什么"是三要素句；"谁""在什么时间或什么地点""怎么样""干什么"是四要素句。教师引导学生先建立两要素句型结构模型，在此基础上将两要素模型逐步扩展为三要素或四要素结构模型。这里"谁""干什么"又可不断扩展和分化。这样，初进小学的学生虽不知句子主、谓、宾、定、状、补等句法概念和规则，但他们造出的句子却能符合句法规则。

学生对文章的认识也是先建立不同篇的结构模型，然后在此基础上经历扩展和分化的过程。

尽管乔纳森的新的分类系统对我们有所启发，但其中许多新出现的学习结果类型的学习过程和条件尚未得到充分解释，有待进一步研究。

第三节　不同领域的教学任务分析

为了便于教师掌握任务分析方法，本节通过实例研究分别介绍认知、情感和动作技能领域的任务分析技术。

一、认知领域

认知领域包括智慧技能、言语信息和认知策略，下面分别举例说明这三个方面的教学任务分析方法。

（一）智慧技能

1．教学实例

教学目标

"给予大小不同的圆锥体实物或图形，学生能正确计算它的面积"：

学习结果类型。据加涅的学习结果分类，该目标所涉及的学习类型是智慧技能中的规则学习，即习得运用 $V_{锥}=\frac{1}{3}S_{柱}H_{柱}$ 公式办事的能力。由于新习得的规则是作为问题解决的结果，新习得的规则中包含了圆柱体计算规则，所以新习得的规则也可被称为高级规则。

学习条件：

A．必要条件：按加涅的智慧技能层次论，规则学习的必要先决条件是概念，此处是构成要学习的规则的两个概念，即"圆锥体"和"圆锥体高"。"圆锥体"是具体概念，不易下定义；"圆锥体高"是定义性概念，易下定义。

B．支持性条件：推理策略。由于圆锥体的体积公式无法直接计算，必须借助已知的等底等高的圆柱体间接推算。所以圆锥体体积计算公式的推导必须借助推理策略，即"将要学习的新知识转化为已知的旧知识"才能得出。按加涅的理论，该策略是新的智慧技能学习的支持性条件。

必要条件和支持性条件的区分是：必要条件将构成新的学习结果中的必要成分。如"圆锥体"和"圆锥体高"这两个概念是 $V_锥 = \frac{1}{3} S_柱 H_柱$ 这个公式中的必要条件，它们是新的公式中的必要成分；而推理策略即"将新知识转化已知的旧知识"虽然有助于新的学习，但它不是新的学习结果中的必要构成成分。这一策略在先前的学习中曾多次使用，在今后的学习中仍将反复使用。所以认知策略对于智慧技能学习来说，类似于化学反应中的催化剂，起催化作用，但不是必要条件。

起点能力：(1) 学生已掌握圆柱体的相关概念以及其体积的计算方法；(2) 学生会用分数乘法代替除法进行计算。上述分析可以图示如下：

起点能力	使能目标一	使能目标二	终点能力
(1) 学生已掌握圆柱体相关概念及其体积计算 →	掌握圆锥体概念 →	掌握圆锥体高概念 →	已知任一圆锥体的高、底面半径、周长或底面积，能计算它的体积图

5-2　圆锥体体积教学任务分析

2．语文实例

著名语文特级教师张富在教《理想的阶梯》（初中语文第四册

第12课)这篇课文时,张老师考虑到《青春的价值》是先前学过的课文,在写作方法上与《理想的阶梯》非常相似,故在教学设计时,将两篇课文作为论说文写作规则的例1和例2,如表5-3所示。

教学目标:

按教师给定的题目,写一篇论说文,文章应符合两条要求:一是用实例作论据;二是用段首排比的方式提出分论点。

这一目标可以从第三课时的练习要求看出。用小黑板挂出的分项训练要求如下:

表5-4 《理想的阶梯》、《青春的价值》的论证结构

	中心论点	分论点一	分论点二	分论点三
理想的阶梯	奋斗,是实现理想的阶梯	理想的阶梯,属于勤奋的人	理想的阶梯,属于珍惜时间的人	理想的阶梯,属于迎难而上的人
"青春的价值"	要让青春为社会放光华	要实现青春的价值,就要迅速提高自身	要实现青春的价值,就要及时树立远大理想	要实现青春的价值,就要积极投身实践,多奉献
第一轮	从一个故事引出中心论点	用事实作论据	用事例作论据	用事例作论据
第二轮	根据几种现象引出中心论点	用名言作论据	用名言作论据	用名言作论据
为《自改作业好》一文拟中心论点和分论点				

学习结果类型：根据加涅的智慧技能层次论，其学习结果是智慧技能的最高形式——高级规则学习。

学习条件：高级规则学习的前提条件是构成高级规则的简单规则已习得。简单规则是：(1) 从一个故事或根据几种现象引出中心论点；(2) 用段首排比的方式提出分论点；(3) 用事例或用名言作论据。

简单规则学习的前提条件是构成规则的有关概念已习得。此处包括：论点、中心论点、分论点、论据、论证。

起点能力：从课堂教学实录中推测，学生已学过说明文，对论点、论据、论证、排比句等术语并不陌生。

分析结果可以用下图表示：

起点能力	使能目标	终点目标
已掌握说明文论点、中心论点、分论点、论据、论证等概念	(1) 从一个故事或几种现象引出中心论点 (2) 用段首排比的方式提出分论点 (3) 用实例或名言作论据进行论证	给予论题如《自改作业好》，生成一段论说文。要求：一是用实例作论据；二是用段首排比的方式提出分论点

图 5-3　《理想的阶梯》教学的任务分析

（二）言语信息

地理教学实例

进行任务分析的目的，是为教学方法与步骤的设计找到心理学依据。加涅认为，他的学习层次理论适合于分析智慧技能的学习，而奥苏伯尔的有意义言语学习理论适合于分析言语信息学习（或陈述性知识学习）。按加涅的学习结果分类，言语信息可分为符号、事实和有组织的整体知识。按奥苏伯尔的分类，有意义的知识学习可分为符号表征学习、概念学习和命题学习。而命题又可分概括性的和非概括性的。两相比较，前者的符号与后者的符号表征学习类似；前者所讲的事实，相当于后者的概括性命题（如"中国的首都是北京"，既是一个"事实"，又是一个非概念性"命题"）；前者讲的有组织的知识相当于后者命题网络。加涅未侧重解释言语信息学习的过程和条件，而奥苏伯尔用同化论解释了有意义的命题知识同化的过程和条件，所以，我们建议用奥苏伯尔的有意义言语学习论来指导言语信息（或陈述性知识）的任务分析。

教学目标：学完中国"地形特点"这个课题后，"学生能用自己的话说明中国地形的三大特点及其对地形、气候与经济的影响"。

该目标包括三个子目标：

(1) 陈述地势由西向东变化特点及其对河流影响；

(2) 陈述沿海大陆架特点及其对经济影响；

(3) 陈述地形特点及其对经济影响。

学习类型：按奥苏伯尔的有意义言语学习理论，此处涉及的"地势"与"地形"是学生已学过的概念，它们处于上位，其下是"高山"、"平原"、"高原"、"盆地"和"丘陵"五种地形概念，至于中国的喜马拉雅山脉、青藏高原、华北平原等分别是这些地形概念的具体例子。按奥苏伯尔的同化论，这些目标主要是下位例子学习；按加涅的学习结果分类，则是具体事实学习。此外，这些地理名称的学习包括符号学习。符号学习具有机械记忆的性质。按同化论，地势和地形特点与气候和经济的关系属于有意义的命题知识学习；按加涅的理论，属于有组织的整体知识学习。

学习条件：

A. 必要条件：据同化论，学生原有知识中必须具有同化下位例子的上位地势和地形概念（包括五种地形概念）和地势、地形对气候与经济的影响的一般认知图式。

B．支持性条件：学生具有阅读地图的技能。

起点能力：

上述必要条件和支持性条件也就是学生的起点能力。[1]

（三）认知策略

课文分段实例

学习目标：给予适合小学五年级水平的课文，学生能按时间顺序划分课文段落。

学习结果类型：按加涅的学习结果分类，属于认知策略。因为要找到课文的段落结构，必须理清作者的写作思路。其中的规则是启发式的，而不是算法式的。小学生对课文分段的目的是：从他人的文章中受到启发，发现文章分段的规则并用以支配自己的读写行为。

学习条件：

A．必要条件：具有时间概念和事物随时间变化而变化的推理能力。

B．支持性条件：文章所讲的内容应是学生熟悉的；学生具有基本阅读能力。起点能力：学生已具备文章的篇与段的概念。

二、动作技能领域

动作技能又称心因动作技能 (Psychomotor)，是因为动作技能中含有许多智慧技能的成分，以"Psycho"表示。因为在课堂教学情景中，要学会一个动作，首先是知道做什么以及怎么做，是陈述性知识的学习。它们通常是内隐的，一般无法观察。然后才是将怎么做的操作规则转变为支配肢体动作。所以对动作技能领域的教学任

---

[1] 加涅主张学习顺序由下至上，因为其起点能力在下位。奥苏伯尔与加涅相反，主张学习顺序由上至下，逐步分化，故起点在上位的一般概念、命题或图式。

务分析的方法类似智慧技能领域的任务分析，也就是揭示完成一定的动作技能所涉及的心理和动作成分。以"把高尔夫球打进洞"这一动作技能目标为例，其子技能可以分析如图5-4。

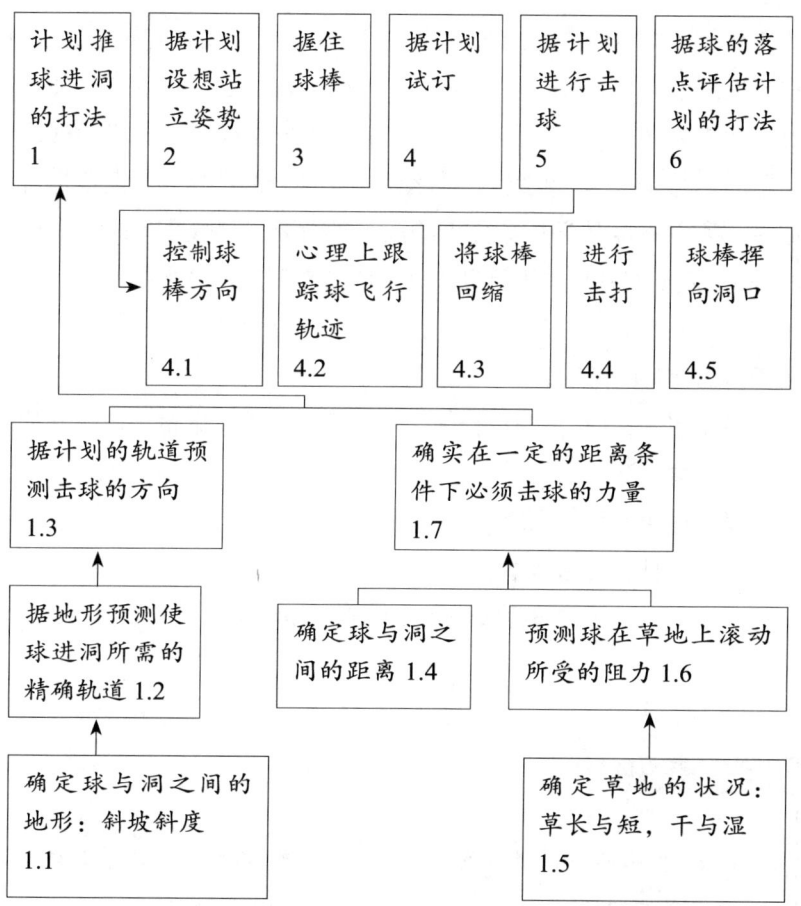

图5-4　打高尔夫球的动作技能第一步和第四步的层次分析

图5-4中的第1步，第6步，第4.2步等是智慧技能成分。只有握杆与挥杆和击球等才是运动成分（motor成分）。它们可以被直接观察到。

三、情感领域

在加涅的分类中,情感领域的学习被称为态度学习。态度由三种成分构成,认知、情感和行为。情感是一种内在体验,无法直接观察,难以判断其是否已经产生或经历了所要求的体验,只能通过认知和行为两方面去间接推断。因此,要分析构成态度的先决能力,需要提两个问题。第一个问题问"什么",即"学生在表现这种态度时,他需要做什么?"其回答一般是动作技能或智慧技能。第二个问题问"为什么",即学生为什么做出此种行为选择,其回答是言语信息。所以态度教学任务分析的前半部分是智慧技能(或动作技能成分),后半部分是言语信息成分。前者宜用层次分析揭示其中包含的子任务(即学习的先决条件);后者宜用言语信息类别分析,揭示所需言语信息的类别。

教学目标:"在主题班会上,学生选用朗读诗歌赞美改革开放后人民的幸福生活"。

学习结果类型:态度

学习条件:①言语信息:知道所赞美的内容
　　　　　②智慧技能与动作技能:能收集并流利朗读诗歌

综合练习题:

1. 据本书所说,教师的任务分析应做哪四件事,请举例说明如何完成这四件事。
2. 举例说明课堂教学设计中引入任务分析如何有利于教师运用科学心理学原理指导自己的教学行为。
3. 举例说明学习的必要条件和支持性条件。

第六章 以陈述性知识为主要目标的教学策略设计

这里的教学策略设计主要指教学过程和方法等方面的设计。依据教学心理学的观点，教学过程与方法的目的是为了促进学生的学习过程，因而对过程与方法的设计要以学生学习的过程与规律为依据。本书第二章阐明了不同类型学习结果的学习条件和规律，本章及下一章就在此基础上，阐述不同类型学习的教学策略设计。第六章侧重阐述各种陈述性知识的教学设计，第七章侧重阐述各种程序性知识的教学设计。本章学习目标如下：

1. 能陈述教学事件与学生学习过程之间的动态关系。
2. 能举例说明什么是具体概念和定义性概念。
3. 给出陈述性知识、概念和命题的教学设计或教学实录，能运用本章所讲的相关原理进行分析和评论。
4. 能运用本章所讲的教学策略设计原则，对自己所教学科中的各类陈述性知识的教学进行设计。

第一节 陈述性知识的教学策略设计

一、陈述性知识教学的案例

陈述性知识是可以用言语表述的知识，是用来回答"世界是什么"问题的。中小学的历史、地理、政治等学科教授的内容大部分属于陈述性的知识。在论述陈述性知识的教学策略之前，我们先来看几个陈述性知识教学的案例，而后结合这些案例来阐明陈述性知识教学过程与方法的设计。

案例一：语文识字教学

一位老师在教"能"字时，说"能"是左右结构，右边像两个"七"字，教师板书以后，让学生抄写，结果许多学生在作业本上将"匕"写成"七"。

有经验的教师在出示"能"字后，这样来教：

师：这个字是怎样的结构？右边部分跟什么字差不多？但又有什么区别？

生：左右结构。右边跟两个"七"差不多，但不相同——"七"的第一笔是横，"匕"的第一笔是撇，"七"的第二笔竖弯钩在一横的中间，而"匕"的竖弯钩却在一撇的左边。

师：现在我们先书写这个字，再默写这个字。[1]

案例二：历史知识教学

国民党正面战场的抗战

一、导入新课

（一）提问

1. "抗日战争初期"的起止时间和抗战的三个阶段划分是什么？
2. 抗日民族统一战线建立的历史作用是什么？

（二）引言

师：经过中国共产党的努力，1937年9月下旬，抗日民族统一战线正式建立了。从此中国人民在抗日民族统一战线的旗帜下，以

---

[1] 郑昌时：要认真分辨相似字形的相异点，小学语文教师，1990年第5期，第62~63页。

国共两党合作为基础的全民族抗战开始了。在抗日战争初期的防御阶段，形成了国民党正面战场和中国共产党敌后战场。由于他们执行了两种不同的抗战路线：一条是国民党不发动群众，只依靠政府和军队抗战的片面路线；一条是中国共产党执行的全面的人民战争的路线，形成了两种截然不同的结果。

让我们共同来学习本节内容，看看正面战场上的情况。（要求学生打开课本；挂出《日本帝国主义侵略中国形势示意图》，并板书本节课题：第二节 国民党正面战场的抗战）

二、讲述新课

师：1937年7月，卢沟桥事变发生后，日军发动了对中国的全面进攻，制定了"速战速决"的侵华计划，妄图在三个月内灭亡中国。在战略上部署了华北、华中、华南三个战场。

在华北战场，以平津为据点，分别向平绥线、平汉线、津浦线三路出击，以夺取山西为主要目标。在华中战场，主攻上海，然后分两路进去南京，经徐州会战，打通津浦线，将华北和华中两个战场连为一体，夺取中原，会攻武汉，迫使国民政府投降。

同时，切断中国海上联系，在华南登陆，占领广州。

（教师表述时，准确地缓慢地指出日军进攻的各条路线，并作如下板书）

一、日军全面侵略中国 ｛ 占平津后
华北：三路、山西
华中：上海、南京——徐州——武汉
华南：广州

速战速决，灭亡中国

师：面对日军不可一世、气势汹汹的全面进攻，特别是"八·一三"事变日军大举进攻上海，直接威胁到国民党的统治，才迫使国民政府于14日发表决心"实行自卫，抵抗暴力"的声明，召开南京国防会议，制定作战方针，部署全国军队为五大战区，先后组织了淞沪、太原、徐州、武汉四次大会战，开始了正面战场的抗日。

（教师强调四次会战的先后顺序和各次会战的特点，边讲边板书如下）

二、国民政府正面战场抗战 { 发表声明
组织会战：淞沪、太原、徐州、武汉
（下面的板书在此接着写）

师：关于四次会战，在上节已讲过了淞沪会战的激战情况。下面我们主要研究一下徐州会战中的决定性一战，台儿庄战役的战况。

徐州自古是兵家必争之地，它位于黄淮之间，是当时津浦、陇海铁路线的枢纽，战略地位十分重要。台儿庄又是徐州的门户。因此，日军于1938年3月合围徐州，以7、8万的兵力分兵两路进攻台儿庄。可见台儿庄一战的胜败关系到抗战的整个大局。

师：国民政府第五战区司令长官李宗仁肩负重任，不负众望，胜利地指挥了台儿庄战役。请同学们看课本68页插图。李宗仁在台儿庄战役胜利后的留影是多么自豪，多么神气，我们从中也感到高兴。

李宗仁是怎么指挥这次战役并取得胜利的呢？主要有三个步骤。一是分路阻击。分别将日军阻止在临沂和台儿庄。二是拉锯包围。利用双方打拉锯战的时机，调兵遣将，将日军全部包围起来，日军成了"瓮中之鳖"。三是发起反攻，夺取胜利。此仗一举歼敌2万余人，取得了国民党正面战场最重大的一次胜利。李宗仁被称为爱国将领也是当之无愧的。

（教师边讲边板书如下）

台儿庄战役 { 1938年3～4月
李宗仁歼敌2万余
过程：阻止——拉锯——包围——反攻

师：这一仗，保住徐州了吗？唉，可惜了我们浴血奋战的将士了。徐州最终还是落在了日本帝国主义手中！整个战局非但没有改变形势，反而更加严峻了。

师：国民政府的正面战场，非但没有再取得大的胜利，而是丧师失地，一溃千里，人民遭殃。国民政府不但丢了北平、天津，而且又丢了太原、上海、南京、徐州、武汉、广州，以及华北、华中大片国土。1937 年 12 月丢了首都南京，国民政府不得不前往重庆作为战时陪都。1938 年 10 月武汉、广州的相继丢失，标志着抗日战争进入相持阶段。

战争的失败，给人民带来了无穷的灾难。1937 年 12 月 13 日开始的南京大屠杀真是惨绝人寰，举世瞩目。课本 69 页"南京大屠杀时日军活埋中国老百姓的情形"插图，是中国人用生命保留下来的照片，是日军滔天罪行中的一个铁证。据不完全统计，在长达六个星期的血腥屠杀中，集体枪杀 19 万人，零散屠杀 15 万人，共计 30 万人以上。烧杀、奸淫、掳掠者不计其数。这笔笔血债，我们中国人民将会世代不忘！日本军国主义将永远被死死地钉在人类和平的耻辱柱上！一小撮军国主义分子企图为日本侵华罪行翻案的阴谋决不会得逞！

（板书）

```
        ┌ 丧师失地 ┌ 北平、天津、太原、徐州
        │          │ 上海、南京 (1937 年 12 月)
        │          │ 武汉、广州 (1938 年 10 月)
  结果 ─┤          └ 重庆 (陪都)
        │
        └ 人民遭殃 ┌ 南京大屠杀 (1937 年 12 月)
                   └ 6 星期 30 万人
```

造成如此巨大恶果的原因究竟是什么？正是因为国民党执行了一条不发动群众，单纯依靠自己的政府和军队的片面抗战路线。国民党所以执行这样的路线的最根本原因是为了维护自己大地主大资产阶级的统治，害怕人民革命力量发展壮大。

（板书）

$$\text{原因}\begin{cases}\text{片面抗战的路线}\\\text{害怕人民革命力量发展壮大}\end{cases}[1]$$

案例三：地理知识的教学

《日本》教学片段

师：现在我们来阅读《日本图》，大家思考一下，为什么说日本是一个岛国？

生：因为从图上可以看出，日本的领土是由四个大岛和一些小岛组成的，这些大小岛屿均被太平洋和日本海包围，所以说日本是一个岛国。

师：正确。请一位同学出来指图说出日本四大岛的位置和名称。

生：[到讲台前指图回答]四大岛自北往南是北海道、本州、四国、九州。

师：哪一个岛最大？

生：本州。

师：正确。大家看看这个岛国的分层设色图是以什么颜色为主？

生：以褐色为主。

师：既然以褐色为主，说明日本地形的特点是什么？

生：山地多，平原少。

师：正确。我们继续看图，找出最高的山和最大的平原的位置，并说出他们的名称。

生：最高的山是富士山，在东京西南方。最大的平原是东京湾附近的关东平原。

师：你说日本最大的平原是关东平原，有什么依据？

生：因为这里的绿色最广阔。

师：对。在图上你还能说出日本为什么多海港吗？

生：因为海岸线曲折，所以多海港。

---

[1] 朱东海：国民党正面战场的抗战和共产党敌后战场的开辟，载于王铎全主编：名师授课录（中学历史卷），上海教育出版社1993年版，第162~166页。

师：是的，请指图说出，有哪些著名海港？

生：[到讲台前指图回答] 神户和横滨。

师：正确。大家继续思考并回答，日本的季风气候有什么特征？

生：(不语)

师：刚才大家已从图上懂得日本是一个岛国，我们就可以从它所处的位置去解决这个问题。

生：日本的季风气候具有海洋性特征。

师：对。既然这种季风气候具有海洋性特征，那么，冬夏两季与我国大陆同纬度的地方相比，又有哪些不同呢？

生：冬季比较温暖，夏季比较凉爽，年降水量也比较多。

师：正确。这样的气候对森林、水力资源有什么影响？

生：适宜森林生长，所以日本大部分地区为森林覆盖。由于降水丰富，流量大，加上岛国的面积小，地面河流也短小，但水流湍急，所以水力资源丰富。

师：为什么水流湍急？

生：因为日本多山，地形崎岖，河流落差大，所以水流湍急。

师：正确。

……

师：日本是岛国，有发展渔业的优越条件。[幻灯投影《日本群岛附近洋流的分布图》图] 请大家读图，指出暖流和寒流是怎样区分的？

生：实线箭头代表暖流，虚线箭头代表寒流。

师：正确。在图上，你能看出日本北海道附近海域为什么能够成为世界著名的渔场吗？

生：因为北海道附近海域有寒暖流相汇。

师：寒暖流的名称叫什么？

生：千岛寒流和日本暖流。

师：为什么寒暖流相汇处鱼群多？

生：不懂。

师：因为在暖流里生活的鱼类遇到寒流不适应，同样在寒流里生活的鱼类遇到暖流也不适应，所以在相汇处鱼群徘徊不前，非常密集。除了寒暖流相汇的原因外，还有没有其他的原因呢？

生：饵料丰富。

师：对。但是这里的饵料为什么丰富呢？

生：不懂。

师：先思考一下海鱼主要吃什么？

生：各种小动植物和残渣粪便等东西。

师：日本人口多，从河流带来的各种残渣粪便、枯枝烂叶、垃圾等有机物质也多，使浮游生物繁殖快，鱼类的饵料也就丰富。沿海、近海的鱼类生长迅速。日本的捕鱼量常占世界第一位。渔业在日本国民经济中的地位仅次于工业。至于农业方面，同样也很发达，其特点是耕地单位面积产量高。大家想想日本的农业为什么会有这个特点？

生：（沉默不言。）

师：大家从日本的自然条件和先进的科学技术两方面去思考。

生：日本平原狭小，耕地少，已做到精耕细作；日本能够用先进的科学技术武装农业，实现了水利化、化学化、机械化。所以耕地单位面积产量高。

师：正确。[1]

二、应着重考虑的教学事件

陈述性知识的教学策略，要能有效地促进陈述性知识的学习。根据这一思想，在对陈述性知识学习规律了解的基础上，我们提出了如下一个陈述性知识学与教的模型（图6-1）。[2]

---

[1] 陈尔寿主编：中国著名特级教师教学思想录（中学地理卷），江苏教育出版社1997年版，第327~338页。

[2] 皮连生：智育心理学，人民教育出版社1996年版，第113页。

第六章 以陈述性知识为主要目标的教学策略设计

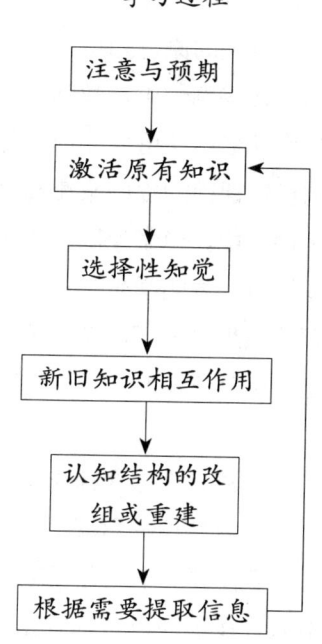

图 6-1 陈述性知识学与教的模型

图中左边表示陈述性知识学习过程的一般阶段,箭头表示学习阶段的前进方向。右边的序号表示与学习阶段相应的教学步骤。根据这一模型,陈述性知识的教学应着重考虑好如下几个教学事件:

(一)引起与维持注意

任何有目的的学习都以学习者有意识的注意为先决条件。当学习者处于注意状态时,他的注意指向学习目标。在这一阶段,教师可以适时告知教学目标以指引学生的注意,从而导致对学习结果的预期。在案例二中,教师是通过直接告知目标("让我们共同来学习本节内容……")来引起学生注意,形成明确的学习预期。

(二)提示学生回忆原有知识

陈述性知识学习的核心就是将新知识与原有知识联系起来,因而在教学时要首先保证学生具有与新知识学习有关的原有知识。对中小学生来说，自觉地回忆起与新知识学习有关的原有知识是难以做到的，他们常常需要教师的提示与帮助。在案例一中，教师通过提问"右边部分跟什么差不多"来提示学生回忆出头脑中的原有知识"七"字的字形。在案例二中，教师则通过课前的提问来激起学生回忆与本课学习有关的原有知识。在案例三中，当学生回答不了教师的提问"为什么寒暖流相汇处鱼群多"时，说明学生相应的原有知识没有被激活，这时教师提出的问题"先思考一下海鱼主要吃什么"，就是在激活原有知识，在此基础上，讲解新知识。

（三）呈现经过精心组织的新知识

呈现新知识就是让学生获得所要学习的信息。学生在课堂上主要通过视觉和听觉两个渠道来获得信息，因而新知识的呈现，可以以视觉方式进行，即让学生去阅读教材。一般来说，教材编写者都对教学内容作了精心的组织和安排，还插入许多图表以帮助学生理解。案例二中教师挂出的"日本帝国主义侵略中国形势示意图"，就是以视觉方式呈现新知识。案例一中教师直接以视觉方式呈现要学习的"能"字的字形。呈现新知识，也可以以听觉方式进行。教师富有表情和变化的言语陈述也能有效地让学生学习新内容。不过心理学研究表明，我们所获得的绝大部分信息是通过视觉途径进行的，而且以视觉和听觉两种方式呈现信息（心理学上称之为双编码），可以有效地提高记忆效率。因而在呈现教学内容时，教师如能将两种方式结合起来运用，教学效果会更佳。如案例二教师在讲述新课过程中，既通过听觉方式呈现内容，也运用了板书、图表等视觉方式呈现内容。案例三的新知识以两种方式呈现，一是让学生阅读地图，二是通过教师的言语讲解，其中大部分新知识是通过地图呈现给学生的，学生要运用阅读地图的技能来获得这些知识，这是地理教学中新知识呈现的一个突出特点。

（四）引导学生在新知识内部和新旧知识之间建立联系

在呈现新知识的过程中，教师还要帮助学生将新旧知识联系起来，在新知识内部建立联系。这种联系是新知识中各部分的内在逻辑上的联系，以此让学生在头脑中形成相互联系的知识体。建立新旧知识的联系，有时可以在回忆原有知识时进行，如案例一中教师在提示学生回忆出原有知识"七"的字形后，紧接着又通过提问"但又有什么区别"，来让学生在原有知识"七"与新知识"匕"之间建立联系。在案例二中，教师在引言部分，通过自己的讲解，将原有知识（抗战的阶段，建立统一战线的意义）和新知识（国民党正面战场和共产党敌后战场）联系了起来，使整个新知识的教学纳入到原有知识的体系中。

教师还要帮助学生建立新知识内部的联系。在案例一中，新知识内部的联系就是"能"字的各部件在空间上的组合关系。教师通过提问"这个字是什么结构"引发学生在头脑中形成"能"字各部件的左右关系。在案例二中，教师通过板书，以纲要列表的形式，如国民党正面战场抗战、台儿庄战役、结果等的列表，促进学生将这些内容按照其内在逻辑（如台儿庄战役的列表，其实包含了时间、地点、人物、过程等部分的内在联系）组织在一起加以学习记忆。案例三中，教师在教学过程中不断向学生提出一些"为什么"之类的问题，激发学生将有关日本的零散的知识联系起来。如教师通过"日本的海洋性季风气候对森林、水力资源有什么影响"，促使学生建立二者的联系；通过提问，引导学生将水力资源丰富与日本的地形特点联系起来，将日本农业的特点与其自然条件和先进的科学技术联系起来等。

(五) 指导学生巩固新知识

陈述性知识的学习与教学经过上述几个阶段，并不能说学生已掌握了。新知识与旧知识联系起来只是课堂上所做的，这种联系是否牢固，能否长久保持，还是一个问题，这需要教师指导学生巩固记忆的方法，教给学生一些记忆的策略。如在案例一中，教师在课堂上让学生书写并默写"能"字，就是一种机械重复的记忆策略。有时教师也可以鼓励学生自己想办法记住，如学"雷"字，有学生用精加工的办法来记："打雷了，雨落到田里去了"。学"办法"的"办"，则"出大力流大汗，办法就来了。'办'字旁边的两点就像汗珠。"[1]

最后一步"测量与评价"，我们放在第十章专门论述。需要指出的是，上述教学步骤只是一般的教学步骤，其间并没有严格的顺序关系，不仅有些步骤的顺序可以调换，而且几个步骤还可以合并在一起。如有时可以像案例二一样，先提示回忆原有知识，再告知目标，引起注意；有时在激活原有知识的同时就可以及时进行新知识的呈现、新旧知识的联系的建立以及新知识内部联系的建立。如案例一中，激活原有知识，呈现新知识，新旧联系的建立是融合在一起的。

需要指出的另一点是，上述几个不同的教学事件，对不同年龄段的学生是不同的。同样是教陈述性知识，对小学低年级学生，以上几个步骤可能缺一不可；对初中乃至高中学生，其中有些步骤就可以省去。这一点正如加涅所讲的，"在一年级与在十年级相比，用于帮助和支持学习的教学事件在更大程度上需要教师活动的参与。"[2]

导致这一变化的内在因素是学生在学习过程中已经自己为自己的学习过程提供教学事件而不是由教师来提供。对此，加涅也讲得

---

[1] 李吉林：训练语言与发展智力，江苏人民出版社1984年版，第18页。
[2] 加涅著，皮连生等译：学习的条件和教学论，华东师范大学出版社1999年版，第80页。

非常明确：随着学习者经验上的增长，教学事件倾向于更经常地由学习者自己来提供，而不是由外在的主体来提供。[1] 高年级的学生在学习过程中由于自己摸索或教师的教学，已掌握了诸如在上课过程中自己维持注意、课前复习、课上积极思考、将新旧知识联系起来等策略，因而对高年级学生而言，提示回忆原有知识、促进新旧知识的相互作用等教学事件就可以略去，教师只将新知识呈现出来即可。教师不呈现的教学事件，并不是说这些事件没有作用，而是学生替教师提供了这些事件。当所有上述教学事件都由学生提供时，教师就可以轻松地站在一边而让学生自己学习了。达到这种状态的学生即是当前课程改革中所描绘的有自主学习能力的学生。

上述分析启示我们，教师在教学过程中，不能仅仅着眼于考虑教学事件的安排、教学方法的选择，还要考虑如何教会学生自己为自己提供教学事件。用加涅的话讲，是教会学生"自我教学"，用我们的话讲，是教会学生学习。此外，这里对教学事件的论述，并不仅限于陈述性知识的教学，其他各类学习结果的教学都不同程度地涉及这一问题，这里只是集中论述一下，在本章其余部分和下一章，这里的观点同样适用，到时就不再赘述。

第二节　概念的教学策略设计

一、概念的性质与分类

（一）概念的性质

概念被称为"知识的细胞"，各种定理、规则、学说，都是建立

---

[1] R. M. Gagne & W. Dick (1983). Instructional psychology. Annual Review of Psychology. p.226。

在概念的基础上的。从现代心理学的知识分类角度看，概念的学习有两种水平。一是将概念作为陈述性知识来学习，只要求学生能说出概念的名称、含义或其关键特征。二是将概念作为程序性知识来学习。学生习得概念以后，要能用概念的关键特征对概念的正反例证进行区分。概念学习的这两种水平，属于不同类型的知识，其习得的规律也不尽相同。不过，这两种水平的学习，又是密切联系的。根据陈述性知识向程序性知识转化的理论，第一种水平的概念学习是第二种水平的概念学习的基础和前提，即学生首先要以陈述性知识的形式掌握概念的关键特征，而后才能运用这一关键特征来区分概念的正反例证。

在教学实践中，很多教师认为概念只是陈述性知识，教学时满足于让学生记住概念的定义，而对于学生运用概念的定义去做事却不是很关心。这样，教出来的学生往往把概念的定义背得烂熟，但遇到实际问题却解决不了，形成了"高分低能、眼高手低"的毛病。克服这种倾向，需要教师端正思想，明确并落实概念学习的第二种水平。

（二）概念的分类

概念的学习与教学要坚持分类的观点。从知识本质上也可以将概念学习分为知识和技能两个范畴，但加涅根据概念关键特征习得的方式，将概念分为具体概念和定义性概念，根据有教学意义。

具体概念的关键特征通常都可以通过直接观察概念的正反例证而获得。这里的"直接观察"要做广义的理解，即概念的关键特征可以直接作用于我们的感觉器官而让我们感觉到。感觉器官包括眼、耳、口、鼻、舌、皮肤等，并不只限于眼睛。如"红色"的概念，是我们通过观看许多红色的例子如红旗、红色的血、红墨水以后获得。又如"香"的概念，则是通过我们的嗅觉而获得的。这些都是通过单一的感觉通道就可获得的概念的关键特征。有时概念的关键特征要通过多种感觉通道才能获得,如学生要形成"葱"的概念,既要通过眼睛看来获得葱的外形特征,又要通过手的触摸以及鼻子的嗅来获得葱在手感及气味方面的关键特征。综合了几个感觉通道获得的特征,才能形成正确的"葱"这一具体概念。我们日常生活中形成的概念,大多属于具体概念。

定义性概念的关键特征不能通过直接观察获得,而必须通过言语式的定义获得。如"舅舅"的概念,不能通过直接观察许多做舅舅的人而获得,必须通过下定义的方式来揭示其关键特征:自己母亲的兄弟。中小学各门学科的许多概念,都是通过下定义的方式来揭示其本质属性的,如物理学中的"功",数学中的"比例",化学中的"摩尔",生物学中的"遗传"等概念,都是定义性概念。

二、具体概念的教学策略设计

(一)教学案例

案例一:数学概念的教学

参见本书第一章"《圆柱、球的认识》教学过程"。

案例二:语文概念的教学

有一次她(斯霞)讲"笑嘻嘻"这个词。她对学生说:"你们看老师的脸上怎么样?"学生们都说,老师脸上笑嘻嘻的。由于老师的表扬,个个儿童都自然露出笑嘻嘻的样子。她又问:"除了笑嘻嘻,还有什么词可以表示笑呢?"有的说笑哈哈,有的说笑呵呵。她问:"笑哈哈与笑呵呵有什么不同?"孩子们很积极地回答:"笑哈哈,张大嘴;笑呵呵,嘴张得不那么大。"又问,那么和笑嘻嘻有什么不同呢？学生说，笑哈哈，笑呵呵都有声音；笑嘻嘻没有声音。[1]

案例三：政治概念的教学

犯罪的概念和特征

（一）告知教学目标，吸引学生注意新的学习任务

师：在第7课和第8课，我们已经知道如何"依法保障经济生活"和"依法保障政治生活"。今天我们开始学习第9课"依法打击犯罪活动"。本课书分6节课教完。这节课我们学习"犯罪及其制裁"这一框中的"犯罪的概念和特征"。（请同学们把书翻到第93页）学完本节课后，同学们要能做两件事：一是能够用自己的话陈述犯罪及其三个基本特征；二是我给同学们一些案例你们能识别违法和犯罪行为并陈述其理由。

（二）提示学生回忆原有相关知识，促进原有知识的巩固、清晰

师：要深刻理解什么是犯罪，首先必须知道什么是违法行为及其制裁方法。

师：什么是违法行为？

生：答。

师：对于违法行为，如何制裁？

生：答。

师：偷一本价值20元的书是什么行为？

生：是违法行为。

师：要受什么处罚？

生：警告或罚款。

师：对。

师：那么盗窃价值15万元的电脑设备是什么行为？

生：犯罪行为。

师：什么是犯罪行为？犯罪行为有什么特征？这就是本节课要

---

[1] 袁徽子：小学语文教学漫谈，山东教育出版社1983年版，第245页。

讨论的问题。

（三）知识新授阶段：从例子到归纳本质特征的学习

1. 呈现案例一：课本第93页"现金诈骗"案

师：请同学看书第93页的第一个案例，看后讨论：

（1）违法分子行骗的手法是什么？

（2）对国家财产造成了什么损失？

（3）违法分子行为的后果怎么样？

师生共同讨论，解决上述问题。

2. 呈现案例二：课本第94页"毁容伤害"案

师：我们现在再看第二个案例，看后讨论：

（1）作案人作案动机是什么？

（2）作案手法与造成的伤害如何？

（3）作案人本人得到什么后果？

师生共同讨论，解决上述问题。

3. 呈现案例三：课本第94页"盗窃"案

师：我们再来研究第三个案例，看后讨论：

（1）作案人的作案动机是什么？

（2）作案手法和造成的危害如何？

（3）作案人得到了什么后果？

师生共同讨论，解决上述问题。

（四）归纳犯罪行为的三大特征

师：老师告诉你们，这三个案例都是犯罪案例。现在请同学们根据这三个案例概括出犯罪行为的基本特征。

教师请学生归纳、讨论，对照三个案例得出犯罪行为的三个基本特征：

（板书）：情节严重，对社会危害程度大

　　　　　触犯我国《刑法》

　　　　　受《刑法》制裁

（五）呈现案例四，区分一般违法和犯罪

师：同学们看课本第95页的第四个案例，看后讨论：

（1）案例中张某违反了什么法？

（2）案例中初审宣判张某的行为构成犯罪，复审宣布张某的行为不构成犯罪。你认为张某的行为是不是构成犯罪？为什么？

先让学生充分展开讨论，在讨论基础上，教师比较一般违法与犯罪的异同点：（板书）相同点：都是违法行为，都受法律制裁。

不同点：对社会危害程度不同，受到制裁方式不同。

所以犯罪行为是对社会造成严重危害、触犯《刑法》并要受《刑法》制裁的行为。

（六）新知识的巩固与目标的检测

1. 请学生说一说犯罪行为的三个基本特征是什么？

生：（答）

2. 说一说"违法"和"犯罪"这两个概念之间的异同。生：（答）

3. 下面提供两个例子，请大家辨一辨，哪个是"违法"，哪个是"犯罪"？为什么？

【例一】1997年8月26日《新民晚报》报道：江苏南通市政府接待处原副处长、车管所原副所长在担任公职期间，利用办理汽车牌照、驾驶执照等工作职权，索要和收受30个单位和个人贿赂36万多元，另有非法所得15万元。

【例二】据《文汇报》1997年8月11日报道，上海市虹口区某个体书亭向小学生兜售不健康的非法出版物，如《足球情人梦》、《恋爱的季节》、《青春梦痕》等，对青少年的学习和思想造成了不良影响。虹口区文化市场管理所会同青保办对该书亭老板作了罚款和没收全部非法出版物处理。[1]

（二）应着重考虑的教学事件

1．提示学生回忆原有知识——概念的例子

不管是作为知识还是作为技能，概念教学首先要解决的是让学生理解概念的关键特征，而理解又总是利用头脑中的原有知识来理解的，那么，具体概念学习时学生要具备的相关原有知识是什么

---

[1] 皮连生主编：知识分类与目标导向教学：理论与实践，华东师范大学出版社1998年版，第412~416页。

呢？这里的原有知识主要就是学生所接触过的该概念的例子。这些例子和所要学习的概念的关键特征相比，是比较具体的，而关键特征则比较概括，涵盖范围比较广，用奥苏伯尔的话讲，这些例子是相对于关键特征的下位例子。在教学时，教师首先要激活学生头脑中贮存的这些例子。在案例一中，所教的具体概念是圆柱和球。学生在日常生活中所接触的圆柱形和球形物体即是概念的例子。为此，上课之初，教师就把学生常见的圆柱形药瓶、易拉罐和球形的皮球、乒乓球呈现给学生，激活学生对这些例子的回忆。在案例二中，"笑嘻嘻"的例子是教师与学生日常生活中流露出的笑嘻嘻的样子。斯霞老师通过问题，引导学生注意她自己表现出的笑嘻嘻的样子以及学生表现出的样子，以此作为概念的例子。案例三中的概念教学也是按具体概念学习的方式进行设计的。教师首先提示学生回忆了原有的"违法"概念，以作为同化新概念的基础。提示学生回忆概念的例子，可以通过提问的方式进行，也可以直接把学生熟悉的例子呈现出来，这种方法当然是在提问效果不佳的情况下才使用的。

2. 同时呈现概念的正例与反例

具体概念关键特征的获得，通常要通过概念正反例证的同时比较与对照。为此，要让学生能同时意识或接触到概念的正例与反例。如果正反例证呈现的时间间隔过长，呈现了反例就忘了正例，这就不利于正反例证的对照。因此，这一步需要教师同时将正反例证呈现出来。如果正反例证之间存在顺序关系，不能同时呈现，则要尽量减少二者呈现的时间间隔。需要指出，这里的正例与反例不能理解成一个正例和一个反例。具体概念的形成往往需要多个正反例证（至少两个）才行。在案例一中，教师在呈现概念正例的同时，也呈现了一些概念的反例，如长方体、正方体，在后来的教学中，又紧接着正例，呈现了一些起对照作用的反例，如铅笔、粉笔、蜡笔等。在案例二中，师生表现出"笑嘻嘻"的样子后，斯霞老师又紧接着问"还有什么词可以表示笑"，这一问题旨在让学生通过回答自己提出概念的反例。案例三中，学生学习了4个案例（案例一到案例四），其中有正例，也有反例。

3．引导学生观察比较，发现正例的共同本质特征

在呈现正反例证后，要及时引导学生对正例进行概括。教师可以提问学生"这些例子（指正例）都有什么共同地方"，以便让学生把握具体概念的关键特征。这里的概括是学生在用多种感觉器官去接触和感知概念属性基础上进行的。如在案例一中，教师就让学生通过眼看、手摸以及动手操作等感觉途径来感知概念属性。而后在此基础上，再让学生总结概括。对正例的概括有时会出现偏差，如把非本质属性认为是本质属性（如认为会飞是鸟的本质属性），这时就要通过呈现反例，让学生对正反例证进行比较对照，形成精确的概括。在案例二中，斯霞老师就引导学生将笑哈哈、笑呵呵与笑嘻嘻比较，从而更明确地限定"笑嘻嘻"的本质属性是"没有声音的笑"。在案例一中，教师也引导学生将圆柱的正例与粉笔、蜡笔等反例进行比较，从而也让学生清晰而准确地形成了圆柱的本质属性。案例三中，先通过对三个正例的归纳，得出"犯罪"的特征，而后又通过案例四的分析，辨析"违法"与"犯罪"的异同，使学生形成清晰的"犯罪"概念。

4．为概念的练习提供情境和反馈

概念的教学完成了前边几步，只表明学生以知识的形式习得了概念，要想让概念的学习进入到技能层次，就必须让学生在多种情境中练习用概念的关键特征对概念的正反例证进行辨别，并从教师那里获得判断是否正确的反馈。教师在这一步需要做的，一是为学生提供练习的情境，二是为学生的练习提供反馈。在提供练习时，教师还要注意，练习所用的例子尽量不要与概念习得时用的例子重复，以防止学生凭记忆而不是根据概念的关键特征进行判断。在案例一中，这一步体现得很明显。教学过程的第三步"组织游戏，巩固感知"，其实是教师为学生提供的三种练习形式，每种练习都要求学生运用习得的概念的关键特征做事，而且练习中还通过让学生做裁判的方式给练习者提供反馈。案例二的教学只将概念作为知识教，没有教到技能层次。案例三中最后也向学生呈现了两个例子，要求学生进行判断，这是在进行练习。

三、定义性概念的教学策略设计

（一）教学案例

案例一：政治概念的教学

为了让学生理解商品这个概念的内涵，第一步，可以先举出日常生活中各式各样的商品，引导学生归纳这些商品的共同本质，并在此基础上概括出："商品是用于交换的劳动产品。"第二步，对商品的定义进行层次分析。大体可分三个层次：商品是"物品"；商品是劳动生产的物品，即"劳动产品"；商品是"用于交换"的劳动产品。这三个层次都是商品这个概念所必不可少的规定性。第一个层次将商品与虚无区别开来；第二个层次将商品与一般物品区别开来；第三个层次将商品从一般的劳动产品中划分出来。通过这样的分析，商品这个概念在学生头脑中就基本树立了。在此基础上，再从以上三个规定性中找出最本质、最主要的规定性，表现在语言形式上，就是要抓住关键词或关键句，从而使学生对商品概念的理解，推进到一个更高的阶段。商品定义中的关键词就是"用于交换"，即商品的"商"字。既然它是"用于交换"的，就必定是劳动产品，因为交换的实质就是交换劳动,非劳动产品,没有价值,如空气、阳光等不需要交换;既然它是"用于交换"的,必定有使用价值和价值,没有使用价值的东西,谁也不要,不可能进行交换,价值是交换价值的基础,没有价值也不能进行交换;既然它是"用于交换"的,也就不是用来自己使用,而是供别人、供社会使用的,并且必须通过买卖的形式进入流通领域,去供别人和社会使用。这样一来,不仅把农民种的粮食、蔬菜供自己消费的部分排除在商品之外,而且把农民交给地主的地租、自家生产的东西送给亲戚朋友等没有通过交换的产品,也排除在商品之外了。我们只要抓住"商"字,即"用于交换"这个最本质、最主要的规定性,并把它讲透,就能使学生从精神实质上把握商品这个概念的本质规定性……

在教材中许多复习题和思考题,往往都是问"是什么"或"为什么"。这对于引导学生牢固地掌握和理解基础知识是必要的。但是由于过于简单和直截了当,也往往会导致学生在回答时出现课本搬家或死记硬背的现象。为了防止出现这种偏差,我们在布置作业时,有时可以变换一下问题的提法,使其具有启发性。例如,"什么是商品?""什么是商品的价值?"可改为:农民种的粮食,一部分自己吃,一部分缴公粮,一部分卖给人家,一部分送给亲戚朋友。试问这些粮食是否都是商品?为什么?农民种蔬菜的劳动和裁缝做衣服的劳动是否可以互相比较?为什么?这样一改,学生回答起来就不那么简单了。首先要判断,然后要分析,说理。[1]

案例二:数学概念的教学

"质数和合数"教学设计

一、导入新课

师:按单数、双数把自然数分成哪两大类?(奇数、偶数)这

---

[1] 吴铎主编:中国著名特级教师教学思想录(中学政治卷),江苏教育出版社1997年版,第31~32,44~45页。

节课要按新的分类方法，分成质数和合数。（板书）

看到课题"质数和合数"，你们想学到哪些知识？（让学生自己说出这节课的教学目标）

二、新课展开

1. 找约数游戏

怎样把自然数分成"质数和合数"，这个新的分类方法同前面学过的"约数和倍数"有关系。现在做一个找约数的游戏：班上每个学生都有自己的学号，现在大家一起来找自己学号的约数。（同桌互相说）

2. 让前12名同学说出各自学号的约数，整理后板书在黑板上：

1 的约数：1
2 的约数：1、2
3 的约数：1、3
4 的约数：1、2、4
……

3. 根据上面各约数的个数，你认为分哪几种情况？让学生根据分类情况填空：

只有一个约数的是（1）
有两个约数的是（2、3、5、7、11）
有两个以上约数的是（4、6、8、9、10、12）

4. 学生自学课本得出结论：

自然数按约数个数可分为：质数、合数和1。

一个数除了1和它本身以外，不再有别的约数，这个数叫做质数（也叫做素数）。

一个数除了1和它本身以外，还有别的约数，这个数叫做合数。

三、试探练习

1. 编制50以内的质数表

通过游戏方式让学生自己编出50以内质数表。先请除学号1以外的同学全部起立，然后分别请是2、3、5、7倍数学号的同学坐下

（但学号是2、3、5、7的同学本身不坐下），然后看剩下的同学的学号是什么数？通过讨论使学生明白坐下去的同学的学号数都能分别被2、3、5、7整除，所以都是合数号，而没有坐下的同学都是质数号。

质数列：2、3、5、7、11、13、17、19、23、29、31、37、41、43、47

最小的质数是几？有没有最大的质数？观察质数表有什么规律？（除2以外全是奇数，除5以外，个数位都不是5，除20以内外，一般十个数中只有2个或3个是质数等。）

教师告诉学生，刚才采用的办法叫做筛选法，把2、3、5、7的倍数一批一批地筛掉，剩下的都是质数。课后要求同学用筛选法编制100以内质数表。

2. 判断质数和合数

采用比赛的形式。小黑板上出示许多数，一人写合数，一人写质数。29、21、15、1、5、0、2、9、27、37、51、43

3. 抢答比赛（判断题，认为对的坐下，认为错的站起来）

（1）在自然数中，除了质数以外都是合数。（　　）
（2）除2以外，所有的偶数都是合数。（　　）
（3）所有的奇数都是质数。（　　）
（4）两个质数相加，和一定是合数。（　　）
（5）9既是奇数又是合数。（　　）

四、发展练习

1. 摘取数学皇冠上的明珠。

二百多年前，有一位德国数学家名叫哥德巴赫，他发现：每一个不小于6的偶数，都可以写成两个素数（质数）的和，简称为（1＋1）。例如：

$$6 = 3 + 3 \quad\quad 10 = 3 + 7$$
$$8 = 3 + 5 \quad\quad 12 = 5 + 7$$

你们谁来试试看，看谁想的多。

你们以为这个世界难题太简单了。问题在哪里呢？因为自然数是无限的，那么，这个论断是不是对所有的自然数都正确呢？在数学上还要加以理论上的证明。哥德巴赫自己无法证明,因为没有证明,不能成为一条规律,所以只能说是一个猜想。人们就把哥德巴赫提出的那个问题称为哥德巴赫猜想。

哥德巴赫猜想是个世界难题,有人称它为"数学皇冠上的明珠",直到现在还没有完全解决。这方面取得国际领先地位的是中国数学家陈景润。他已经证明了(1+2),就是任何一个充分大的偶数都可以表示一个素数加上两个素数的积。例如:$8 = 2 + 2 \times 3$,$18 = 3 + 3 \times 5$,$98 = 7 + 13 \times 7$。这个猜想的最后解决,还需人们付出艰苦的劳动。你想不想试一试。

2. 猜一猜老师的电话号码,从高位开始依次是:

最小的既是质数又是奇数。(3)

最小的质数。(2)

10 以内最大的质数。(7)

最小的合数。(4)

既不是质数又不是合数。(1)

10 以内最大的既是偶数又是合数。(8)

10 以内最大的既是奇数又是合数。(9)

五、课堂小结

这节课你们学到哪些新的知识?(略)[1]

(二)应着重考虑的教学事件

1. 提示学生回忆原有知识

和具体概念的教学一样,定义性概念的教学也要让学生理解概念的关键特征。和具体概念教学不一样的地方在于理解的方式不一样。具体概念教学时是用下位的例子来同化概念的关键特征,是一种上位学习。定义性概念教学的关键特征是用定义的方式直接呈现给学生,学生用于同化的观念是上位的概念,是一种下位学习。如教学"等腰三角形"的概念时,要用学生头脑中已形成的上位概念

---

[1] 邱学华:邱学华尝试教学课堂艺术,教育科学出版社 2000 年版,第 229~232 页。

"三角形"来同化。因此，在进行定义性概念教学前，教师首先要提示学生用以同化新概念的原有知识，即另一个概括程度、包容范围较大的概念，常用的方法是复习提问。

此外，揭示定义性概念关键特征的定义中也会涉及到若干个概念。如方程的本质属性是"含有未知数的等式"，其中涉及"等式"、"未知数"两个概念。教师不仅要激起学生回忆出作为上位概念的"等式"，也要让学生回忆起构成关键特征的"未知数"概念。教师提示的方法也不外是提问和复习。总之，在呈现定义性概念的关键特征前，一定要保证让学生头脑中具有同化和理解这一关键特征的原有知识。在案例二中，在呈现质数与合数的定义（定义中涉及约数的概念）前，教师提示学生复习了数的概念及分类，而且还通过找约数的游戏，让学生在轻松愉快中复习了约数的概念。原有的知识都被激活，接下来就可以直接呈现概念的定义了。

2．呈现并帮助学生理解新概念的定义

呈现新概念的定义，可以以言语陈述的方式直接告知学生，也可以让学生看书，阅读教材上的定义。呈现定义后，紧接着要让学生将这一定义纳入到他们已有的认知结构中，即与原有知识建立联系，获得意义。这种联系的建立，一方面要教师引导学生找出新旧概念相同的地方。如方程与等式，二者相同之处在于都表示相等的数量关系。另一方面要引导学生发现新旧概念不同的地方，如方程是含有未知数的等式，是否含有未知数这一点将方程与其他等式区分开了。找出共同之处，可以将新旧概念联系起来；找出相异之处，可使新旧概念不致混淆。此外，加涅认为，为让学生充分理解概念，在呈现定义之后，还需要再向学生呈现定义性概念的正反例证来加以说明。呈现的例证要在非本质属性上尽可能有变化，以利于学生充分正确地理解概念。[1] 如呈现了方程的定义后，接下来给学生呈现如下一些有变化的例证：x=5，a+5=c，还要呈现一些反例来从反面说明，如 3+2=5，y-5＞7 等。在案例一中，教师将"商品"这一概念的定义分别与学生的原有知识"物品""劳动产品""交换"联系起来，同时又注意指出与原有知识不同的地方，避免新旧知识的混淆。在案例二中，呈现定义前的找约数练习，除了复习约数的概念外，也呈现了概念的正例和反例。这也说明，教学步骤和方法的应用在考虑学生学习规律的同时，还要有一定灵活性。

3．引导学生在新情境中应用习得的概念并为学生的练习提供反馈

这一步是概念的教学由知识向技能转化的关键，这一关键用一个词概括，就是变式练习，即让学生运用定义性概念的关键特征，在富有变化的情境中练习判断概念的正反例证。学生作出反应后，教师还要给学生提供反馈，纠正错误。经过变式练习，学生能运用概念的关键特征对正反例证作出正确分类，就说明学生以技能的形式习得了定义性概念。这一步的关键是设计的练习要有变化，对概念的正反例证而言，关键特征要保持不变，无关特征要尽可能变化。如"方程"一例中，"含有未知数的等式"这一关键特征要不变，但未知数的个数、位置、表示的方式等都要有变化。在案例一中，教师提出农民的不同粮食是否属于商品的问题，就是给学生呈现应用概念的情境要学生辨别。这种提问的方式旨在让学生以技能的形式习得概念，特级教师钱梦龙称之为"曲问"，以区别于直来直去地问学生"什么叫商品"（这类问题检验的是学生将概念作为知识学习的情况）。案例二中，试探和发展练习两步，即是教师为

---

[1] R.M.加涅著，皮连生等译：学习的条件和教学论，华东师范大学出版社 1999 年版，第 132 页。

学生提供的练习，而且练习形式多样，能较好地吸引学生的兴趣。对学生练习的反馈在教学设计中没有表现出来，这要在具体上课过程中才能看到。

第三节 命题的教学策略设计

一、命题的性质与分类

如果说概念是知识的细胞，那么命题就是知识的最小单位。这里讲的命题是心理学意义上的命题，不是逻辑学上所讲的命题。在逻辑学里，命题是指表达判断的语言形式，由系词把主词和宾词联系而成。如"北京是中国的首都"，这个句子就是一个命题。心理学上所讲的命题是客观世界中事物与事物之间的关系在头脑中的贮存形式，是意义的最小单位，一般能对其作出"是"或"非"的判断。

命题反映的是客观事物之间的关系。客观事物有具体的，也有概括的，据此，我们可以将命题分成两类，一类是特殊性命题，只表示两个以上特殊事物之间的关系，代表一个具体事实，没有概括性。如"《故乡》的作者是鲁迅"这个句子里的"鲁迅"代表特殊的人，"《故乡》"也表示一个特殊的事物。这个命题陈述了一个具体的事实，因而是特殊性命题。另一类是概括性命题，表示若干事物或性质之间的关系。如"圆的直径是其半径的两倍"，这里的"圆"、"直径"、"半径"可以代表任何圆及其直径和半径，这里的倍数关系是普遍的。特殊性命题又叫非概括性命题，在很多情况下又被称之为事实。概括性命题有时又被称为原理和规则。

二、作为陈述性知识的原理的教学策略设计
（一）教学案例

案例一：地理原理的教学

大气的降水

师：前面已经讲过大气的热状况、大气的运动，它们分别影响着气温、气压和风，今天讲气候的另一要素——大气的降水【板书】。先来讲水汽凝结的条件【板书：一、水汽凝结的条件】大气中的水汽从何而来？

生：从海洋水和陆地水（江河湖泊）蒸发而来，还有植物的蒸腾等。

师：对，蒸发或蒸腾到大气中的水汽借助于大气运动和输送扩散，因此各地空气中的水汽含量多少不一，水汽的含量是如何变化的？

生：随气温变化，气温高，水汽含量就多；气温低，水汽含量就少。

师：对，气温越高，空气中能容纳的水汽越多。如1立方米的空气在10℃时最多可含有9克水汽；在20℃时最多可含有17克水汽；在30℃时最多可含有30克水汽。

空气中水汽达到当时温度的最大含储量时叫做饱和。饱和后如果气温降低或继续增加水汽，原有体积内水汽容不下，就称过饱和。

假如1立方米原来30℃的空气最大水汽含储量为30克，由于温度降低到20℃，只能容纳17克，那么在降温过程中就陆续会有多余的水汽凝结出来；若继续降温到10℃，则最多只能容纳9克，同样会有容纳不下的水汽凝结成为液态水。温度再低到0℃以下甚至可凝结成冰晶。水汽凝结，光有以上条件还不够，还必须有吸湿性强的尘埃微粒作为凝结核，使水汽依附于其上才可凝结。因此可知水汽凝结的条件有：

生：充足的水汽；上升遇冷达到过饱和的温度；凝结核。

师：对，以上三个条件缺一不可。那么水汽凝结怎样就变成降水呢？水汽凝结可能有不同的存在状态，你们能举出哪些？

生：云、雾、露、霜、雨、雪、雹等。

师：对，有漂浮在空中的云和雾；附着于地面的露和霜。只有从空中降落到地面的液态和固态水如雨、雪、雹等称为降水。其形成过程是：云中的雨滴和冰晶体积很小，悬浮于空中，当云继续上升冷却或不断有水汽输入时，云滴扩大，使上升气流难以托住而下降，这时云滴扩大为雨滴，或冰晶扩大为冰粒、冰雹，如是几上几下，最后上升气流终于托不住而降落到地面，形成降水。

降水同空气的上升运动有关，但促使空气上升的原因不同，降水也就有不同类型。

近地面空气强烈受热，迅速膨胀上升，引起对流运动。湿热空气在迅猛上升过程中，气温不断降低，因而多余的水汽冷却凝结形成降水，称对流雨。对流雨强度大，时间短，范围小，多为雷阵雨形式，常伴有暴风雷电。赤道地区常年以对流雨为主，我国夏季午后也常有对流雨。

【挂图：地形雨】暖湿空气在前进过程中，遇到地形阻挡，被迫沿迎风坡上升，空气中水汽因而冷却凝结形成降水，称地形雨。

【板书：二、地形雨】地形雨只限于暖湿空气的迎风坡，山的背风坡因气流下沉，温度增高，空气难以达到饱和，故降水少，称雨影区。你们能举出世界或我国因地形雨而使降水增多的地区吗？

生：我国台湾山脉的东侧；喜马拉雅山的东段南坡；印度的乞拉朋齐；南美安第斯山的南段西坡等。

【世界降水分布图】

师：对，降水的另一类型是锋面雨【板书：三、锋面雨】。冷暖空气相遇，它们的交界面叫锋面。【展示锋面雨挂图】锋面与地面相交的线叫锋线，统称为锋。锋为一过渡带，范围狭窄倾斜，坡度陡缓不一。由于冷空气重，密度大，暖空气轻，密度小，暖空气在锋面上作大规模上升运动，在上升过程中，水汽凝结降雨，故称锋面雨。锋面雨持续时间长，范围广，强度不大，我国东部地区降水多属锋面雨。[1]

---

[1] 陈尔寿主编：中国著名特级教师教学思想录（中学地理卷），江苏教育出版社1997年版，第162~164页。

案例二：政治原理的教学

一个人的命运究竟由谁来掌握

师：命运问题成了高三同学的热门话题，许多同学对此感到困惑不解，要求老师解答和展开讨论。应同学们的要求，我们在学习了唯物论和辩证法的基本知识之后，组织这次专题讨论。讨论的题目，就是：一个人的命运究竟由谁来掌握。请同学们各抒己见，共同探讨，运用所学知识，以求对这个问题获得一个较为一致的认识。
【板书：一个人的命运究竟由谁来掌握】

生：【当老师开场白的话音一落，一位一直坚持"人生的一切都是命中注定"观点的同学就开了腔】在现实生活中，一些条件大致相同的人，在其人生道路上，有的洒满了阳光，平步青云；有的却荆棘丛生，一生坎坷。对此我无法解释，只能把它看作是"命里注定"，"天意安排"。

生：【一位在课后曾多次与之争论的同学随即站起来反驳】我认为"命里注定"的观点是站不住脚的。如果说"命里注定一切"，那这个命运之神在哪里？是在天上，还是在人间？说它在天上，现代科学证明天上和人间一样都是统一的物质世界，没有那个虚无缥缈的命运之神的栖身之所；说它在人间，人间都是现实的人，也看不到那个"命运之神"的身影。

生：【一位持相同观点的同学又接着补充】法国18世纪无神论者霍尔巴赫说过："人们之所以迷信，乃是因为恐惧，之所以恐惧，乃是因为无知。"在混沌蒙昧的远古时代，生产力低下，知识贫乏，人们对自然力量感到神秘，为"祈福禳灾"，只得求助于"神灵"。然而，在科学如此发达的今天，仍然相信"神灵"之说，那就不可理解了。

生：【这些理性分析，尽管论证严密，言辞锋利，然而对持相反观点的同学来说，似乎并没有产生多大的效应。一位性格比较内向的女同学突然站起来发言】从理论上当然好说，问题在于现实。一个女孩子去报考演员，没有选上，在走廊上遇到一位名导演。导演对她作了复试,发现了她的才能,被留了下来,后来又让她饰演主角,获得了成功。大家说她命好。如果没有遇到这位名导演,就可能被埋没。这不是命里注定的吗?

生:【这些现实生活的事例,往往是使许多同学对命运产生神秘感和困惑感的原因之所在。这位女同学的发言,似乎又使更多的同学陷入困惑之中。这时一位同学站了出来】这不是命中注定,这就是课本上所说的机遇。这个女孩子在走廊上恰巧遇到名导演,当然有点巧合,但也不能解释为"命中注定"。因为一个有表演才华的女孩子,就有被发现的可能。

师:【教学机智告诉教师,现在是到了应当加以适当点拨和深化的时候了】这个解释很好。马克思主义是承认机遇的。命运实际上就是人生旅程中的一定的机遇、境遇。[板书:一、命运是指人生旅程中的一定的境遇]我们对机遇应当作唯物主义的解释。机遇带有偶然性,但它是必然性的表现。这个女孩子在走廊上遇到名导演,当然带有偶然性,但它是"一个有表演才华的女孩子就会显露出来,就会被人发现"这个必然性的表现。因此,机遇、命运这个东西并不神秘,它是偶然性和必然性的统一,是客观的,是可以解释的。如果看不到偶然性背后的必然性,把偶然性夸大了,就会陷入宿命论,陷入唯心主义的命运观。【板书:二、命运是偶然性和必然性的统一,是客观的、可知的】

生:【还是有同学继续质问】关于机遇可以作这样的理解。不过为什么有的女孩子有表演才华,有的女孩子没有表演才华,说到底,还不是命里注定!

师:【在关于命运的思考中,这也是使许多同学弄不清的一个问题。针对这个"扣子",教师继续阐述】人的才能、才华是有差别的。这种差别应当说与天赋有关。但天赋并不是上天的赐予,"命中注定",而是可以用遗传学的知识说明的。因此,人在天赋上的差别,也是客观的,可知的。【板书:人在天赋上的差异也是客观的】

师:【讨论到这里,关于命运的"宿命性"、"不可测性"的发言渐渐减少了。对命运的"客观性"和"可知性"的质疑也不像开始时那样咄咄逼人。于是教师不失时机地把讨论引向了命运的可变性和可把握性方面上去】刚才我们通过一个女孩子报考演员的故事，讨论了命运的客观性和可知性。这是很有意义的，是认识命运问题的基础。但还不能停留于此，我们还需要进一步讨论命运的可变性和可把握性。譬如，仍以那一位女孩子为例，她的表演才华与她的天赋肯定有关；但单靠天赋，没有后天的努力也肯定是不行的。关于她后天是怎样努力的，不得而知。我倒可以举出现实生活中的另一个事例来说明。同学们都看过小说《蹉跎岁月》或以此改编的电视剧吧？作者叶辛有着和小说男主角类似的经历。十年动乱中当不少知青插队在云南蹉跎岁月的时候，他却以顽强的毅力深入生活，做着从事创作的各种准备。如果不是这种准备，无论他有多么好的天赋，也是不可能达到那样的成就的。这里已经涉及到人的主观努力，或者说人的主观能动作用对机遇、命运的作用了。关于这方面的事例，我想同学们是知道得不少的，请大家进一步补充。

生：【尽管 80 年代中学生心目中的榜样已"多元化"了，但据调查，大多数学生崇拜的仍是那些"甘于奉献"、"顽强拼搏"以追求美好人生的人。所以，在教师作这样的引导之后，对命运的可变性、可把握性的讨论就变得"通畅"乃至是"一边倒"了】有句名言："机遇总是照顾有准备的人。"那位女孩子能被名导演发现，并饰演主角，获得成功，就是靠她有做演员的素质和一系列准备。由于有这样的素质和准备，即使不在走廊上遇到名导演，那么，在其他场合也会遇到慧眼识才的人。

生：这方面的例子是很多的。我们从物理课上都听到过关于法拉第的故事。他事业上的成功，可以说是从他遇到英国皇家学会会长戴维并受到他的推荐开始的。这当然是个机遇。然而，没有法拉第那一系列刻苦学习的准备，这个机遇也只能悄悄流逝。

师：这些事例都说明，人们在命运面前不是无能为力的，它既是偶然性和必然性的统一，又是主观和客观的统一。每一个人都可以通过自己的努力去把握它、改变它。如果看不到命运这种主观和客观的统一，看不到它的可把握性和可变性，认为一个人的命运一经由什么"天意"决定，就不可违背，就一辈子如此，那就会陷入形而上学的命运观。现实生活中有无数在"逆境"、"厄运"、"不利条件"面前不低头,并与之抗争的优秀人物,他们的业绩生动地说明了命运是可以主宰的。同学们不是熟悉很多这方面的事例吗?

【板书:三、命运是主观和客观的统一,是可变的、可以把握的】

生:我最近看了一本书,题为《做生活的强者》,其中有一个叫李健的残疾青年,幼年患小儿麻痹症导致下肢瘫痪,以后又有慈母去世、高考落榜等一系列的打击落在头上。但他没有向厄运低头,而是用惊人的毅力自学外语,并竭诚为社会服务,后来被北京林学院聘请为外语教师。李健是以百折不挠的努力和全心全意为人民服务的行动来把握自己的命运的。

生:我最近读了一篇关于朱明瑛的报道,受到很大的教育。在东方歌舞团里,朱明瑛没有比名歌唱演员更好的歌喉,也没有比名舞蹈演员更好的舞姿,以致到了30岁时,还一艺无成,几乎成了团内多余的人——一个演员到了这样的境地,其命运也是够哀叹的了。但是,有志者不愿在叹息中浪费时间。她看到亚非艺术要求用载歌载舞的形式来表现,而团里缺少这样的演员。她分析自己,认为嗓门还可以,又有一定的舞蹈基础。于是她开始顽强地拼搏,终于以她独特的艺术形式获得了成功。王昆团长评价朱明瑛说:"会唱歌的不如她会跳,会跳的不如她会唱。"朱明瑛则是通过扬长避短,发挥优势,顽强拼搏的途径来把握自己的命运的。

师:【适时小结,特别强调了一点】这些现实生活中的事例一再说明,一个人的命运通过自己的主观努力是可以由自己主宰的。同时他们的经历也告诉我们,这种主观努力必须与社会进步的要求相一致,必须遵循事物的发展规律和依据一定的主观条件。设想一下,如果李健和朱明瑛主观上没有努力,而是脱离社会进步的要求,忽视外语学习和艺术提高的客观规律,不依据一定的主客观条件,那也是不能成功的。[板书:四、把握命运必须与社会进步要求相一致,遵循事物发展的规律和依据一定的主客观条件]

师:【在作了补充强调后,对整个讨论作简洁的小结】命运并不神秘。它是指人生旅程中的一定的境遇。在人的一生中,由于主客观条件的不同,并且不断变化,因而有了不同的境遇,不同的命运。

一个人的命运不是由什么虚无缥缈的"上天"、"神灵"决定的。

它是偶然性和必然性的统一，是客观的、可知的；是主观和客观的统一，是可以把握、可以改变的。

在与社会进步要求相一致的前提下，在遵循事物发展规律和依据一定主客观条件的基础上，通过主观努力，一个人的命运是可以由自己来掌握的。

唯物主义哲学家培根曾引用过一句名诗："人人都可以成为自己的幸运的建筑师。"在我们的讨论就要结束时，我把这一句名诗抄送给每一位同学。让我们抛弃宿命论加给我们的愚昧，用马克思主义的命运观武装自己，坚持正确的方向，付出辛勤的劳动，自己做自己幸运的建筑师。[板书：五、自己做自己命运的建筑师][1]

（二）应着重考虑的教学事件

1. 提示学生回忆原有知识

原理反映的是若干个概念之间的关系。要理解概念间的关系，首先要掌握构成原理的概念，因而进行原理的教学之前，要激起学生对构成原理的概念的回忆。如果构成原理的概念学生没有掌握，就要先将概念教给学生。在案例一中，所教的原理是"降水形成的过程"。在教这一原理前，教师首先通过提问，让学生回忆了构成这一原理的几个概念（即降水的几个条件）：水汽、过饱和、凝结核。其中前两个概念学生已掌握，课上只是复习提问。第三个概念学生没有掌握，是教师通过下定义的方式直接告知学生的。在案例二中，教师的开场白就引发学生回忆起学习过的辩证法的有关概念，为接下来分析例子，得出原理做准备。

2. 引导学生习得原理的内容

原理内容的习得有两种方式。一是从例子到原理，即先呈现蕴含有原理的情境或事例，而后引导学生对例子进行比较分析，最后

---

[1] 吴锋主编：中国著名特级教师教学思想录（中学政治卷），江苏教育出版社1997年版，第162~167页。

得出结论。这种方式类似于概念形成。二是直接将原理内容告知学生，学生运用刚才回忆起的概念来加以同化和理解。案例一中教师就直接将原理告知学生。案例二中，教师先引导学生就蕴含有原理的例子（女孩子报考演员）进行分析讨论，而后得出"命运是偶然性和必然性的统一"的结论。接下来另一条原理——命运可以经由自己的主观努力而加以把握——是由教师直接告诉给学生的。两种方式各有千秋，需要教师在教学中根据教学实际和学生实际具体选择。如果学生掌握的概念比较牢固，可以很好地同化原理内容，就不妨直接告知学生。如果学生的概念学习得不是很牢固，则采用第一种方式有助于降低难度。

3．让学生举实例说明原理

为加深学生对原理的理解，就要将原理的内容与学生的原有知识进一步联系起来。这里的原有知识是学生头脑中贮存的有关原理的例子。教师可以提示学生回忆一些能说明原理的例子，加深理解。当学生这方面的例子不多时，就需要教师来呈现。在案例一中，教师呈现的三种降水的类型，其实就是对原理的说明。在教学地形雨时，教师还提示学生提供地形雨的例子。案例二中在告知第二条原理后，教师先举了一个例子加以说明，而后就引导学生自己举例，如法拉第、李健、朱明瑛的事迹。

4．引导学生将新习得的原理与先前的知识融会贯通

现代心理学对某一领域的专家与新手的研究发现，专家的专业知识不是孤立的，一条原理不是孤零零地贮存在大脑中的，而是与其他概念、原理密切联系在一起的。这样，想起一条原理时，就很容易想起与之联系着的其他原理。这一研究发现启示我们，教学原理时，还要注重所教原理与其他概念原理的联系，让学生习得的知识相互联系起来，促进知识的组织化和条理化。这项工作可以在原

理教学完成后进行，也可以放在单独的复习课上进行。如可以引导学生画知识树、画概念原理之间的关系图等，还可以提示学生比较新学习的原理与以前学过的知识的异同，或者主动提示学生将新学的原理与以前学过的知识联系起来，促进知识的组织化。上述两个案例中，可能由于课时限制，没有将这一步体现出来。

综合练习题：

1. 你在教学实践中都是采用哪些方法来引起与维持学生的注意的。
2. 从教学事件与学习过程的关系角度，谈谈什么是自主学习。
3. "教"不是统治"学"，代替"学"，而是启发学生"学"，引导学生"学"，为学生学习中闪现的智慧的火花吹氧鼓劲。运用本节所学的知识，说说这段话是否有道理，为什么？
4. 结合自己所教的学科，至少举出两个具体概念的例子和三个定义性概念的例子。
5. "晶莹的泪珠"中的"晶莹"（语文试用本第四册《小白花》）一词，教学时，虽以"光洁透明"之意加以讲解，但学生对词义的理解仍不甚透彻。我便暂时"搁一搁"，在以后的观察活动中，让学生注意体察花草作物上清晨"晶莹的露珠"，雨后"晶莹的水珠"，夜晚"晶莹的月光"，使学生对"晶莹"一词有较完整的认识，从而产生迁移，理解了"晶莹的泪珠"的含义。[1]
上述教学经验中，"晶莹"一词这样教是否有道理？
6. 核酸是一切生物的遗传物质，或者说一切生物的遗传物质

---

[1] 李吉林：训练语言与发展智力，江苏人民出版社1984年版，第29页。

是核酸,这是毫无异议的,而写成DNA是一切生物的遗传物质,就不对了。我们知道,核酸分为两大类:一类是脱氧核糖核酸,简称DNA;另一类是核糖核酸,简称RNA。绝大多数生物既有DNA也有RNA,DNA主要存在于细胞核中,RNA主要存在于细胞质中。但有的生物体内只有RNA,没有DNA,如烟草花叶病毒,在这种情况下,RNA便成了烟草花叶病毒唯一的遗传物质了。

学生将DNA混同于遗传物质,说明教师在教学时哪个环节可能出现了问题?

第七章 以程序性知识为主要目标的教学策略设计

本章主要论述各类程序性知识的教学策略设计，包括智慧技能和认知策略，此外还就许多学科中涉及的模糊规则的性质及其教学设计作了介绍。本章学习目标如下：

1. 能陈述认知策略的教学策略设计与一般智慧技能的教学策略设计的异同。
2. 能陈述解释模糊规则的图式的组成部分。
3. 能在自己所教学科范围内举例说明什么是图式。
4. 给出各类程序性知识的教学设计和教学实录，能运用本章所讲的原理进行分析和评论。
5. 能根据本章所讲的原理，对自己所教学科的各类程序性知识的教学进行设计。

第一节 作为智慧技能的规则的教学策略设计

一、教学案例

案例一：语文规则的教学

我们指导学生在观察中运用比较，首先是在阅读教学和课外阅读指导中引导学生认识什么是比较观察？怎样运用比较观察？……

比较观察一般有三种情况：一是"这一个"同"那一个"比，即对两个或两个以上的不同事物进行观察比较。如课文《桂林山水》的作者，在观察桂林山水之奇、秀、险时，就与以往观察过的泰山、香山相比较；观察漓江水之静、清、绿的特点时，就与观察过的大海、西湖相比……二是"这时候"与"那时候"比，即对同一事物的不同时期的比较……譬如，鲁迅在《故乡》中写少年时期的闰土与中年时期的闰土，其形貌和性格都有了较大的变化，判若两人。……三是"这一面"与"那一面"比，即观察时对同一事物的两个不同方面进行比较。……如王愿坚同志在《党费》里描写女共产党员黄新……用她对自己孩子和对红军的不同态度作比较。

在教学实践中，我一方面积极运用如上所述的种种典范，让学生在阅读时学习体会。一方面抓住生活中的训练契机，着力引导学生灵活运用所学的比较观察法。譬如，班上换了数学老师，我启发学生们注意比较："江老师和黄老师一样吗？"……为了让孩子们在生活实践中得到训练，更好地掌握比较观察的方法，我常要求学生回家去观察爸爸、妈妈，并同老师作比较，找出他们的特点；观察哥哥、姐姐或弟弟、妹妹，同班上的同学相比，说说有什么不同。……[1]

案例二：外语规则的教学

祈使句的直接引语变间接引语

1. 教师启发学生从分辨直接引语为哪种句式入手，以旧引新：

T: We finished Lesson Eight yesterday.
S1: What did the teacher say?
S2: He said that we had finished Lesson Eight yesterday.
T: Have you finished your homework?
S1: What did the teacher say?

---

[1] 袁浩等：袁浩小学作文教学心理研究与实践，山东教育出版社1997年版，第46~58页。

S2: He asked if we had finished our homework.
T: Who's on duty today?
S1: What did the teacher say?
S2: He asked who was on duty today.

（简要归纳上述三种句子变为直接引语的方法，引起学生对学过的内容的回忆，然后引入新课。）

2. 紧接上面的内容，指出这节课要学习的内容是：祈使句变为间接引语的方法，先口头举例，然后板书。要求学生从例句中找出规律：

We have learned some sentences in Book Ⅲ. For example,
The teacher told us to do Exercises 1 and 2.
Peter asked me to help him with his lessons.
We often heard them sing.
T: "Stand up, Li Panpan." I said.
What did I tell her to do?
I asked her to stand up.
"Read after me, please." I said.
What did I tell her to do?
I told her to read after me.
"Don't be shy." I said.
What did I tell her to do?
I asked her not to be shy.

通过以上的例句启发学生总结三点：（1）祈使句的直接引语变为间接引语时，要把直接引语中的动词原形变成动词不定式：即 ask（tell, order）sb. to do sth.（2）当祈使句的否定式直接引语变为间接引语时，要用 ask（tell, order）sb. not to do sth.（3）根据祈使句表达的请求或命令等口气，来确定动词不定式之前用动词 ask, tell 或 order。

3. 师生和学生与学生之间口头练习：教师说祈使句，学生 A 提问，学生 B 转述教师的话。

T: Look at the picture.
A: What did the teacher tell us to do?

B：He told us to look at the picture.

T：Read the word twice.

A：What did the teacher tell us to do？

B：He told us to read the word twice.

抽 A、B、C 三个学生到讲台前表演，教师出示小黑板：

A：Turn to page 121,Wang Hai.

B（Wang Hai）：What did she tell me to do？

C：She told you to turn to page 121.

A：Put the book in the desk, Wang Hai.

B：What did she tell me to do？

C：She told you to put the book in the desk.

所抽学生从成绩好的到成绩中等的，再把差的学生搭配在一起，进行练习。

然后可分小组进行操练，内容可选用教师提供的，也可自由操练。供选用的句子有：

Place the pen into the bag.

Take out a piece of paper, please.

Stop writing.

Answer my questions.

Give me a pencil.

Don't speak too fast.

Don't take it away.

Don't touch the watch.

Don't be late again.

4. 同桌学生口头做 Ex. 4，教师重点听部分学生练习情况。

5. 让个别学生在黑板上做 Ex. 4 1）-5），并评讲。

6. 指导学生阅读语法。教师要问学生四个例句的不同之处，以及为什么要举出不同的例子。即（1）直接引语的语气委婉，而且说话的对象是"us"，故动词用 ask us to do sth.。（2）直接引语的语气有命令的意思，要根据情景说明是命令谁，故动词用 order him

(me,her...) to do sth.。(3) 直接引语中带有呼语，将呼语变成 ask ,tell, order 的宾语。(4) 直接引语为祈使句否定式。

7. 课外笔头做 Ex.4，并把 8、9、10 课的语法归纳简化成自己的读书笔记。[1]

案例三：数学规则的教学

"小数点位置的移动引起小数大小的变化"教学设计

本课的教学目的就是要使学生理解"小数点位置的移动引起小数大小的变化"的规律，并能运用这一规律学会把一个小数（或整数）扩大或缩小 10 倍、100 倍、1000 倍……的正确操作方法。

课前准备：每个学生准备两张铅画纸条，一张用毛笔写上"140472"，一张写上"1245"，再做四、五条小纸片，纸片上写上"0"，上课前每人再发两颗黑色围棋子。

（一）引入新课——激发求知欲望，明确学习目的

从比较数的大小引进。向学生出示一组数：54、0.054、5.4、0.0054、0.54。要求学生分两组把这些数由大到小和由小到大纵向排起来。学生排为：

54	0.0054
5.4	0.054
0.54	0.54
0.054	5.4
0.005	54

排后要求学生观察与分析，学生会发现：(1) 这些数中 5 与 4 都紧挨着；(2) 小数点自右而左移动时数在变小，小数点自左而右移动时数在变大。接着，教师抓住"移"和"变"两个字揭示课题，

---

[1] 吴庆华：观点·措施·准则。载马俊明主编：中国著名特级教师教学思想录（中学外语卷），江苏教育出版社 1997 年版，第 182~184 页。

并提出学习要求:(1)掌握"移"和"变"的规律;(2)运用规律把一个小数(或整数)扩大或缩小。

(二)学习新知——利用原有知识,指导发现规律

新课分三个层次进行。

1. 阅读课本,证明结论

阅读时,可让学生思考:"移"和"变"有什么规律呢?学生带着这个问题看例3。学生阅读完后,教师出示例3的左半边,并要求学生按下列问题进行讨论:(1)讲出小数点向左移动的变化规律;(2)请证明这一规律。在证明与讨论过程中把例3右半边也写在黑板上:

例3:　　　　　5米＝5000毫米
　　　　　　　0.5米＝500毫米
　　　　　　　0.05米＝50毫米
　　　　　　　0.005米＝5毫米

证明时指导学生作如下讲解:因为5米＝5000毫米,0.5米＝500毫米,5000毫米是500毫米的10倍,5米也是0.5米的10倍,所以小数点向左移动一位时这个数就缩小10倍。接着要求学生由0.005米向上观察比较,进行逆向推理,再得出并证实小数点向右移动的变化规律。

表1

移动方向	移动位数	变化结果
向右	一位	
	两位	
	三位	
	……	
向左	一位	
	两位	
	三位	
	……	

2. 运用学具,掌握规律

为了巩固已获得的"移""变"规律,可使用学具,让学生在动手中掌握规律。要求学生拿出数字条140472,并用黑棋子作小数点表示出140.472。教师提问:(1)小数点向左移动一位得多少?原数起什么变化?(2)要把原数缩小100倍,小数点应向什么方向移动几位?现在是多少?

3. 列表分析,整理规律

为了使学生获得较清晰的"移""变"规律,可设计表1作新课知识的整理和小结。(表中的"变化结果"一栏由学生回答后再填写。)

(三)巩固新知——设计有层次练习,指导运用规律

1. 基本型练习

(1)把 0.008 扩大 10 倍、100 倍、1000 倍各是多少?

(2)把 208.96 缩小 10 倍、100 倍、1000 倍各是多少?

(3) $4.67 \times 10 =$ $12.56 \times 100 =$

   $82.04 \times 100 =$ $1.25 \div 10 =$

   $4145.16 \div 10000 =$ $3.064 \times 1000 =$

以上练习都以口述进行,目的是把小数扩大或缩小 10 倍、100 倍、1000 倍……与数位的移动形成比较稳定的联系,练习时节奏由慢而快。

2. 技巧性练习

对移动小数点的位置时产生的数位不够而补0的技巧问题,可安排在练习中指导学生学习。

要求学生继续使用学具,用第二条数字条1245先表示12.45,然后教师口报扩大或缩小 10 倍、100 倍、1000 倍……。当数位不够时,如扩大 1000 倍、缩小 1000 倍,教师不作暗示,先让学生自己尝试,等学生用有"0"的小纸片补好后,再追问"补0"的道理。

3. 孕伏性练习

(1)教师出示"想一想"题,并改成如下形式:

   0.7   0.25   0.06   0.506   0.72   4.2

   0.84   2.54   7.463   0.4   0.042

练习要求：①讲出第一行各数去掉小数点后各扩大多少倍？②第二行相对的数也扩大相同倍数是多少？

（2）146÷10÷100＝　　　　822÷100÷100＝
　　　7400÷100÷10＝　　　　92000÷1000÷10＝

这一练习可启发学生用两种方法解答，如 146÷10÷100＝14.6÷100＝0.146，或 146÷10÷100＝146÷1000＝0.146，教师应提倡后一种解法。

上面练习是为今后小数除法的学习作准备而设计的，这些练习不仅在本节课中可开始训练学生，而且在以后的课上也可作为重要练习形式出现。

4. 游戏性练习。（比赛以小组形式进行）

（1）运用学具做如下练习：

140.72×1000÷100×10÷1000 是多少？

最后校对结果。

（2）题目形式与上题相同，要求各组学生依座次先后上黑板写出结果，以正确率和速度为评判标准。[1]

二、应着重考虑的教学事件

（一）规则学习的陈述性知识阶段与原理的学习相同

现代心理学认为，程序性知识的前身是陈述性知识，或者说，程序性知识是由陈述性知识经变式练习转化而来的。作为程序性知识的规则，它的学习首先要经历陈述性知识阶段，即学生首先要知道所学习的规则是什么。这一阶段的学习，与作为陈述性知识的原理的学习完全一样，都要利用相关的原有知识和具体的例证来促进学生对规则的理解。在案例一中，袁老师在教三条观察的规则时，首先是"在阅读教学和课外阅读指导中引导学生认识什么是比较观察"。这一阶段显然是让学生理解规则，以陈述性知识形式习得规

---

[1] 胡本炎：小学数学教育心理研究，华东师范大学出版社1998年版，第160~163页。

则，采用的方法是规—例法，即先把规则的言语陈述告诉学生，而后再举学生学过的课文中的例子，如《桂林山水》《少年闰土》、《党费》等，让学生加深对规则的理解。案例二中，教师先呈现几个直接引语变为间接引语的例子，而后引导学生归纳出三点规则来，显然，采用的是例—规法。在案例三中，教师先呈现规则的例子，引导学生观察思考，而后又运用相关的原有知识（即长度单位的换算关系），让学生理解并归纳出小数点移动变化的规律来。显然，这里采用的也是例—规法。

（二）通过变式练习使原理转化为支配行为的规则

变式练习是陈述性知识转化为程序性知识的关键环节。变式练习的变主要体现在将同一条原理用来解决不同内容的问题上，如学会了按一定顺序描写的规则，在练习时可以先用来描写树，而后再用来写人，接着再用来写景。写树、写人、写景还可以写不同的树、人、景，这里就体现了练习的变化。如果只将练习局限于写班上的同学，那么这样的练习就缺少变化。心理学研究表明，在多种情境中进行练习，对于学生学会在其他情境应用规则十分重要。在设计变式练习时，教师要注意如下几点：

1. 注意变式例子的相对同一与变化

一般来讲，在刚开始练习时，练习的例子要尽可能与例题保持一致，这样可以降低练习难度，打消练习者的畏难情绪。随着练习的熟练，就可以逐渐让例子有所变化，增加练习的难度和新颖性。在案例一中，袁老师"抓住生活中的训练契机，着力引导学生灵活运用所学的比较观察方法"，这其实就是进行变式练习。在袁老师的案例中，练习从描写校内的老师和同学转到了描写校外的家庭成员及其他社会成员上，体现出一定程度的变化。但还可以将练习再扩展一下，如让学生用习得的比较观察方法练习描写不同的植物、动物乃至景物。这些练习内容变化很大，如果能经常进行这类练习，则十分有利于学生灵活运用所学的规则。案例二中的师生、生生口头练习，就与教师呈现的例子很接近，保证了例子的相对同一。案例三中的基本型练习与得出规则所用的例子比较接近，而接下来的技巧性和孕伏性以及游戏性练习，都在某种程度上与基本型练习有了区别，很好地体现了练习的同一与变化。

2．注意为学生的练习提供反馈

学生在练习中的表现并不一定都是正确的。学生对规则的错误、片面的理解，在练习当中会以不同形式表现出来。教师不仅要为学生设计和呈现变式练习题，还要在学生练习过程中或练习后，对学生的表现进行评价反馈，正确的要明了为什么正确，错误的要明确错在何处、如何改正。学生从自己行为的反馈中要比从教师的陈述中学到更多的东西。需要指出，提供反馈主要是教师采取的教学措施，教师在呈现反馈后，还要确保学生对呈现的反馈信息进行思考和加工，这样才能实质性地促进学生对规则的学习。很多语文教师批改作文时很细致，但学生拿到作文本就看一下分数或等级，对教师的评语和改动视而不见，这时教师的反馈就没有发挥促进学生学习的作用。有些教师采用让学生互评互改的方式，促进学生对反馈信息的加工，这不失为一个解决的办法。在前边三个案例中，没有明确反映出教师的反馈来，这可能要在实际教学中才能体现出来，但这并不能说明反馈对练习来说不重要。

3．注意练习的分散与集中

技能的形成与知识的掌握不一样。知识可以很快习得，技能的习得往往要花很长时间，尤其是那些需要达到自动化和熟练化的技能，更需要大量的练习时间。这些大量的练习，不可能在一节课内完成，需要将其分隔成几个时段分别进行练习，这样既可以减轻练习者的厌倦情绪，又能较好地适应中小学的课时安排特点。在每个练习时段，则要集中精力练习，让每一次练习都有成效。一般来说，在练习的初期，练习时段可以安排得密集一些，在技能熟练以后，练习的时段就可以相对拉长，进行经常性的复习，防止技能遗忘。案例一中的练习，时间地点都有很大变化，有点像分散练习；案例二的练习，虽有一定变化，但学生真正要掌握，可能还需要在后续课堂上以及课外进行许多练习。案例三中的练习，因为所学的技能要达到自动化的程度，因而教师安排了大量时间进行练习，有些集中练习的色彩。

第二节 认知策略的教学策略设计

一、教学案例

案例一：语文分段策略教学实验

1. 语文分段能力：一种典型的认知策略

认知策略被认为是解决新颖问题和创造能力的关键成分，国外教学改革中出现了大量以训练策略为目标的课程计划。大量的研究表明，离开具体的学科领域的内容单独教策略性知识很难达到迁移目标。教育心理学家当前比较一致的观点是：结合中小学学科内容进行策略性知识教学。

语文的课文分段能力是典型地受策略性知识支配的能力。为什么这样说呢？这个问题可以从两方面考虑：第一，根据 R.M. 加涅的学习结果分类。加涅认为认知策略是一种特殊的智慧技能，是对内调控的技能。第二，E.D 加涅根据现代认知心理学家的看法，认为程序性知识可按"自动与受意识控制"和"特殊与一般"两个维度分类。非策略的程序性知识接近"自动"与"特殊"一端；策略性程序知识接近"受意识控制"和"一般"一端。根据 R. M. 加涅的分类，给文章分段这种认知行为是找到文章作者的写作思路，并得出一些启发式规则，用以调节自己的阅读和写作。既然这是对自身内部学习和思维过程的调控，符合认知策略的第一条标准。根据 E. D 加涅的分类，给文章分段这种认知行为因每篇文章内容和形式不同可能完全雷同，因而比较接近"受意识控制"和"一般"这一端。所以分段行为是典型地受策略性知识支配的行为。

2. 研究的问题

我们想要研究的问题是，在不增加语文课时和学生负担的条件下，相对集中地训练某种分段规则（策略性知识）的成功的可能性有多大。为有针对性地进行教学和比较教学实验效果，教学实验之前我们进行了前测和分班。前测的目的是了解学生对六种主要文章结构的掌握情况：时间顺序、地点顺序、事物的发展顺序、事物的几个方面、概括—具体、总—分。前测表明，学生对按时间顺序写的文章的结构掌握最差，于是，我们决定教学按时间顺序分段的策略。

3. 教学的过程与方法

按时间顺序分段能力的教学，共用了 8 节课的时间。我们首先给出按时间顺序分段或分层的材料（蕴含有分段规则的例文）供学生学习。这些文章有写人记事的，有写景状物的，有的文章中时间词比较明显，有的则不明显。例如：

有一天，妈妈回家晚了，她抱歉地说："我今天学习，所以回来晚了。"

我微微皱了皱眉，一个问号直在我面前打转：妈妈是"交大"的毕业生，她还要学什么呢？

又有一个晚上，妈妈又回来晚了。我不高兴地拉起了妈妈的衣角，一边摇一边说："天天学习，烦死了。你是大学生，还学什么呀！"妈妈意味深长地说："知识是一辈子也学不完的。学习像逆水行舟，不进则退。妈妈虽是大学生，但还有很多知识不懂呢！不学习怎么行？"说完，她到厨房去了。

等她一走，我就去翻她放在写字台上的书。我随手拿了一本打开一看，这是什么字呀，像蚯蚓似的，弯弯扭扭，句子像一行一行蚂蚁，密密麻麻，什么也看不懂。我跑去问妈妈才知道她在学俄语。

这是一篇写人的文章，文中的"有一天"、"又有一个晚上"，是两个很明显的时间词。根据这两个关键的时间词，可以帮助学生把文章分成两段。但下面一篇例文没有明显的时间词，而是用稻子的变化来表示时间：

清晨，阳光洒落下来，水面顿时有了暖意。在青青禾苗的掩映下，田螺探头探脑地伸出螺壳，觉得这天地安全温暖，它便把乳白柔软的身体，赤条条地展露出来，接受大自然的沐浴。直到傍晚，凉风吹来，禾苗瑟瑟地抖动，它才慌忙缩进密不透风的硬壳里打瞌睡。

稻子渐渐黄熟，田螺也已长大，有的像核桃，有的像婴儿的拳头。这时候田螺急着要寻找一个安身的地方过冬，等到来年春天撒下它们的子孙。

稻子开始收割，稻田排水了。田螺背着笨重的硬壳，拼命地往泥里钻，直到地面只留下一个透气的小孔才歇。

接下来，我们让学生在教师指导下阅读例文，对每篇例文，要求回答下面三个问题：

（1）先读课文，看文章讲了什么？

（2）再读课文，想一想，文中时间变了，所讲事情是否发生相应的变化？

（3）找出反映时间变化的关键词。

在教师指导下，学生仔细阅读三篇例文。阅读后，根据每篇例文，对教师所提的三个问题逐一加以讨论之后，教师引导学生归纳：

（1）找出表示时间（或隐含时间）的关键词，根据表示时间的关键词分段或分层；

（2）在找表示时间的关键词时，看时间变化后所写的事物是否发生相应的变化。

为了检查学生是否领悟上述按时间顺序分段的规则，再让学生在课堂上完成另外两篇例文的分段练习。练习时要求学生根据表示时间的关键词划分例文的段（或层），并划出表示时间的关键词。这一段教学进行了 5 节课。

为了巩固学生在阅读变式例文中习得的分段规则,我们安排了两次按"时间顺序"结构的写作练习(共 3 节课)。在阅读和写作进行中,教师通过课堂提问、批改作业、个别交谈及时地了解学生掌握分段的启发式规则的情况。在阅读指导和写作指导时,教师及时提供反馈和纠正。

4. 结果与结论

对两班在不同结构文章得分上进行测验和统计分析,结果发现,实验班和对照班除在"按时间顺序"分段的文章有极其显著性差异之外,在"按概括—具体"、"按事情发展的先后顺序"的得分也有显著性差异。结果见表 7-1。

表 7-1　实验班与对照班在不同结构的文章上的后测得分比较

篇序	(文章结构)	实验班	对照班	t 值
第一篇	(时间)	11.09±3.55	8.61±4.20	3.06**
第二篇	(总—分)	11.43±3.58	10.96±3.49	0.65
第三篇	(地点)	9.74±3.25	9.15±3.70	0.81
第四篇	(概括—具体)	12.07±3.14	9.63±4.02	3.24**
第五篇	(事情发展的先后顺序)	10.11±3.55	8.57±3.49	2.03*
第六篇	(事物的几个方面)	10.93±3.77	10.43±3.91	0.26**

** 表示 $P < 0.01$,* 表示 $P < 0.05$。

研究表明,在小学四年级相对集中一般时间教授某种分段的启发式规则(策略)是可以获得成功的。实验前后约两个月,实验班和对照班后测成绩高于前测,实验班总平均分提高 19.54 分,对照班总平均分提高 9.08 分,实验班平均分高于对照班 10.46 分,说明实验班所进行的教学更有利于促进学生的分段规则的学习。其次,实验班由于集中教"按时间顺序"分段策略,其成绩提高最快。"按时间顺序"部分得分从 4.39 分提高到 11.09 分,提高了 6.7 分。虽然对照班也有提高，但实验班提高更快。从这两方面来看，像分段之类的启发式规则在很大程度上是可以教会的。由于教学时只集中"按时间顺序"分段规则，而测验时需要同时测量六种分段方法，故后测总分不高，而且不及格人数仍有较大比例。

据表 7-1 的结果，可以认为，"按时间顺序"的教学对其他 5 种结构的分段能力有一定的促进作用，这是因为"按时间顺序"分段的几条启发式规则有的适应于其它文章结构的阅读理解。如，第一，先要读懂文章讲了什么；第二，想一想作者按什么思路组织材料，这是适合所有文章结构的启发式规则。

从研究中我们还发现，在分段规则这种策略性知识的教学中两端的学生的收益少，因为部分聪明的学生，经过三年的阅读训练，他们虽不能明确地陈述分段的规则，但是对于常见的几种文章结构形式，如"总—分"、"概括—具体"已经从阅读实践中感悟到，已具有分段的能力。因此策略专门教学对他们似乎收益不大。聪明程度较低的一端学生，虽然经过连续 8 节课的系统训练但仍无法完全领悟较复杂的分段规则，也许要等到 5、6 年级甚至初中阶段才能领悟和运用这类分段规则。当然智商在 60 或 70 分以下的儿童，可能一辈子也不能领悟这类抽象和灵活的启发式规则。姚夏倩、皮连生等：小学四年级学生分段能力的教学实验研究，心理科学，2001 年第 2 期。

案例二：精加工策略的教学

生成表象策略的教学过程与方法

（一）知识新授阶段

1. 说明本课教学目标，引起学生对新内容的兴趣与注意。

2. 呈现"生成表象"策略的例证：

例1：为了记住"长颈鹿——手表"这一配对词，脑子里想象："一只手表套在长颈鹿的脖子上"。

例2：为了记住"猫头鹰白天睡觉，夜晚捕食"，脑子里想象"一只猫头鹰白天栖息在树枝上闭着眼休息，晚上则瞪着雪亮的眼睛捕捉老鼠"。

例3：为了记住"avarice"的含义是"贪婪"，想象"一双贪婪的眼睛盯着一堆大米（rice）"。

3. 师生归纳出生成表象策略的概念，即在理解学习材料的基础上，给学习材料赋予一定的视觉形象；借助生成的视觉形象，把要记住的项目联系起来。

4. 呈现"生成表象"的反例：

反例1：教师谈到"哥伦布1492年发现美洲"，学生在心里一遍遍重复"哥伦布1492年发现美洲"。

反例2：教师谈到"哥伦布是西班牙人"，学生脑子里想到美国西部牛仔牧牛的场面。

5. 师生通过正反例的分析、比较，得出结论：生成表象策略必须针对所要记忆的内容，在要记忆的项目之间找到一个熟悉的表象，使要记忆的项目形成联系，便于回忆和长期保持。

（二）设计变式练习，使知识转化为对内调控的技能

1. 教师示范策略运用的步骤（见图7-1）：当遇到一份材料时首先判断自己是否要记住该材料，如果回答肯定，则继续判断自己是否理解该材料，如果不理解，就应去查字典或请教他人，达到理解。理解了材料以后，根据材料进行想象或创造一定的视觉形象赋予要记忆的材料，直到达到满意的效果。

2. 提供练习，使学生逐步掌握该策略的应用步骤。

练习1：记忆配对词组表，如：
"大象——足球"、"猴子——草帽"、"狗熊——汽车"等等。

练习2：记忆有关描述不同人及其行为的句子，如：
"一个肥胖的人冲进餐厅"

"一个高大的人购买皮鞋"

"一个虚弱的人拿起刀子"等等。

练习3：记忆几篇描述不同动物生活习性的短文（略）。

（通过上述练习，学生掌握了使用生成表象策略的步骤，对策略运用的效果也有了更深的认识，增强了策略学习与运用动机。）

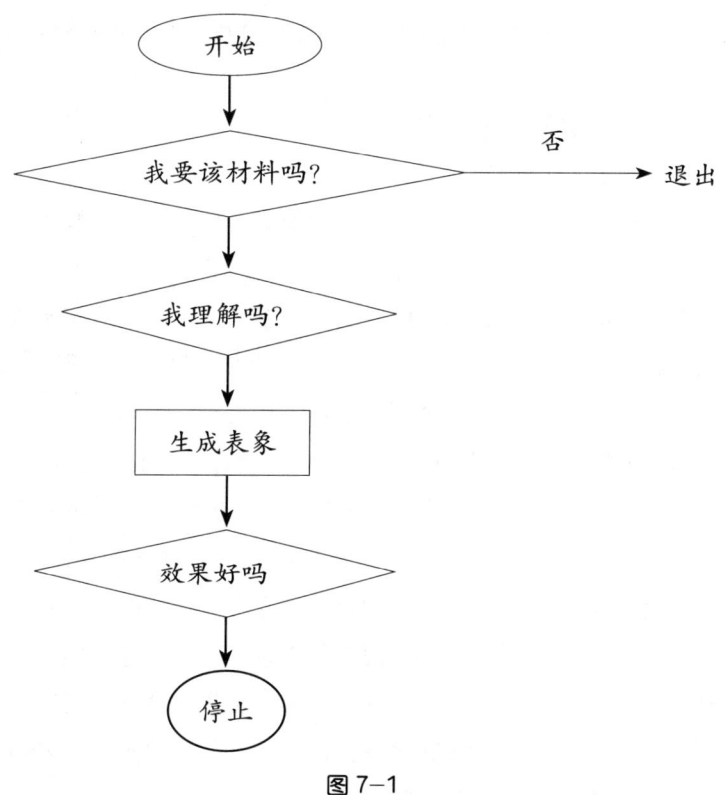

图7-1

（三）综合练习，使学生掌握策略运用的条件性知识

此阶段，教师设计各种正、反例让学生练习，使他们能认识到何时需使用生成表象策略、何时不需使用策略。

练习：对下列项目是否要运用生成表象策略作出判断：

目标1：教师问一个数学题，你记住答案，直到举手回答。（否）
目标2：学习中国地图上各省的位置。（是）
目标3：学习一些动物的特征、生活习性等。（是）
目标4：记忆外语单词。（是）
目标5：为了娱乐读小说。（否）
……

在变式练习和综合练习阶段，教师要适时地给予反馈和纠正。[1]

二、应着重考虑的教学事件

（一）提示学生回忆原有知识

认知策略是调节和控制学生学习活动的一套程序或步骤。习得认知策略时，一个重要的前提条件是学生对学习的内容比较熟悉。如果对学习的内容不大熟悉，不仅认知策略难以习得，而且即使习得，以后也难以运用。如对于分类记忆的策略，如果记的几个项目（如单词）很熟悉，可以分成诸如食品、玩具、家具等几大类，则可以很容易地习得分类策略；如果所学习的项目较生疏（如记忆物理学的术语），不具备这方面知识的学生就难以学会分类记忆的策略。这要求我们在进行认知策略的训练以前，要思考一下所用的练习材料是否为学生所熟悉。在案例一中，小学四年级学生已有一定的阅读能力和生活经验，对于按时间顺序写的段落都能准确地理解，这构成了学习按时间顺序分段能力的前提之一。在案例二中，用于认知策略训练的内容都比较浅显，一般的学生在理解上都没有问题。可见在上述两个案例中，学生都具备了学习认知策略的原有知识准备。

（二）呈现适合策略应用的变式情境

这一步主要是将蕴含有策略或需要运用策略进行学习的例子呈

---

[1] 朱燕：以认知策略为主要目标的教学设计，湖南教育，1995年7~8月号。

现给学生,让学生直接学习,在头脑中留下一定印象。这里要求教师选择好例子。例子的选择要有一定变化,不能总是局限在一定内容范围之内。在案例一中,提及的两个例子就有一定变化,一个有明显的表示时间的词语,另一个则没有明显的时间词。在案例二中,也呈现了三个涉及不同内容的例子。有时,在呈现例子的同时,为了让学生更好地把握例子的实质内容,往往要用反面的例子来加以对照,如案例二中就呈现了"生成表象"策略的两个反例。

(三)引导学生概括构成策略的规则

这需要教师引导学生对正反例证进行比较对照,得出规则。在上一步呈现策略例子基础上,这一步要引导学生同时将若干正例进行比较,抽取出相同的部分。在呈现正例时,最好同时呈现给学生,或者呈现时间间隔尽量缩小,以利于学生能同时将例子记在脑中。接下来,教师还要采用一定的教学方法,引导学生去发现其中蕴含的规则。如案例一就采用让学生对每篇课文回答三个问题,而后再引导学生归纳,得出规则的方法。有时也可以用反例的对照来让学生更清晰地习得规则。如案例二就在学生对正例归纳基础上,又呈现了起对照作用的反例,正反例证结合起来运用,让学生习得了构成策略的规则。

(四)设计变式练习,引导学生理解策略应用的条件

认知策略也属于程序性知识,其习得也要经历由陈述性知识经变式练习的转化过程。这里的练习类似于规则学习的变式练习,也要有变化。但认知策略的变式练习还负有另一项重要任务,即让学生理解策略应用的条件。心理学对认知策略训练的研究发现,教会学生按一定程序执行策略很容易,学生很快就学会了,如案例二的生成表象的相关方法,学生很容易学会。难点在遇到实际情境时,学生不会主动用习得的策略,往往要教师的提示才行。导致这种状

况的主要原因是学生对策略应用的条件不理解。为让策略的学习真正达到"自主"的程度，还需要让学生意识到策略应用的条件，以便遇到具体情境时，学生能自行判断该用哪种策略。在案例二中，最后所进行的综合练习，其目的就是让学生理解策略应用的条件。

三、与一般智慧技能教学的比较

认知策略与一般的智慧技能同属于程序性知识，它们的教学在有共性的同时也有一些差异。

（一）相似点

认知策略和一般智慧技能一样，都是由概念和规则构成的。分段策略涉及表示时间的关键词、时间变化、事情变化等概念以及找出表示时间的关键词，根据时间关键词分段；在找表示时间的关键词时，看时间变化后所写的事物是否发生相应变化。生成表象策略涉及表象的概念，其内在规则为对所记忆的材料赋予一定表象，借助这一表象将所记忆的材料联系起来。此外，认知策略的习得过程与一般智慧技能有类似之处，都要首先经历陈述性知识阶段，而后经过变式练习，转化为程序性知识；在练习时，都需要从外部获取反馈信息，提高练习的准确性和效率。

（二）不同点

1．与一般智慧技能相比，认知策略不易习得。一般智慧技能学生往往能在一两节课内掌握并转化为办事的能力。如圆锥体体积的计算公式，一般只需一节课学生便可熟练掌握。学生学习认知策略往往在一两节课内很难见到成效，如按时间顺序分段的策略，前后共用了8节课才显示出明显的效果。

2．认知策略的任务分析理论与技术有待发展。一般智慧技能的任务分析可以用奥苏伯尔的同化论和加涅的智慧技能层次论来分析。

但这些理论并不适合于分析认知策略的目标。如在找作为分段标志的时间词时，所用的规则是"看时间变化后所写的事物是否发生相应变化"，就很难用智慧技能的层次论来分析。目前指导认知策略任务分析的理论尚不成熟，有待进一步发展。

3. 认知策略的教学设计中应注重学生的感悟和反省认知。在一般智慧技能的教学中，常常可以用应用模型、实物或实验来直观地演示所要教的概念和规则，因为这里的概念和规则是有客观存在的对象可以指称的。如讲圆的概念可以在黑板上画圆，也可以让学生直接看、摸圆形物体。认知策略所涉及的概念和规则则反映的是人的思维活动，没有可以直接感知的对象。如生成表象策略的规则是隐含在记忆者的头脑中的，虽然执行了这一规则，但我们看不出来，这就需要学生对自己的记忆过程要有很好的认识，即心理学上所讲的反省认知。

第三节　模糊规则学习与教学的特殊性

一、模糊规则的性质：图式及其习得规律

在中小学各门学科中，都有一些概念和规则与众不同。有些规则看似非常明了，但要用语言来对其描述则很困难，即我们心里清楚但嘴上说不清楚。如"游戏"和"体育运动"两个概念就难以说清。同一项活动，如踢毽子，若是儿童在家作为娱乐活动，便是游戏；若是在学校体育课上踢，则可视为体育运动。[1] 又如语文中的许多句法规则，虽我们都能用汉语正确地交流，但对于正确规范的句子该怎样

---

[1] 皮连生：智育心理学，人民教育出版社1996年版，第164页。

描述，往往说不上来。这类规则也是学生能力的组成部分，也要学生习得但由于这种规则或者难以言表，或者很难用一两句话简洁明确地陈述出来，因而其习得的规律还需要我们进一步研究。

现代心理学主张用图式来解释此类概念与规则的性质。在心理学中，图式是用来描述许多知识的组织状况的，为了解图式，我们先用表格作类比。下面是一个我们比较熟悉的表格。

××小学教师情况表

姓名		性别		民族		出生年月	
任教科目		学历		职称		政治面貌	
个人简历							

对于这样一个表格，我们要有如下认识：

1．表中需填写的九方面情况，适合该小学全体教师，换言之，是该校教师都具有的几方面特征，这就是说，这一表格可以描述该校全体教师的情况，因而它也就具有一定程度的概括性。

2．这一表格有九个空格需要填写，每个教师都要填，但各人填的内容不一样。

3．表格中的九个空格是按固定顺序编排起来的，先姓名、性别，再民族、出生年月，……最后是个人简历。

4．各个空格所填内容之间要前后一致。如果"姓名"栏内填"文娟"，则以后的出生年月、个人简历必须是"文娟"的，不能填成"张强"的。这就是说，其中一栏所填内容会对其它栏内所填的内容产生一定的限制。

5．每个空格内所填内容可以在一定范围内变化。如"民族"一栏可以在我国56个民族中选择，"性别"可以在"男女"之间选择。

总之，这种表格描述了一类人（某小学教师）的共同特征。在结构上它由一些空格组成，这些空格又是按一定顺序组织起来的，每个空格内所填的内容可在一定范围内变化，而且所填内容之间存在相互制约的关系。

与表格类似，图式也是用来描述一类人、一类客体乃至一类事件的共同特征的。不同的地方在于，表格是存在于我们头脑之外的，而图式则是我们头脑内部的表示这些共同特征的一种"表格"。

在对某一类别的成员进行描述时，图式也是通过按一定方式组织起来的"空格"来进行的。不过这里的"空格"在图式理论中叫做图式的槽，槽又分两类：一类槽在许多情况下其中所填的内容不变，那么这类槽叫做常量；另一类槽在许多情况下其中所填的内容可以不断变化，这类槽叫做变量。在许多情况下，图式的槽是按一定顺序相互联系起来的，而且，每个变量中可以填充什么内容是有一定限制的，这种限制来自两方面：一方面是变量本身对所填内容的限制，这类似于表格中"性别"一栏所填内容只能限制在"男女"两项，而不能填"汉族"、"大学"等内容。这种限制我们称之为变量本身的约束。另一方面是其它变量所填的内容对该变量所填内容的限制，类似于表格中各栏所填内容要一致，这类限制我们称之为变量之间的约束。对表格与图式的关系，我们列表对照如下：

表 7-2　表格与图式的关系

表格	图式
空格	槽（常量、变量）
空格的排列顺序	槽的排列顺序
每格所填内容的	变化变量本身的约束
空格之间在所填内容上的相互限制	变量之间的约束

总之，我们可以区分出图式有四种构成成分：1. 图式由许多槽

（包括常量和变量）构成，这是图式的组成部分。2．这些槽是按一定顺序连接起来的，这是各部分的组成顺序。3．变量本身对填入其中的内容有一定限制，这是变量本身的约束。4．其他变量对某一变量中所填内容也有一定的限制，这是变量之间的约束。

现代心理学认为，图式是在不断接触图式例子基础上形成的，图式的例子要求至少两个，这样才有可能抽取出其共同的特性。而且，图式的例子要经过精心选择或设计，以免形成不正确的概括。仅仅呈现两个以上精心设计的图式例子，只是图式形成的外因，其内因则是学习者要主动地对图式例子进行分析、比较、对照，形成一定的概括。只有内因与外因相结合，才能保证图式的习得。

例如，要习得建筑工人的图式，就需要至少两个以上建筑工人的例子：老年的男性建筑工人和年轻的女性的建筑工人。这两个例子也是经过精心选择的。年龄、性别是建筑工人的非本质特征，要将其作为变量对待，故而变量中所填的内容要体现出变化来。在此基础上，学生通过分析、比较，最后归纳出建筑工人图式的常量（从事建筑工作）及变量（年龄、性别）等方面，从而形成图式。

二、模糊规则教学的案例分析

（一）运用图式理论训练小学生掌握句法规则

从图式的角度看，某一种句型所涉及的句法规则由如下几部分组成：1．它由哪几部分（常量与变量）组成；2．这几部分的组成顺序；3．各部分之间的关系（变量之间的约束）；4．每一部分可以填充的内容（变量本身的约束）。

例如，"谁在什么地方干什么"这样一个单句结构，就是一个单句图式。如下所示：

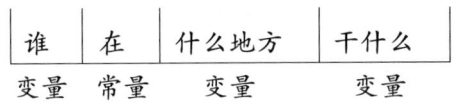

其中"谁、什么地方、干什么"是该句子图式的变量,"在"是常量,其组成顺序是谁 - 在 - 什么地方 - 干什么。"谁"这个变量对于填充其中的内容有一定限制(变量本身的约束),即是能动的人或动物或客体。"什么地方"这个变量中填入"草地上"时,会对后一变量"干什么"的填充内容施加限制(变量之间的约束),即可以填"跑步、打球"等,不能填"划船、游泳"等内容。这里,变量之间的约束,主要是一种逻辑与事理上的要求。

如用"至于"造句,学生往往会造出这样一些句子:"下雪了,至于孩子们可还在堆雪人、打雪仗,根本不怕冷。""至于山水都美的地方要数桂林。"有经验的教师在教学时是按如下步骤进行的:

1. 找出原文中能正确体现该词作用的语境作例子

看课文《给颜黎民的信》第四节,提问学生,"至于"之前与之后作者谈的是什么,是不是同一件事?在这中间,"至于"表示什么意思,起什么作用?("至于"前鲁迅谈的是自己在屋前的四尺见方的泥地上看到了桃花,"至于"后,讲的是看桃花的名所是龙华,但作者由于有几个青年朋友死在那里,所以是不去的。"至于"在这里就表示话题由谈屋前看桃花转到谈看桃花的名所。)而后再揭示"至于"一词的抽象意义:"至于"表示话题的转换,由一件事或一种情况说到另一件事或另一种情况。

2. 教师举例,巩固学生对该词作用的理解,同时扩展学生造句思路

(1)文章要写得通顺,使人一看就懂,至于生动感人,那是进一步的要求。(由一般情况转到特殊情况)

(2) 这个小组一年来发明了不少新工具，至于零星的小革新，那就更多了。（由主要方面说到次要方面）

(3) 去年他们村新盖楼房有九十户，至于全乡，数量就可观了。（由局部情况转到整体情况）

3．修改与再造

在上述讲解基础上，让学生修改病句："下雪了，（大人们围着火炉取暖，）至于孩子们可还在堆雪人、打雪仗，根本不怕冷。""（我国有许多名山名水，）至于山水都美的地方要数桂林了。"[1]

在上述补救教学中，第一步是让学生习得"至于"句子图式的组成部分、各部分间的关系。第二步则是让学生习得变量本身的约束，开拓造句的思路。第三步则相当于补救教学后对学生的检测。结果表明，经过补救性教学，学生正确习得了"至于"的句子图式，能造出正确的句子来。

（二）运用图式理论，训练学生解应用题

解数学应用题，关键是学生要理解问题，找对题型。下面一位特级教师的经验就说明了图式在应用题教学中的体现。

在应用题的教学过程中，首先是帮助学生理解、掌握最基本的类型题，然后通过它的发展变化，启发学生开动脑筋，发展智力，掌握知识变化的规律，提高解题能力。

以分数乘法"已知一个数，求它的几分之几是多少"的应用题为例：第一纺织厂原有棉花 3500 包，用去 3/5，用去了多少包？

这道题："求一个数的几分之几是多少"是用乘法计算的最基本类型题。师生利用图解搞清数量之间的关系，让学生掌握这道题的最基本的算法，即 3500 包 ×3/5=2100 包。从而得出已知一个数，

---

[1] 孙春福："至于"造句指导一得，小学语文教师，1992 年第 4 期。

求它的几分之几是多少,用乘法。这里的3500包就是所说的"一个数",这里的3/5,就是所说的"几分之几"。这是这类题两个最基本的组成部分。

但是,这种结构是可以发展变化的。

1."几分之几"的变化

首先,可以把这道题改成:第一纺织厂原有棉花3500包,用去3/5,剩下多少包?它的算式是:3500包×(1-3/5)。通过这样的变化,学生开始受到了启示,了解到这种基本类型题是可以改变的。在这个基础上,还可以改变成:第一纺织厂原有棉花3500包,第一次用去1/5,第二次用去2/5,还剩下多少包?

这样的研究,学生看到了"几分之几"有了发展变化,但是并不限于这样的变化,还可以有其他的变化。可以把3500包×(1-1/5-2/5)改变成:第一纺织厂原有棉花3500包,第一次用去1/5,第二次用去剩下的2/5,还剩下多少包?列式是:3500包×(1-1/5)×(1-2/5)……使学生理解"几分之几"与代表整体"1"的3500包之间有着多样的变化,并且"几分之几"的几个分数之间也可以有很多的变化的相依关系。

2."一个数"的变化

上面的题可以改成:第一纺织厂原有棉花2000包,后来又运进1500包,用去3/5,用去了多少包?列式是:(2000包+1500包)×3/5=3500包×3/5=2100包。通过分析,要先求"这个数是多少",然再乘以3/5,2000包+1500包=3500包。使学生知道"一个数"也是在变化中。进一步练习:第一纺织厂原有棉花2000包,后来运进的比原来的少500包,用去3/5,用去多少包?算式变成[2000包+(2000包-500包)]×3/5。学生从计算中看出"一个数"又有了进一步的变化。……这样不断发展变化的练习,……不仅"几分之几"有多样的变化,而且"一个数"也有多样变化,并且每一部分都可以有扩大、缩小、增加、减少、可乘、可除、可加、可减等等有规律的变化。[1]

在上述案例中,"一个数"、"几分之几"是所要教学的应用题图式的两个组成部分(或两个变量)。这两部分之间的关系是用"一个数"去乘以"几分之几"。该图式的两个变量是可以变化的。接下来的"几分之几"的变化,"一个数"的变化,是让学生掌握该图式两个变量本身的约束。学生具备了这种知识,在遇到这类题目时,不管其有多大变化,都能将其正确归类,找到解题方法。

(三)运用图式理论,训练学生地理学习方法

地理课上,学生要学习大量陈述性知识,但这些知识不是孤立的,而是相互联系在一起的,将这些分散的知识组织起来的东西就是图式。这种组织知识的技能,也要教给学生,而且要按图式习得的规律来教。如特级教师刁传芳,从一些例子出发,对地理认识活动中的思维过程做了分析。他先介绍了几个例子,然后又作了归总式的解释:

例1:教学中国地理特征要从认识中国的地理位置开始,再对中国的地形、气候和河流等自然地理要素加以认识,并在此基础上得出中国自然地理特征。

例2:教学黄河中下游五省二市的地理特征,是从认识该地区地理位置开始的,进而认识本地区的地形、气候、河流等自然地理要素的特征,在学习工农业生产及交通城市等人文地理要素特征,最后得出此地区的地理特征。

---

[1] 刘忠连:在数学应用题教学中发展学生的智力,载沈阳师范学院学报编辑部编:特级教师笔记,辽宁人民出版社1981年版,第259~263页。

例3：教学美国地理时，从认识美国的地理位置开始，再学习美国的自然条件，最后学习美国的经济特征、工业和农业地理。

上述三例是属于同一类地理认识过程，即认识区域地理特征的过程。从这三例中我们可以发现，它们存在着十分相似的思维活动程序，这是在学习区域地理特征的任何认识活动中经常（甚至必须）遵循的"样板"或格式，我们可以称其为"思维模式"。[1]

另一位特级教师邓致中，提出了许多地理知识模式，其中一个是国家、地区地理概况知识模式：

1．地理范围和位置

2．自然地理概况

（1）地形和地势

（2）气候

（3）植被、土壤

（4）河流、湖泊

（5）自然资源

3．经济地理概况

（1）农业

（2）工业

（3）交通和城市[2]

两位特级教师可谓英雄所见略同。他们提出的"思维模式"、"知识模式"，其实就是组织地理陈述性知识的图式。这些图式具有一定的变量，如国家名称、地理位置、自然条件、经济地理等。这

---

[1] 陈尔寿主编：中国著名特级教师教学思想录（中学地理卷），江苏教育出版社，1997年版，第53页、第187页。

[2] 陈尔寿主编：中国著名特级教师教学思想录（中学地理卷），江苏教育出版社1997年版，第53页、第187页。

些变量之间又存在一定关系，如地理位置会在某种程度上决定其自然条件，而自然条件又会决定其经济发展的类型与水平。图式的几个变量本身又有多种变化。国家、地区可在全世界所有国家内选择，地理位置可以有内陆、沿海、岛屿等多种变化情况。这类模式的实质既然是图式，那么教学时就要按照图式习得的规律来进行。刁传芳老师在论述时，首先提出了三个例子，而后在其基础上进行归纳，得出了他所讲的"思维模式"，这一点总体上符合图式习得的规律，不过在进行归纳时，还要突出图式的几个组成部分，如所涉及的几个方面（地理位置、自然条件、经济特征等），这几个方面之间内在的联系等。在归纳时，落脚在这些方面，图式的教学才算扎实。

综合练习题：

1. 对于规则"三角形的内角和等于180度"，你打算怎样设计变式练习？

2. 小学语文教学中有一个识字的精加工策略，主要步骤如下：（1）用生字组词。如加－加油。（2）对词语进行添加、补充和扩展意义。如"加油"演绎成运动会上喊加油的场景。（3）在扩展意义时，将生字的各个部件溶进意义中。如运动会上喊加油要张大嘴巴（口），用大力气（力）。你打算在教学中如何有意识地对学生进行该策略的训练？

3. 阅读下面的教学经验，回答问题：从图式理论的角度看，教师的经验有哪些合理的地方，哪些地方还可以进一步改进？

教《我的伯父鲁迅先生》一文时，课文第二段有这样一个句式，教师板书："听了伯父这句话，我又羞愧、又悔恨，比挨打挨骂还难受。"教师在"又、又、比、还"等字下加圈，指出意思要一层深一层，关联词后面的"羞愧"、"悔恨"等词语可以调换。老师示范，换成："听了五届人大召开的喜讯，我又高兴，又激动，比过年还快乐。"要求学生练习造句。学生造出这些句子：

船（航）模组制作的小飞机，又简单，又灵巧，比小鸟飞得还要高。

南京长江大桥，又雄伟，又壮丽，比彩虹还美丽。

新造的气垫船，又能在陆上走，又能在海上行，比神话中的神仙飞得还快。

"四人帮"又阴险，又毒辣，比狐狸还狡猾。[1]

4. 在讲保护色时，有教师举了许多例子：讲了动物又讲植物；讲了习性又讲形态；讲了形态又讲构造；讲了构造又讲生理……从表面上看一堂课是热热闹闹，但就是不渗透论点。讲者是辛辛苦苦，十分疲惫，听者是昏昏欲睡，教学效果自然是不会好的。从实际效果来说，决不是教师论据讲得越多，学生会越明了。恰恰相反，倒是因为教师对论据说得太多了，使学生越听越糊涂。这样不但使论据本身失去了应有的意义，而且增加了学生的负担，在教学时间上也造成一定的浪费。[2]

概念、原理、规则、图式的教学都涉及例子的运用。上述经验介绍对我们在教学设计时使用例子有什么启示？

---

[1] 李伯棠：小学阅读教学试探，华东师范大学出版社，1981年版，第226页。
[2] 吕灿良：浅谈中学生物教学中的若干问题。载于刘植义主编：中国著名特级教师教学思想录（中学生物卷），江苏教育出版社，1997年版，第116~117页。

第八章 问题解决与研究性学习的教学策略设计

第六章和第七章分别论述了陈述性知识和作为程序性知识的概念、规则以及认知策略的教学策略设计。问题解决是上述两章阐述的陈述性知识、程序性知识和策略性知识的综合运用。研究性学习的实质是基于问题解决的学习。所以本章将问题解决与研究性学习合并在一起论述。问题解决的心理过程很复杂,在心理学中有关问题解决的争论很多。本章将先对问题解决作一概述,以弥补本书第二章在介绍学习论时对问题解决学习形式论述的不足;接着根据心理学对问题解决的过程和条件的论述,提出问题解决教学设计建议,最后论述我国当前课堂改革中提倡的研究学习的性质及其教学设计问题。本章学习目标:

1. 能举例说明问题解决这种形式的学习的结果、过程和有效学习的条件;

2. 能举例说明问题解决的教学目标、教学策略和效果评价的设计;

3. 能举例说明研究性学习的性质并能根据问题解决的教学目标、教学策略和效果评价设计的思想对现有的研究性学习的教学实例作出适当评价。

第一节 问题解决概述

在英语中问题一词是 problem，而不是 question。Problem 也可以译为难题。问题是人没有现存手段可以达到既定目的的刺激情境。这里的现存手段包括已有的知识、技能和方法（或策略）。问题解决（problem solving）也译作解决问题，在加涅和奥苏伯尔的学习分类中指学习的最高形式即学生改组已有的知识、概念和规则，获得新规则或新的思维产品的思维过程。解决问题的策略在其中起重要作用。问题解决概念涉及问题解决的结果、过程和有效解决问题的条件，下面举例说明问题解决的这三个方面，以便读者对这种形式的学习的性质有基本的了解。

一、问题解决的结果

问题解决作为一种学习的高级形式，其结果是习得新的规则。加涅把通过问题解决习得的新规则称为高级规则。例如，计算如下图四边形的面积（这是学生以前未曾解过的课题）

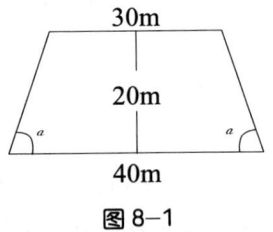

图 8-1

目标：应用已知长方形等面积计算规则，通过切分重组，发现梯形面积计算规则，能计算提供的其他梯形的面积。

要学会上述新规则，必须先能应用下列较简单的规则。

第八章 问题解决与研究性学习的教学策略设计

（1）求长方形面积的规则；
（2）判断直角三角形的规则；
（3）用对角线把长方形分成二个相等的三角形；
（4）加法、乘法规则。

（而为了会应用这些较简单的规则，学习者需先掌握"长方形"、"直角三角形"等概念；再下位的技能是要求辨别"直角三角形"和"等腰三角形"等几何图形。）

解决问题并形成新规则的过程是：
（1）加辅助虚线把图形分为长方形和三角形；
（2）把相等的直角三角形合并成一个长方形；
（3）求出两个长方形的面积，而后相加。

解决该问题的步骤如下图所示。[1]

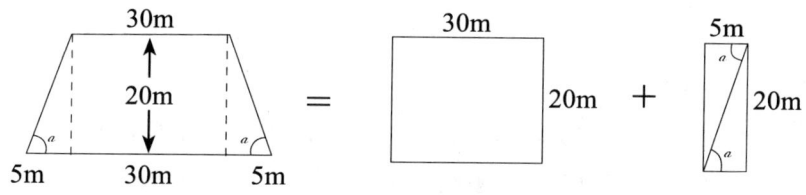

图 8-2

通过解决这个问题，学生获得将梯形转化为矩形来计算梯形面积的新规则即高级规则。高级规则的学习不仅可以通过问题解决，即通过发现形式习得，也可以通过接受的形式习得。例如上述梯形的计算规则可以通过教师演示的方式让学生接受。新习得的高级规则又可以应用于新的问题情境解决其他新的问题。

通过问题解决习得的新规则不仅可以表现为数学公式，在语文

---

[1] 选自乌美娜：教学设计，高等教育出版社，1994年10月第一版，第99~100页。

学习中也可表现为写出有新意的文章；在科学研究中也可以表现为提出解决问题的新方案；在服装设计中表现为设计一种新的服装样式等。总之，问题解决的结果总是带有创造性。

解决问题的结果不仅获得思维成品，而且学习了解题方法（或解题策略）包括搜集和整理资料的方法。如在上述梯形面积计算中进一步练习了将未知几何图形转化为已知几何图形从而达到解决问题的策略。这一策略在今后的学习中仍将有用。

上述问题解决结果是显性的。但有一些结果是隐性的，有时学生通过很长时间尝试，问题仍未解决。但学生可能从中获得了一些解题经验。这些经验可能在未来的问题解决中起作用。问题解决的结果还有情感方面的体验，如不怕困难和克服困难所带来的愉悦感等。有时，个人在解决问题中需要与他人合作，请教他人，由此而习得和分享与他人合作的精神。

二、问题的分类

根据问题的结构特点，问题可以分为结构良好的问题和结构不良的问题。结构良好的问题指提供了解决问题充足的信息，包括可以运用什么规则和概念、求解应该具备什么特点等要求，问题的解法相对确定，有一个正确的答案的问题。数学教学中的应用题一般都是结构良好的问题，上例也是结构良好的问题。结构不良的问题指学习者并不能获得求解这些问题所需要的所有信息，甚至问题本身也可能是不清楚的，解决问题有许多方法，但是没有一个解法被认为是唯一的"正确答案"的问题。课程教材研究所编《小学数学试验课本——数学》第四册有一道思考题，要求用0、1、2、…、9这十个数字组成一个加法竖式（如下图）。

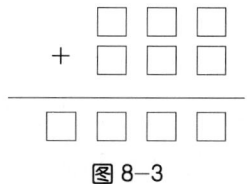

图 8-3

这个问题的特点是解题思路的多样性和结论的不唯一。据于琛的研究，得出 368 个解。解法涉及所谓九数两线、九数三线等问题，以及计算、数与形等问题。可以认为是一个结构不良问题。又如，作文题要求"根据本单元所学神态、动作描写，写一篇描写某情境下特别喜悦心情的短文"。学生此时已经习得了神态、动作描写和文章组织的某些概念、规则，学生的任务是根据不同的情境、人物的性格身份，表现不同的喜悦神态、动作，据此按不同的形式去完成文章的材料选择、组织、表达，因此产生不同的文章样式，发现文章要素间的联系。因此作文不会有唯一的"解"，是高级规则学习的重要形式。

解决问题是人类生活和人类思维活动的普遍现象，在社会生活中，在学科学习中，我们面临大量需要解决的结构不良问题，习得高级规则的学习活动是社会生活在教育活动中的反映。我国基础教育中设置研究性学习课程，提倡学生从社会生活中选取问题，进行类似于科学研究的活动，这类"研究"活动主要涉及解决结构不良问题。

问题还可以按其他标准分类，如常规问题和非常规问题、知识丰富问题和知识贫乏问题等。

三、解决问题的心理过程

根据现代认知心理学对问题解决的研究，对照上述教学实例，可以把个体解决问题的过程分为五个子过程：

（一）发现问题

发现问题就是知觉问题的存在，其心理实质是察觉现有的状态与欲想的状态之间存在差异。发现和提出问题是解决问题的起点和关键环节。研究表明，发现问题在很大程度上受四个因素的制约：（1）是否具有主动探究问题的习惯和好奇心；（2）是否具有充分的相关背景知识；（3）是否投入足够的时间深入考虑问题的实质及其已有的答案；（4）是否具有一定的发散思维能力。这四个因素互相制约。人一般都有探究的好奇心，一个问题能不能引起探究兴趣，受到第二因素制约。有了兴趣能不能产生解决问题的愿望受到第三、四因素的制约。

（二）问题分类和表征

发现问题后，学习者一般都会对解决问题的条件进行分析，但对问题归类分析则需要认知策略基础，指导和传授这类技能是教学的任务。心理学把问题归为两个基本的类，即结构良好和结构不良的问题。这样的分类影响着问题解决者思路方法的选择。对结构良好的问题一般能找到已经习得的方法来解决问题，而对结构不良的问题，学习者往往需要进行多种尝试。例如对计算梯形面积，学习者能很快找到长方形面积的计算方法。

（三）确定问题的解决策略

问题归类影响着问题解决的策略。当解决问题有多种策略可以选择时，策略的确定就需要经历一个逻辑论证的即假设的过程。尝试错误是具有普遍性的解决问题思维方式，对这种思维方式的发现来源于对动物的研究。而假设是高级思维形式，是已经习得的知识与复杂逻辑思维的联合体，虽然学生仍可以自主发现和确定解决问题的假设，但经过指导和训练更能有效提高解决问题的能力。

(四) 执行策略

策略的执行是否成功，受制于对问题分类和选取的策略是否适当。对结构良好的问题，只有选择了适当的规则才能够顺利地解决问题。对结构不良的问题，如果选择尝试 -- 错误策略，则一般要求尽可能地多次尝试，并监控每一步骤是否向问题的解决"靠近"；如果执行逻辑假设的方法，则需要对每个子目标的结果进行分析监控。由逐个子目标的解决，达到整个问题的解决。不论是结构良好的问题还是结构不良的问题，在策略执行的过程中，都要求随时监控策略的执行情况。

(五) 评价问题解决的结果

策略执行完后，要核查执行的结果与预定的目标是否一致，问题解决是否"正确"。结构良好的问题一般有"唯一答案"或者"标准答案"，可以进行某种形式的"验算"，如梯形面积大小。解决结构不良的问题，一般以问题解决的程度为评价的依据，如研究"黄河断流的治理"没有统一标准答案，只有分析问题解决的程度。

四、问题解决的内部和外部条件

(一) 内部条件

解决问题对学习者的三类知识有突出的要求：智慧技能中那些为使问题得以解决而必须知道的规则、原理和概念；组织化的言语信息即问题和解决问题的信息，按一定的方式系统地结构和表征出来，解决问题才成为可能；认知策略即学习者必须能够选择合适的信息和技能并决定何时、如何运用它们解决问题。具体说：

1．学习者解决问题必须能记忆并提取先前已经学习过的相关规则。问题的解决总是依赖学习者先前的经验，不可能只是在一个只是真空中获得问题的解决。例如学习计算梯形面积，必须习得长方形面积的计算规则；解决黄河断流的问题，必须掌握水、植物、地表、气候、地形等知识，并能适时从记忆中提取。

2．要能够清楚地陈述问题，要有适当的方式将问题的有关信息组织起来，表征出来。

3．问题解决还要求学习者有解决问题的积极动机，对问题要有兴趣，解决问题的愿望要显示迫切感。

下面以地砖计算问题说明三类不同的知识在解决问题的不同阶段的作用。

地砖按每块 0.72 元出售。地砖每边长 30 厘米。用这种地砖铺满长 7.2 米宽 5.4 米的房间，需花多少钱购买地砖？

问题表征

问题表征又可以分成两小步：

（1）问题的字面理解

指解题者逐字逐句读懂描述问题的每一个句子。读懂的标志是他能用自己的话重复问题的条件。如上述地砖问题的条件可以陈述如下：a．房间是一个长 7.2 米宽 5.4 米的长方形；b．每块地砖是边长为 30 厘米的正方形；c．地砖每块售价 0.72 元。同时，还要能用自己的话陈述问题的目标。此处可陈述为："求与房间的面积相等的地砖的价钱"。现代信息加工心理学把这种问题的理解看成是把问题中的每一陈述转换成解题者内部的心理表征的过程。

问题的字面理解需要两种知识：一是语词知识，如果解题者不知道"地砖"、"出售"、"购买"等词语，他就不可能读懂题意；二是事实的知识，在地砖问题中学生必须知道边长为 30 厘米的地砖是正方形，也必须知道 1 米 =100 厘米。按现代认知心理学的知识分类，上述两种知识都属陈述性知识。

(2) 问题的深层理解

问题的深层理解也称问题的综合，指在问题表层理解的基础上，进一步把问题的每一陈述综合成条件、目标统一的心理表征。问题的深层理解又包括两个方面：识别问题类型，以及区分问题中的有关信息与无关信息。

问题深层理解需要问题图式的知识。图式是现代认知心理学中的一个重要概念。现代认知心理学认为，人之所以能识别某种事物或事件，是由于通过学习和长期的经验积累，人脑中贮存了该事物或事件的图式的缘故。图式是人脑对事物或事件的一般特征的概括，贮存于人脑的长期记忆中。如人脑中贮存了"房子"的图式："房子有平顶或三角形的屋顶；有墙；用砖头或木头建成等"，当别人提到房子或呈现房子的部分特征时，他能立即识别房子与非房子，如碉堡、拱棚等。甚至当只能看到房子的部分特征的图画时，他还能想象房子内有房间，房间有门、窗、天花板等。在解数学题时，识别题型也像识别房子一样，学生头脑中必须贮存有关题型的图式，才能迅速识别题型。一旦识别了题型，他便能区分问题中的有关信息和无关信息，甚至能补充题目中缺乏的必要信息。

设计解题计划与监控

计划是在理解了问题的条件和目标之后，设想出一套解题方案。设计解题方案包括把终点目标分解成一系列子目标。解题方案的建构和子目标的分解总是受解题者的总目标调节与控制的。所以有效的解题计划的形成是解题者受问题终点目标指引，同时考虑已知条件，选择合理的运算步骤的过程。它需要解题者具有解题策略的知识。例如，在地砖问题中，可以把问题分解成如下几步：a. 求房间面积，即 7.2×5.4；b. 求每块地砖面积，即 0.3×0.3；c. 求所需的地砖数，即房间面积除以每块地砖面积。最后用每块地砖价格乘以地砖总数，得到购地砖的总价钱。

　　从人们的认知能力中专门区分出认知策略，这是认知心理学近20年来最新发展的结果。认知策略是由人们所掌握的关于如何学习、记忆、思维和解决问题的方式方法的知识构成的。例如，在解决数学问题中逆推法是一种重要的认知策略。已掌握了逆推法的学生可从问题的终点目标--求地砖总价钱出发，一步一步向问题的起始点推理：要求地砖总价格先必须求出地砖总块数，要求地砖总块数又必须求出每块地砖的面积和总的地砖的面积。这些中介性问题一旦解决，最后的终点问题就迎刃而解了。在推理过程中，解题者每进行一次推理都必须反思自己这样推理所要达到的目的以及这样推理的合理性。所以优秀解题者的推理过程始终处于自己的意识的监控之下。现代认知心理学把这种个人对自己的思维过程的意识监控称为反省认知。这种反省认知水平的高低往往能区分出良好的解决问题者和不良好的解决问题者。新近的研究表明，学生认知策略和反省认知都可以通过系统而长期的教学得到改善。心理学家一般都同意，个人的认知策略和反省认知是构成智力的最重要成分。

执行解题计划

　　执行解题计划是利用数学计算规则进行一系列的数学运算，最后求得正确的答案。在地砖问题中，解题者需要迅速而正确地完成如下运算：

$$7.2 \times 5.4 = 38.88 \text{（平方米）}$$
$$0.3 \times 0.3 = 0.09 \text{（平方米）}$$
$$38.88 \div 0.09 = 432 \text{（块）}$$
$$0.72 \times 432 = 311.04 \text{（元）}$$

　　根据现代认知心理学的知识分类，这种数学计算能力是由个人的程序性知识支配的。程序性知识的术语是从计算机科学中借用来的。电脑之所以能进行数学运算，是由于人们事先向电脑内输入了适当的程序。同样，人脑要能正确进行数学运算，必须遵循适当的运算法则。学校教学中的一项重要任务就是要在学生认知结构中输入适当的运算法则，这些法则通过反复练习和使用，变成一种熟练的、能自动激活的程序。这时学生的计算速度快，且正确率高。

以上，我们用求房间的地砖价钱这样一个简单的问题来说明，学生解决数学问题的能力可以分解为应用三类知识的能力。问题的表征，即问题的表层和深层理解需要第一类知识即陈述性知识。这里涉及词语知识、事实知识和问题类型知识。解题计划的执行需要第二类知识即程序性知识。这里是算术运算技能。解题计划的设计与监控需要运用策略性知识，包括反省认知知识。

（二）外部条件

解决问题所需要的一些外部支持条件也具有其独特的特征。首先，学习内容必须具备可研究性。从教育心理学角度看，这里的可研究性，至少包含如下几层含义：第一，学习的内容必须对学生构成问题，即能够让学生产生疑问、引发学生思考。对于学生构不成问题的内容，不可能激起学生的探究动机，也就不可能引发解决问题的愿望。但是，在学科教学和日常生活中，许多内容并不具备这个特点，如已知的事实性知识、训练学生熟练地应用某一规则的习题等。问题的质量则强烈地影响学习成效，影响解决问题花费的时间以及学生的兴趣。结构良好的问题适于应用系统的研究程序，刺激团体进行讨论，提供形成学习目标的机会，激发自我走向的学习。结构不良的问题是以问题为基础的学习的关键成分。结构不良的现实问题与课本中的多数结构良好的问题有几个方面的区别：(1) 在最初的情境中缺乏解决问题所需要的所有的信息，甚至对问题的实质也没有确切地作出界定；需要补充的额外信息对于问题的界定和解决起关键性的作用；（2）没有单一的方法去澄清问题的构成成分，需要探讨多个问题解决途径；（3）随着新信息的收集，对问题的界定会发生变化，有时候需要提炼乃至转换视角重新界定；（4）学生不能百分之百地确定他们在几个可能的问题解决方案中选择了正确的方案，因为所收集的材料还不够，有些信息之间甚至有冲突；（5）这些问题几乎都需要跨学科的知识才能解决。第二，问题必须有解决的可能性。许多知识本身可能对学生构成问题，但学生很难通过自己的探究准确地揭示出概念的属性，例如，奇数、偶数、功、压强等概念，因为这些概念都是定义性的，需要教师告诉他们概念的属性是什么。这类问题如果采取自主发现的方式，问题就很难获得解决。第三，问题要具有解决的必要性。有些学习内容对学生构成问题，也具备研究的可能性，但是没有研究的必要。例如，鸦片战争发生于1840年，有其历史的必然性，但是对于中小学生来说，探讨鸦片战争为什么发生于1840年而不是1838或1850年，就没有必要。第四，学习内容还必须具备研究的现实性，即有现实的物质、人员和能力等方面的准备条件。在解决问题的研究性学习活动中，有人主张把"世界性的难题"引入学生的研究性学习课程，尽管这种想法有其积极意义，但是对于能力、可用的物质资源和技术都有限的学生来说，显然不符合现实性的原则。上述几点还提示我们，问题解决教学中，教师应该注意问题的"度"。

其次，在解决问题的教学中，学生最需要教师的指导而不是讲授。第一，要形成问题情境，使学习者能够发现和提出问题。发现问题是解决问题的先导，是培养学生解决问题能力最重要的组成部分。营造鼓励创造性解决问题文化环境具有突出的重要性。第二，在以问题为基础的学习中，教师们要扮演新的角色，充当元认知性的辅导者，帮助学生在问题的界定、信息的收集、分析和综合过程中,理解要提出的问题,对问题进行分类,并找出可能的解释或解决办法,在以问题为基础的学习中,解决问题的步骤并不是一个预设的线性过程,而是一个问题界定、假设检验、评价、问题再界定、再次假设检验的过程。教师首先要通过示范和辅导,然后要求学生使用自己的技能来解决问题。通过这种认知的辅导过程,学生能够变成一个真正的自我定向的、独立的学习者,掌握解决某些复杂问题的办法。这样的学习不是要求教师单纯地充当知识传授者,而是要充当学生学习的参与者、促进者、组织者和指导者。

再次,解决问题学习更需要小组协作。尤其在解决较为复杂的问题和结构不良的问题时,受个体的能力和学习资源的限制,学生需要小组协作。通过小组成员的分工合作、各展所长、互通信息、资源共享,可以互相启发而丰富解决问题的思路,可以解决更多的研究课题。而在研究性学习活动中,通常有三种组织方式:个体独立地学习,伴有教师辅导的小组学习,没有教师辅导的小组学习。实践表明,多数研究性学习采用的是个别学习与小组学习相结合的方式,而取得最佳学习效果的小组规模一般为4~8名学生。小组协作并不是否定提倡学生独立发现、思考和解决问题,相反,独立思考是小组合作学习的根本基础。

第二节 问题解决的教学设计

问题解决领域是建构主义教学理论家集中关心的领域,但是建构主义者提出教学无目标、少干预的主张。这些观点是与加涅和迪克等人所主张的教学设计的观点相违背的。迪克在批评建构主义的教学设计观时指出:"虽然很难找到有关教学(instruction)的正式定义，但是可以合理地说，教学设计者将会认为，至少可以说，教学是一种教育干预，它是由具体教学目标、服务于这些目标的教材、程序和评价驱动的，并通过评价确定合乎要求的行为变化（学习）是否出现。"根据迪克的观点，问题解决教学设计至少要考虑教学目标、教学策略和教学效果评价三方面的设计。下面以数学和语文问题解决教学为例，说明问题解决教学设计的这三个方面。

一、问题解决的教学实例

案例一：数学问题解决教学 —— 圆锥体体积计算教学

1. 教学目标：根据问题解决结果包括习得高级规则、解题策略和习得探究问题的经验以及情绪方面的体验，设定本课题的教学目标：

（1）习得圆锥体和圆锥体的高的概念和圆锥体体积计算公式并能应用于解决有关圆锥体体积计算和其它锥体体积计算问题；

（2）进一步加深对"将未知问题（图形）转化为已知问题（图形）从而使未知问题得到解决"的解题策略的认识。

2. 教学策略：问题解决作为一种高级的学习形式，其教学策略的选择与开发决定于任务分析。问题解决的任务也像其它形式的教学任务一样，要分析教学目标中包含的学习结果类型、学生的起点能力和从起点能力达到终点目标所需要的使能目标和其他支持性条件。（详见第五章第三节对这一教学任务的任务分析）。根据任务分析，其教学步骤如下：

（1）复习学生的起点能力：即用 $V=SH$ 公式计算各种柱体（包括圆锥体）的能力；

（2）呈现本课教学目标，引起学生的注意和兴趣；

（3）呈现要学习的新形体的实例，包括正例与反例，师生可以共同提供实例；

（4）引导学生讨论和归纳出新学习的图形的本质特征：底面为圆形，只有一个顶点，侧面展开是扇形；

（5）演示圆锥的高：顶点与底的圆心的连线；

（6）教师提供解题策略指导：像学习圆柱体体积计算一样"把不会的知识转化为已知的知识"；

（7）学生讨论、尝试各种转换方法；

（8）通过讨论得出新的公式 $V_锥 = \frac{1}{3} S_柱 H_柱$（强调圆锥体和圆柱体等底等高）；

（9）将新习得公式推广到三菱锥和四菱锥等形体积的计算。

3. **教学评价**：评价包括两方面：一是对照目标，看教学目标是否达到。这是结果评价。二是过程评价，看教学过程是否强调学生的发现和生成，学生参与面的广度和质量；看教师的指导是否适度，指导过多，学生失去发现的机会；指导过少或不当，会导致学习无法进行，教学失败。

下面摘录有关圆锥体体积的教学课堂实录，作为本节习题请予以评价。

圆锥体体积教学公式推导发现式的教学

师：正方体、长方体、圆柱体的体积我们都会求，公式都是 $V=Sh$，圆锥体的体积又怎样求，也是 $V=Sh$ 吗？请同学们认真思考。

【学生七嘴八舌讨论，认为圆锥的体积不再是底乘以高。但是这个体积要量又不好量，找不出公式，到底怎么办呢？大家都感到困惑。】

师：请同学们回忆我们是怎样推导圆柱体体积公式的?

生：把圆柱体通过切拼转化成为长方体。

师：对，我们就是应用了"转化"的方法，把不会的转化成会的。当初我们会求长方体的体积，不会求圆柱体的体积。就把圆柱体转化成为长方体来找出计算公式。现在我们会求圆柱体体积，却不会求圆锥体体积，怎么办呢？

生（似乎豁然开朗）：有办法了，可以把圆锥体转化成为圆柱体。师：大家想到这一点，问题已经解决了一半。下一步就看大家怎样"转化"了，也就是怎样找到圆锥体体积与圆柱体体积的关系。

【学生又开始讨论,有的把圆柱与圆锥进行比较,有的拿出小刀,想通过切拼来达到目的。但这些办法都行不通。正愁眉不展时,教师开始演示,他拿出一个空心圆锥和一个空心圆柱,又端出一盆米。教师先用空心圆锥装满米,说:"这些米的体积就是圆锥的体积。"再用空心圆柱装满米,说:"这些米的体积就是圆柱的体积。"然后分别把米倒在桌上,让学生观察两堆米的体积。】

生(齐声):圆柱体的体积比圆锥体的体积大。

师:大多少?圆柱体的体积是圆锥体体积的多少倍?

生:简单,把大的那堆米用圆锥装一下就知道是几倍。

【此时教室里气氛活跃,同学们学习兴趣很浓。老师高兴地用圆锥去装大的那堆米,三次刚好装完。】

生(齐声):圆柱体的体积是圆锥体体积的三倍,圆锥体体积是圆柱体体积的三分之一。

师:同学们想不想试一试?

生:想!

【老师把等底等高,等底不等高,等高不等底,不等底不等高的四套圆锥和圆柱,分发给四个组,分组操作。一会儿学生嚷起来,有的说刚才的结论对了,有的说不对,形成两派之争,相持不下。于是教师出面"调解"】

师:刚才老师演示时大家看着是对的呀,为什么现在会出现争论呢?请大家比一比你们手中的圆锥与圆柱,找一找原因在哪里?

【这段话启发了学生,大家立刻进行比较。他们惊喜地发现:只有圆锥体与圆柱体等底等高,圆柱体体积为圆锥体体积3倍的关系才成立。】

【师板书:$V_{锥} = \frac{1}{3} V_{柱}$(圆锥与圆柱等底等高)】[1]

本例教学有明确的目标,即解决学生还没有习得的"圆锥体体积怎样计算"问题,这是教学成功的关键因素。教师启发学生联系已经习得的多种体积计算方法。但圆柱体体积计算公式可以从长

---

[1] 选自《云南教育》杂志,1997年合刊。

方体底面积乘高的公式得到启发类推，但这与圆锥体外部特征没有可比关系，学生习得圆锥体体积计算规则须在原体积概念和计算规则基础上经历"顿悟"才能发现，是复杂的高级规则学习。解决问题过程不仅需要学习者掌握体积及计算的概念和规则，还需要学生运用认知策略。这是认知领域最高但又是最难达到的教学目标。本例中教师将学生引导到圆柱体与圆锥体关系的比较上，并引导学生用"把不会的转化为会的"的策略解决问题。在学生经历探究的基础上，教师的演示激发了学生顿悟，获得问题的第一阶段解决。在此基础上，教师设置操作反例，让学生发现圆锥体体积计算的条件（等底等高）。案例中教师还没有"学习结果"概念，没有设计圆锥体积计算的变式练习，也没有设计让学生用习得的策略解决问题的过程。但在另一个案例中，教师设计了让学生应用策略知识解决更复杂的问题：一天，老师把一个土豆带进了课堂，请学生计算一下它的体积。起初学生都愣住了。有的说老师没教过求这种物体体积的计算公式；有的说就是有公式也算不成，因为这个土豆的形状太不规则了。过了一会，有个学生发言说："如果能让我把这个土豆带回家，我就把它蒸熟，这样就可以拍一拍、挤一挤，把它变成长方体，这样就能计算了。"这一下启发了学生的思维，有的说："我先用天平称一称它的重量。然后从土豆上制下1立方厘米这么一块，称一称它的重量，这个土豆的重量是这么一小块重量的多少倍，这个土豆的体积就是1立方厘米的多少倍。"问题解决学习在这里展现了培养学生创新精神和能力的作用。

案例二：语文教学的实例 —— 张富的作文指导教学课

教学目标：按教师给定的题目写一篇短文，文章应符合两条要求：一是用实例作论据，二是用段首排比的方式提出分论点。

教学策略：在选择与开发教学策略前，应作任务分析，（此任务分析已在第五章第三节进行，此处不再重复）根据任务分析，教学步骤如下：

1. 提出问题解决目标，引起学生注意；

2. 用新课和已学课文中的例子，复习学生的起点能力，包括理解和能正确识别议论文的论点、中心论据和论证；

3. 以新学习的《理想的阶梯》和新近学过的《畏惧错误就是毁灭》和《短文两篇》为例，引导学生习得三个使能目标：

（1）从一个故事或几种现象引出中心论点，

（2）用段首排比的方式提出分论点，

（3）用实例或名言作论据进行论证。

4. 引导学生独立或合作解决本课目标中提出的问题：

第一，口头作文：在小组准备的基础上说《青春的价值》，教师点评；

第二，为《自改作文好》一题拟中心论点和三个分论点（学生书面准备，然后全班交流，教师点评）。

教学评价：本节课的教学评价一是看学生生成的短文是否包含教学目标中规定的两条要求；二是看学生参与的程度和教师点评是否适当。

下面转引张富老师上此课的部分教学实录，作为习题供读者评价。

师：这节学习第13课《理想的阶梯》和第12课《畏惧错误就是毁灭进步》，第14课《短文两篇》（自读课文），布置了一道课前题：摘录有关青春方面的名言3页。这节课习说和习写，重点进行论点、论据训练。（挂出小黑板，逐一揭示内容。）[1]

先进行习说。题目、中心论点和分论点，都由老师拟定，小组活动一下，在弄清题目要求的基础上，先在组里说。

生：（全体学生初说《青春的价值》）

师：现在在班上说（20多人举手），这次由老师指定，请18号。

生（1）：我有个邻居叫杨前，他……

师：说得好！（鼓掌）用杨前年轻有为的故事引出中心论点，然后从三个方面进行论述，用了大量的事例作论据，看有没有补充？

生（2）：事例不够简洁，对事例评价、分析的内容少，引出论

---

[1]选自皮连生主编《学与教的心理学》，华东师范大学出版社2003年第三版，第422~428页。

点的故事篇幅也太大。

师：俗话说，外行看热闹，内行看门道，这条意见提得真好。（在老师带领下全班都鼓起掌）这是个带普遍性的问题，我估计有一半左右的同学程度不同存在这个问题。其原因主要有两点：一是因为我们过去长期写作的是记叙文，于是把记叙文中的记事搬到了议论文中来；二是对事例评价、分析，比对事例介绍难得多，因此也就避难就易。要写好议论文，这个问题就非解决不可。

下面进行一次提高性的说，认真落实三点：（1）既要按论点需要把事例介绍好，又要简明扼要；（2）要对事例进行较充分的评价和分析；（3）故事要针对后面议论内容去介绍，篇幅越短越好。预备 - 开始！（说分三个层次：一是思考性地说，边想边说，自己说给自己听；二是交流性地说，说给队上、组上或班上同学听，要一气呵成；三是提高性地说，在前面说的基础上，长其善而救其失，提出新要求，落实新要求。）

（全体学生再说《青春的价值》）

师：老师提出的要求不知全部落实没有？全文对事例议论的文字应大于对事例介绍的文字，请重说一遍。预备 - 开始！

（全体学生三说《青春的价值》）

师：现在请五位同学在班上说（分别说开头、三个分论点和结尾），由一3、二2、三4、四1、五3五个组派出，上台前在班上再作一次研究。

（五位同学在班上进行交流性地说）

师：五位同学说得好，他们都是各组高手，对大家定有启发。下面同学们说一遍，自己说得好的地方要坚持，别人说得好的内容要吸收。预备 - 开始！

（全体学生进行提高性地说）

师：现在习写，为《自改作业好》一文拟中心论点。

（学生独立快速完成这道书面作业）

师：停！这次不自改，直接进行互查

（这种省略自改做法只能偶尔使用一次）。

（学生交换本子互查）

师：请朝前坐好！三个分论点是排比，在句式上应相同，有没有忽略这点的？（七、八人举手）请你念！

生（3）：自改作业，是个辨错的过程；是个纠错的过程；长期坚持能提高正确率——第三句不符合要求。

生（4）：这本是我的，当时怎么也想不出第三点，交本子时突然想到了，"自改作业，是提高正确率的过程"，可是今天没有自改。

师：三个分论点在句式上要相同。在内容上还要并列，请挑最好的例子。

生（5）：自改出正确；自改出细心；自改出自觉。

师：好！请通知这位站起来，为她鼓掌。把差错都改掉了，就成为正确的东西；不细心就会漏改、错改，经过实践的一再教育，必然变粗心为细心；对自改开始可能认为是外加的负担，可能采取应付态度，越参与越觉得必要，行为也就变得自觉起来。

生（6）：自改，是自我校正的方法；自改，是自我完善的过程；自改，是自我发展的途径。

生（7）：自改是洗脸，自己差错自己纠；自改是交流，取人之长补己之短；自改是改革，由教师改在本子上到自己改在行动中。

师：都非常好，请通知他们站起来，为他们鼓掌。分论点在形式上相同，在内容上并列，这只是一个方面，中心论点与分论点之间还有不少应注意、应解决的问题，在以后训练中再研究。

《理想的阶梯》学了一节课，习了两节课，今后不再单独安排学习，但在习其它课时还要不断涉及，这节课两个训练重点（用事例作论据，用段首排比方式提出分论点），不仅要深刻理解，还要正确熟练地运用，并能与其它训练重点贯通、组合。（在评讲上节习课作业和布置下节习课内容后宣布）

下课！

二、问题解决教学应着重考虑的教学事件

问题解决教学中，教师为学生创设的教学事件以下三方面为重要。

(一) 问题表征

心理学家进行专家-新手研究发现,在解决问题过程中,问题表征具有特别重要的意义。例如:有四只动物,一只猫、一只狗、一只山羊和一匹马,知道它们有的叫天使,有的叫美丽,有的叫国王,还有一只叫海盗。请你从下面的线索找出每个动物的名称:国王比狗、海盗更小,马比天使更年轻,美丽最老而且是狗的好朋友。如果靠记忆解决此问题,记忆负荷必然很大,假如用图解表征(见下图)来推测彼此间关系,就很容易获得解答。

	天使	美丽	国王	海盗
猫				
狗				
山羊				
马				

学生和教师对问题的表征总会存在一定差距。教师的问题表征对学习者解决问题的愿望发生巨大影响。适合学习者年龄、前提知识的问题表征,能激发学习者探究的兴趣和欲望。专家-新手的研究表明,专家与新手在问题解决上的差别表现在两个方面:问题表征和解决问题策略的类型上,新手对问题分类更多依赖于问题的表面信息,而专家对问题分类则以解决问题所涉及的主要原则为依据,因此专家运用经验从问题的更深层面和更精细加工的水平上表征问题;专家的图式比新手的图式包括的信息更抽象。专家对问题的表征是个图式,激活一个图式就会激活相应的程序性知识,新手的策略似乎是由"搜索驱动"的。但专家并非是天生就能凭直觉解决问

题，而是他们已具有的知识、经验使他们成为专家，专家不是靠遗传而是通过学习造就的。所以对问题应该让学习者自己去表征。

（二）认知策略的选择

解决问题需要正确的思路、方法，即认知策略。心理学将解决问题的方法分为弱方法和强方法。弱方法是指具有普遍适用性的方法。例如目的-手段分析法（即把问题分析为若干子问题，通过解决子问题达到总问题的解决）、类比迁移法（将解决问题的经验应用于解决结构相类似的问题的方法）等是弱方法。弱方法具有概括性，可以辅导研究不同课题的学生。强方法是只适用于特定领域或特定问题的方法，例如血型鉴定、电子加速等是强方法。强方法与特定知识领域和问题紧密联系，一般需要个别或专业的指导。还有专家将解决问题的多种多样的方法策略归纳为两大类：算法式和启发式。算法式是指按逻辑解决问题的策略，它是一定能得出正确答案的特定程序。启发式是指"凭经验来做的方法"。一般来说，结构良好的问题容易找到相应方法，而结构不良的问题需要经验和尝试。策略性知识是"学会学习、学会生存"要素，而解决问题是习得策略性知识的主要途径。解决问题过程中习得认知策略是复杂的高层次的学习目标。

（三）解题监控

问题解决教学中，应该对解决问题的过程进行监控，即对解决问题的步骤、子目标的情况进行测量、评价和分析。对结构良好的问题，监控可以借助已知规则，采取验算的方法。而对结构不良的问题，监控要根据假设和解决问题所采取的方法策略，通过逻辑推演的方法、子目标检查的方法来解决。对一个前人没有解决过的问题，在经受实践检验之前，检查解决问题是否"正确"要靠逻辑论证，检验问题解决的程度。

概而言之，问题解决教学的设计，要重点解决问题表征、认知策略和解决问题的过程的设计。

三、课程改革中对问题解决教学应关注的两个认识问题

对问题解决教学，有两个认识问题可能对它的实践发生重要影响。

（一）问题解决能不能全面代表学习现象？

心理学家认为，思维起于一定的问题，可见解决问题与人的思维活动有天然的联系。可以认为人的思维活动就是在不断解决问题。正是因此，问题解决有接近思维活动一般规律和实际生活的特点，恰当应用问题解决教学能更好地激发学生学习的积极性和主动性，有利于学生创新精神和实践能力的培养。但问题解决不能代表一切学习行为。除了解决问题，学习还包括动作和态度的模仿、符号、事实等言语信息的记忆以及概念、简单规则的学习等，不一定适合采取问题解决形式。有人主张用"问题"把基础教育学科课程整合，甚至认为用问题解决取代学科课程是未来的方向。这种认识明显偏颇。除了学习有分类，学科分化也不是主观臆造，而是人类认识世界的产物。分科教学则是人类科学认识的照应。否定分科教学不是科学的态度，也不是新课程精神。问题解决对整合教学资源有积极作用，但有一定的适用空间。国外研究问题解决的学者有的将课程分为"基础课程、问题解决课程和实践课程"，认为三者相对独立又互相联系。另外，组织问题解决教学也不意味可以放弃对课堂的控制。有这样一个实例：教师上《科学》课《我的手》。上课了，教师举起一只手说："同学们，今天这节课我们要来研究手。关于手，你们想研究什么呢？"学生唰地一下举起几十只小手："老师，我想研究手的指纹有什么用。""老师，我想研究手上有几块骨头。""老师，我想研究为什么手长五个指头而不是六个。"……学生一下子提出二十几个问题，课堂气氛十分热烈，但与教学目标不相干。最后老

师只好说:"同学们真聪明,一下子提出了这么多的问题。但这么多问题,我们在一节课中难以解决。今天就来研究'手为什么这么灵巧'这个问题。"这个教学结局说明,课堂教学受一定目标导向,具有规律性。把新课程说成学生想学什么就教什么,学生有什么问题就解决什么问题,新课程就会失去方向。现代教学设计理论对问题解决持辩证的、对不同理论认识兼收并蓄的态度。

(二)问题解决与创新能力的培养

问题解决教学对开发学生发现问题和创造性解决问题的能力能收到良好效果。如本节计算土豆体积实例。但没有知识载体,例子中的创造性也就不复存在。我国传统教学论所说的知识,相当于现代教学设计所说智慧技能,创新能主要表现于认知策略。现代教学设计的学习观认为,策略性知识不是孤立存在,而是依存、融合于智慧技能之中。"一项伟大的科学发现或一件伟大的艺术作品当然是解决问题活动的结果。作为问题解决的行为,这些创造性的活动是以大量的先前掌握的知识为基础的;无论是科学已知的'公开的'一类,还是艺术家已知的'私人的'一类。许多有创造性的思想家证实,他们原先就已经深深地把自己沉浸到与问题有关的事情中去了。正如我们已经看到的,日常发现也要求学习者具有与答案有关的规则的先规知识。""在实际的学习情境中,发现法容易产生大量错误的解释。为了能够成功,问题解决须以规则的先期获得和回忆为基础,这些规则在答案的取得过程中被联合起来 -- 是高级规则。""无论如何通过问题解决而掌握规则会产生非常有效的、能长时间被很好保持的能力。"[1] 这种观点揭示了发现、创新的学习心理机制,避免了知识与能力对立的认识。在教学中应该避免脱离知识教育空

---

[1] 见加涅著,皮连生等译,《学习的条件与教学论》,华东师范大学出版社,1999年11月第一版,第187~192页。

谈创新精神和能力的培养，更不应该把知识和能力的教育对立起来。

第三节 研究性学习的性质与教学设计

一、研究性学习的涵义与途径

（一）研究性学习的涵义

课程改革中，"研究性学习"一词客观上形成了两层含义，一指课程设置，二指学习方式。不过两者是联系在一起的。因为所谓"研究性学习课程"是为"研究性学习方式"的充分展开所提供的相对独立的、有计划的学习机会，是指向于"研究性学习方式"的课程的。这就是说，设置课程的目的是转变教学方式，是倡导"自主、合作、探究"学习方式的措施。在理论界，我国学者对研究性学习的含义有广义和狭义两种理解。从广义理解，它泛指学生探究问题的学习，可以贯穿在各科各类学习活动中。从狭义解释，它是指学生在教师的指导下，从自然现象、社会现象和自我生活中选择和确定研究专题，并在研究过程中主动获得知识、应用知识、解决问题的学习活动。

国外心理学、教育学界至今尚没有一个与研究性学习相对应的术语，但是有几个学习概念与我国学者所指的研究性学习含义相近。

一是布鲁纳提出的发现学习（Discovery learning），是指学生在学习情境中，经由自己的探索寻找而获得问题答案的一种学习方式。在发现学习的过程中，教师只呈现有关线索或例证，让学生通过直觉思维和归纳推理来寻求例证之间的内在联系，即学科内容的基本结构。布鲁纳指出，学习情境的结构性是有效学习的必要条件，发现学习只有在有结构的学习情境中才会发生。因此，为了促进学生的发现学习，应当把教材作适当组织，体现出知识的结构性。

二是以问题为基础的学习（Problem-based learning，PBL）。以问题为基础的学习是通过理解或解决问题所进行的学习。在这种学习过程中，首先面临的是问题，在问题的诱发下，学生采用问题解决策略、推理技能，最终获取解决这一问题所需要的知识和技能。在多数情况下，问题包含着对一系列现实世界中存在的现象或事件的描述。对于这些现象或事件的分析或解释，必须揭示隐含在其背后的原理、机制、过程，以小组协作学习、讨论的方式进行。以问题为基础的学习具有如下特征：（1）学习是以学生为中心的；（2）学习发生在小组中；（3）教师是学习的辅助者或引导者；（4）问题用于集中学生的注意、激发学习；（5）问题是解决问题技能发展的载体；（6）新信息是通过自主学习获得的。

三是以项目为基础的学习（Project-based learning，PBL）。以项目为基础的学习是一种综合性的课堂教学和学习方法，它旨在让学生通过亲自参与对真实问题的研究来获得学习。在这样的活动方式下，学生要通过提出和限定问题、观点的争论、作出预测、决策计划，或者是实验、收集和分析材料、得出结论、把自己的研究结果和观点与他人交流、提出新的问题、得出研究结果等过程，来得到对问题的解决。以项目为基础的学习具有五个关键的特征：（1）被称作"项目"的教学单元，必须围绕着一个有意义的、可行的、值得研究而又具有驱动作用的问题来组织；（2）项目必须以调查研究的形式开展，在这个过程中，学生要计划、设计、从事真实世界中的问题研究，包括提出问题、设计实验、收集和分析资料、作出推论等；（3）学生需要作出研究结果，这一结果能反映他们的理解情况；（4）项目必须包含着同伴、教师乃至校外专家之间的合作；（5）教师需要考虑各种技术性工具的使用，以便帮助学生探讨真实的问题，达到深度的理解。

四是探究性学习（Inquiry learning）。探究性学习是这样一种学习活动，在学习活动中，学生自己或者集体探究一个虚拟的或真实的现象，并得出结论。它是一种需要学生设计研究搜集信息、分析资料、建构证据，然后围绕从证据中得出的结论进行争论的一种学习方法。与传统的关注课本和实验室演示的学习相比，这一完整的学习过程能够提供更为丰富、更加科学的经验。简单说，探究性学习是一种提出问题、计划探究活动、得出结论并评判结论的学习过程。

综观上述四个学习概念可以看出，尽管它们名称不同，但就其本质而言，是同一种学习形式，即基于对问题的探究而进行的学习。这与我国学者所讲的研究性学习基本相同。所以研究性学习是一种以问题为依托的学习，是学生通过主动探究解决问题的过程。它与借助教师或他人呈现问题、讲解问题、得出答案的问题解决过程相对。

（二）研究性学习的两条基本途径

提出研究性学习的根本目的是转变教和学的方式。设置研究性学习课程后，有的认为研究性学习就是搞课题研究，强调研究学习非学科化。学习方式转变并不仅体现在设置研究性学习课程，从我国现实情况看，研究性学习要通过学科教学和专门设置研究性学习课程来实施，这就是基础教育实施研究性学习的两条途径。在学科教学领域提倡学生主动探究学习；在研究性学习专门时间开展联系学科或者跨学科的课题研究或项目学习。研究性学习不论在何种途径实施，本质都是基于解决问题的学习。学科教学中的探究学习，内容载体是学科知识，涉及较多结构良好问题。在研究性学习课程时间研究活动主要采取两种形式：课题研究类和项目（活动）设计类。课题研究以认识和解决某一问题为主要目的，具体包括调查研究、实验研究、文献研究等类型。项目（活动）设计以解决一个比较复杂的操作问题为主要目的，一般包括社会性活动的设计和科技类项目的设计两种类型。前者如一次环境保护活动的策划，后者如某一设备、设施的制作、建设或改造的设计等。)[1] 研究性学习课程中较多选取结构不良的问题。例如，研究"黄河断流的原因和治理"没有唯一或标准的答案。项目设计解决问题体现为研究实现项目目标的多种途径和方法，例如南京市金陵中学王同晖"速变锯角弓"的设计，目标是"提出一种可速变弓架与锯条角度的速变角锯弓"，解决方案可有多种。"两条途径"是我国教学体制下形成的形式，不代表研究性学习的有不同性质。把研究性学习与学科教学联系起来，有利于研究性学习的开展。

二、研究性学习课程时间的教学设计

研究性课程和教学的实施起步不久，教学设计尚无现成的模式。但研究性学习是基于解决问题的学习，教学设计应参考问题解决的教学设计，应着重解决教学目标设置、教学过程和教学效果评价三方面问题。

（一）研究性学习的教学目标设计

作为课程形态，研究性学习的教学目标可以简化地分为课程目标、课题（项目）目标两个层次。

1. 研究性学习的课程目标

课程目标应由课程设置者提出。根据《基础教育课程改革纲要（试行）》精神，我国实行三级课程管理，研究性学习课程是教育部统一设置、地方管理的课程，课程目标由教育部设计。教育部发布的《普通高中研究性学习实施指南（试行）》是目前唯一规定了这一

---

[1] 见教育部《普通高中研究性学习实施指南（试行）》。

课程的目标的文件。该文件供提出了六条课程目标：（1）获得亲身参与研究探索的体验；（2）培养发现问题和解决问题的能力；（3）培养收集、分析和利用信息的能力；（4）学会分享与合作；（5）培养科学态度和科学道德；（6）培养对社会的责任心和使命感。[1]

六条目标前三条可归类于认知策略目标，后三条可归类于情感态度目标。现代教学设计的学习理论认为，认知策略不是孤立存在而是隐寓或融合于一定的言语信息或智慧技能的。研究性学习教学目标设置要在突出转变教与学方式的同时，注意知识目标和策略目标、态度目标、动作技能目标的统一。

2．研究性学习的课题目标设计

研究实施案例，我们认为研究课题或项目目标有学生自主选择和教师设计两种情况。

第一，学生自主选择课题的教学目标的设置。学生在初步提出自己感兴趣的课题后，需要经历分析论证问题研究的需要、价值、可能等的过程，学习目标会逐步明确和清晰。例如昆明第八中学《吸烟对青少年有害》的研究，最初选择"化学与生活"为题，在论证选题过程中缩小范围确定了课题，在教师指导下，通过讨论和论证，最后确定活动目标是：

● 在知识和思想教育方面：用实验结果、调查实例或数字说明吸烟对青少年的主要危害，能自觉拒绝吸烟；

● 在认知策略和科学研究方法上，能自主设计和进行相关试验，能整理实验和查阅的资料、社会调查资料，撰写合乎规范的调查报告。

第二，由教师确定的课题的目标设置。在初中和小学生中开展

---

[1] 见教育部《普通高中研究性学习实施指南（试行）》。

研究性学习活动，选题多结合学科教学由教师设计。这种情况下，研究性学习教学目标设计与前述问题解决教学的目标设计相同，但应该突出研究性学习课程目标的要求。

不论是由教师设计研究课题还是学生自主选择研究课题，学习目标确定之后应该写下来，目标的陈述除了应该明确、具有操作性，还必须包含一个引起探究的问题。请阅读下列目标设计实例并加以分析评论。

案例一：巧围鸭圈

教学目标：
1. 通过解决"围24米栅栏的正方形鸭圈，怎样既省材料面积又大"，学会用长方形、正方形的周长和面积的计算方法解决实际问题。
2. 通过讨论、动手试做，能举例陈述"周长相等的长方形，长与宽相差越小，面积就越大"的结论。
3. 能举例说明数学就在身边，数学能解决很多实际问题，培养学生对数学的兴趣。

案例二：巧围鸭圈

教学目标
认知目标
使学生理解和掌握长方形、正方形的周长和面积计算方法，并运用它解决实际问题。
能力目标
（1）通过小组合作讨论，探究出"周长相等的长方形、长与宽相差越小，面积越大"的结论，从而培养学生的观察、分析、概括能力和合作、创新精神。
（2）让学生根据所学到的知识去解决身边的问题，培养学生运用知识、解决问题的能力。

（3）通过转化，培养学生判断、分析以及正确运用知识的能力。

案例三：淹城是何时所筑的城池

调查目标

通过对淹城的建城形制、筑城方法、出土文物等情况的调查，取得对淹城筑城时代进行分析的相关数据和资料。

上述第一例目标陈述较第二例更具有操作性而且有明确的要探究的事件。有人认为研究性学习难以提出教学目标。第三例课题属于结构不良问题，对问题、陈述性知识和策略性知识教学目标作了陈述。请加以分析讨论。

形成并陈述明确的课题目标不是学习活动中才有的特殊要求，真正的科学研究中，明确的研究目标也是一项重要的要求。科学研究有可能获得到研究目标以外的成果，但大多数情况下研究总是沿着设计的思路进行并获得结论的。

研究性学习的目标因问题结构不同而有差异。结构不良的问题因为解决途径、结论的多种可能，学习目标是一种选择，一般难以对学生通过解决问题习得的知识作具体标准的描述而只能作方向性的描述，但对解决问题的策略性知识目标，一般可以提出明确要求。结构良好的问题学习目标应该明确。由于过程和结果具有统一性，结论正确，内涵的过程、思路和方法多数情况下是正确的。相反，结论错误可能过程也出现了错误，教师应引导学生分析。

（二）研究性学习的教学过程及其设计

1. 研究性学习的设计过程

研究性学习较之过去以讲授为主的课堂教学，教学动因发生了变化，学生活动大大增加，使教学设计要考虑的因素较之传统课堂教学有了需要重新研究的因素。国外有专家研究了研究性学习的教学设计过程并列出下表，可供参考。

表8-1 研究性学习设计流程

阶段	讨论	动手干	陈述	探寻/实验	展示
第一阶段：开始	分享先前的体验和现有的关于该主题的知识	收集资料或与家长讨论他们的体验。	以图画、写作、戏剧等形式来表示自己的体验和知识。	根据现有的体验和知识提出问题。	分享先前获得的体验和知识以及提出的问题。
第二阶段：开始	准备实验或外出调查：查阅资料，确定动手干的内容。	进行实验或走出教室进行野外调查，邀请专家做报告。	简要小结调查或实验结果，用图画、写作、图表或戏剧等形式陈述自己的所得。	考查最初的问题，继续实验或查阅资料，进一步提出问题。	分享在该阶段的成果。
第三阶段：成果	展示为共享此阶段的成果而准备资料：对项目进行评价。	进一步对项目结果做出评价。	浓缩和概括项目。	考虑新问题。	学习成果总结。

2．研究性学习的教学过程设计

研究性学习的过程就是解决问题的过程。本章第一节介绍了解决问题心理的五个子过程，这是设计研究性学习过程的认识基础。在教学设计实践中，根据中小学生"研究"的特点，可以将五个子过程简化为三个阶段来把握。先来看几个案例。

案例四：腐烂分解

当落叶和其他废弃物品腐烂以后，会形成一种蓬松的棕色混合物，这种混合物成为堆肥。通过建造一个堆肥室，你可以亲身观察腐烂的全过程。

课题目标：设计一个实验室，以学到更多的有关腐烂过程的知识。为完成这一课题，你必须：

- 建造两个堆肥室。
- 考察下列对腐烂分解有影响的因素：湿度、氧气、温度、土壤生物的行为。
- 分析一下你的数据，给出结论。

课题准备：准备一份堆肥的样品材料，用放大镜观察这堆垃圾。猜想一下垃圾中哪些会腐烂，哪些不会腐烂，并写下你的假设和猜想。可以考虑要检验哪些因素。

检查进度：在学习这一章内容的同时，进行这个课题的研究，为保证课题按时完成，在以下阶段检查进度。

第一节学习：建造堆肥室，设计试验计划。
第二节学习：观察堆肥室，收集数据。
第三节学习：分析数据。

总结：比较一下各个堆肥室中的堆肥。你得到的结果与你的假设和猜想相符吗？

案例五：探索活动：你的晚餐从哪里来

列出你晚上吃过的各种食物。

在每种食物下面，写出组成该种食物的植物、动物或其他生物的名称。有的食物可能来自多种生物。比如，面包由面粉（由小麦这种植物制成）和酵母（一种真菌）形成的。

思考：分类，数一下你的晚餐有哪些不同的生物组成。其中哪些来源于植物，哪些来源于动物。

案例六：科学与历史：对环境保护有突出贡献的人

个人能改变公众的思想方式吗？在这个时间表（略）中，这些先驱者们曾对公众关于环境问题的思考，产生了重大的影响。

阅读 DIY

查阅在这个时间表中某一个重要人物的更多信息。写一篇简短的人物生活传记，以说明他（她）如何关注环境问题。这些人在实现目标时克服了哪些困难和障碍。

（DIY 意为"乐于一切都自己干的人"，此处可理解为"阅读后独立完成"）

以上三例选自美国科学教育教材《科学探索者》（*Since Explorer*），该教材被称为最权威的"研究性学习教材"。这本教材中每一章都有"学科探索"和"跨学科探索"两种研究性学习内容。"学科探索"有两种形式：一种是研究课题；一种是简单的探索活动，后者又包括课前思考探索、科学概念的形象化以及增进技能的实验和实际操作等几种。上三例中，案例四是一个研究课题，案例五是一个简单的探索活动，案例六是一个跨学科的探索活动。

从设计案例可以看出，每个项目的完整学习过程都会经历提出问题、解决问题、形成结论三个最基本的阶段，这是探究活动最一般的过程，也是研究性学习的基本过程。针对具体课题有的过程相对复杂且完整一些，如前例中的《腐烂分解》。这个试验蕴含着一个问题：树叶是怎样腐烂分解为肥料的？解决问题，一般的思维规律是对问题的解决有一个假设，然后收集信息对假设加以证实，称为证验，这就是解决问题的过程。该例中，对引起树叶腐烂的因素作了温度、湿度、氧气和土壤生物影响四方面假设，就此设计了观察活动，通过观察和实验来取得证验。根据探究问题不同，证验可以是文献资料、实物、调查的事实、统计数据、实验数据等。经过信息处理，可以对假设做出肯定或否定的说明，即结论。该例这个过程比较完整。《你的晚餐从哪里来》就比较简单，没有假设阶段，"数据分析"也很简单，但是大体仍包括提出问题（食物从哪里来）、探究（确认食物、分析事物成分和来源、分类）、获得结论（根据分类回答"来源"）的基本过程。这种小研究课题可以在课堂教学中大量、反复出现，对学生形成探究意识和习惯很有积极意义。《对环境保护有突出贡献的人》则是一个跨学科、跨领域的研究课题。在一个完整的探究过程中，应有对探究结果的评价阶段，而在实际教学中，评价可以纳入结论阶段一并考虑。

教师对课题研究的教学设计实质是对学生研究活动的指导计划，按三个阶段把握，有利于抓住研究性学习的核心和本质。它与解决问题的心理过程划分是统一的，只是三阶段强调了操作方面的策略，五个子过程强调的是问题解决的内在规律。

研究性学习课程是地方管理的课程，课程实施由学校自主管理，除了教师要做教学设计，学校还要进行课程设计。

（三）研究性学习的教学效果评价

怎样对学生研究性学习效果进行测量和评价被认为是实施研究性学习的难题。目前开展研究性学习倾向于以定性评价为主要手段，以态度和学生发展评价为主要内容（如强调参与过程的评价），尚未脱离学生差异评价的思路。目标参照的教学评价的着眼点是考察学习过程是否完成，目标是否达到，因此对改善研究性学习有良好的监测、修正、导向作用。

目标导向的教学评价以学习结果分类为基础，参照布卢姆分类和加涅学习结果分类，可以将目标归入认知、情感态度和动作技能三大领域。

1．研究性学习认知领域的教学评价

研究性学习认知领域的评价可以从问题结构分析入手。解决结构良好的问题由于有唯一或标准答案,不仅要监测学生参与程度,而且要检验是否获得正确结果。例如,"我们熟悉的足球虽然是球体,但是实际是由黑白两色皮粘合成的多面体加工而成的,黑块皮为正五边形,白块皮为正六边形,试问:黑白两色皮各有多少块?"这类问题有标准答案,答案正确与否与研究的质量统一,检验结果正误是评价研究过程的切入点。结构不良的问题没有唯一或标准答案,对学生认知领域学习结果的评价应依据学习目标,通过检验问题解决的程度和解决问题过程的逻辑可靠性来评价。例如,襄樊市第一实验小学的科学探究活动"蚂蚁"中,学生采取合作探究方式,分别研究蚂蚁怎样行走、蚂蚁的食物和搬运食物方法、蚂蚁怎样传递信息、蚂蚁的居住四大问题。这个课题的研究没有唯一答案,依据学习目标导向评价,对学生的研究质量可从三方面测量:(1)问题研究的"宽度"。根据课题目标学生研究的四方面内容,四方面都研究就是合格。(2)研究的程度。该课题是小学生的研究活动,目标要求学生通过观察、查阅资料对以上四方面内容获得描述性知识,据此可以对学生的观察笔记作分析评价。笔记质量要求可以进一步细化。(3)知识正误评价。由于学生的研究并不是严格意义的科学研究,可以根据科学成果对照学生观察的陈述分析学生研究质量。项目学习是学习结果一定的研究学习活动。认知领域的评价要看问题是否得到了解决,解决的质量如何。例如"速变锯角弓"的研究,目标是设计一种可以不用拆卸锯片、锯弓就改变锯子角度的新锯弓。评价研究质量主要看"不拆卸"就"变角"的目标是否实现。

不论何种结构的问题研究,都要对学生在研究活动中习得策略性知识的情况进行评价,评价依据既要看目标设计,又要看课题对认知策略的内在要求。例如,"蚂蚁"的研究要求学生学习简单的观察法,如果让学生另外设计一个题目的观察活动,学生能提出正确的观察计划，则学生习得了简单的观察法。

对学生研究过程和方法的逻辑性做出评价也是研究学习评价的重要方法。暂时无法验证的科学假设也是用逻辑论证方法进行评价。现在学校一般是设计记录学生研究过程的表格，来观察学生研究过程的逻辑可靠性。教师还可以通过分析学生的研究计划、方案来评价其逻辑可靠性。对结构良好的问题，教师可以对研究结果错误的项目进行逆推式分析，发现学生研究过程中的问题，不仅问题解决的质量可以得到评价，而且更有利于学生解决问题能力的提高。

2．研究性学习情感态度领域的评价

现代教学设计学习分类中的态度相当于我国通常所说的情感态度。研究性学习重视学生情感态度评价。态度学习主要又有两种形式：一是亲历学习；另一种是观察模仿学习。研究性学习对学生情感态度的评价主要测量学生参与活动的程度和在研究活动中科学精神、团队合作精神等的养成。前者可以采取记录学生参与活动情况的方法。下表是学生参与活动记录的表式。

评价内容 日期 活动形式	出勤率	记录的完整及时	记录真实	小组的团队合作	预期目标达成情况

科学精神和态度的发展会从学生研究过程和作品中表现出来，例如研究方案设计几经修改，从中可以看到学生态度是否更趋严谨；对研究数据、资料的分析整理可以看出是否采取客观态度等。情感态度评价多采用定性评价，尺度难把握。如将态度发展列入学习目标，根据目标评价学生发展，评价的思路和尺度就可有操作性。例如湖北罗田县实验小学的《罗田民俗调查》的态度目标要求学生进行实地调查以培养实事求是的科学态度，对应要求学生写实地调查

日记。教师指导对调查日记规范提出要求（如记录实地调查的时间、地点、访问对象等）。学生按要求如实记录，就达到了态度目标。

3. 研究性学习中动作技能领域的评价

很多研究性学习项目包括动作技能的习得。前例"速变锯角弓"项目，学生不仅要提出解决方案，而且要制作实物。设计动作技能目标并给予评价，对引导学生动手实践有良好的导向作用。学生在活动中的动作技能水平不能以生产产品的标准为标准，而应在学习目标中加以要求。例如在《校园垃圾的回收与利用》中，要求将回收的垃圾制作成纸浆娃娃、废塑料粉笔盒等"产品"，目的是表明可回收垃圾可利用。按学习目标要求，只要学生制作成形就达到了学习目标。《水琴的制作》要求学生在制作中学习声学知识，动作目标要求学生听辨与操作结合，要在操作过程中发现水杯中水的深浅与声音高低大小变化的联系。

研究性学习课程实施后，专家、教师从不同角度提出了发展性评价、成长记录袋、学生自主评价等评价理念和方法。目标导向评价的特点是学习目标明确、教师导向具体，定性评价可以转化为可度量指标，操作性强。因此最适用于教师教学。

有人认为，研究性学习是让学生自由发展因而不应设置学习目标。其实，没有目标的人类活动几乎不存在。目标是对活动的预期，人类在活动中可能获得预期以外的结果，但活动不能没有预期。在研究性学习活动中，目标可以由学生选择，还可以对学习目标进行反复修改，但有目标的学习才是优化研究质量和效率的选择。这与自主学习，与培养学生创新精神和实践能力的目标不仅无矛盾，而且是和谐统一的。目标明确，评价的手段也就容易解决。

综合练习题：

1. 教师向学生提出的研究性学习课题是：我心目中的科学家。请分析课题类型，然后提出目标设计和教学过程提纲。

2. 请对本章提供的"圆锥体体积公式推导发现的教学"和"张富作文指导教学课"案例加以评析。

第九章　教学媒体的选择与运用

　　教学中涉及大量的信息交流。对教学进行设计时，不仅要考虑教学的过程、教学的方法等方面，还要考虑如何有效使用信息交流的媒介，即教学媒体。在前几章论述不同知识的教学策略设计时，其实已涉及到了教学媒体的使用。广义地讲，教学媒体的选择与运用也属于教学策略范畴。随着信息技术的发展，教学媒体在教学中的作用日益明显和重要，故本书单独将数字媒体列出来进行介绍。本章先对教学媒体作简要介绍，而后重点论述如何从众多可供选择的教学媒体中选出合适的媒体来。本章学习目标：

1. 能说出教学媒体的含义并能举例说明教学中常用的媒体类型。
2. 能说出影响媒体选择的因素。
3. 对具体的教学事件选择并确定合适的教学媒体。

第一节　教学媒体概述

一、教学媒体的含义

　　所谓媒体就是指承载并传递信息的载体或工具，如报纸、书刊、广播、电视、互联网等等。现代社会是信息社会，信息的交流与传递离不开一定的媒体。

　　教学媒体是承载和传递教学信息的载体或工具。这里的教学信息不单指教师想要让学生学习的内容,也包括教师为促进学生的学习而向学生发出的指导、提示、提问等信息。这样看来,不仅教科书、黑板、粉笔、实物、投影、录音录像、计算机教育软件属于教学媒体,而且教师的言语、表情、身体姿势等也因传递了教学信息而被归属于教学媒体之列。这是在最广泛意义上讲的教学媒体。

教学媒体与加涅讲的教学事件是密不可分的。加涅从信息加工的角度区分了单一学习所涉及的若干过程,而后又针对这些过程提出了相应的教学事件,以引发和促进学习过程(参见本书第三章)。这样,教师采取的教学事件和学生的学习过程之间就存在教学信息的交流与传递,于是,教学媒体就必不可少。可以说,教学媒体是实现教学事件的具体工具或方式。

二、教学媒体的类型

(一)按教学媒体发展的先后分类

从历史发展的角度,可以将教学媒体分为传统教学媒体和现代教学媒体。

1. 传统教学媒体

传统教学媒体是指教科书、黑板、粉笔、挂图、标本、模型、实验演示装置等。传统教学媒体不是一成不变的,随着新材料新工艺的不断发展,传统教学媒体也在发生着变化。如教科书内容呈现的方式,链接了许多信息和知识以及配以光盘,使之与现代教学媒体靠近或者整合;黑板的磁性化,颜色的人性化(白板、绿板);无尘粉笔等。

广义地讲,传统教学媒体还应包括参与教学活动过程的人。如教师本人,他的语言、表情、手势、体态、以及他的板书、板画等;学生在教学活动中的参与也呈现和传递了大量的教学信息,如参与课本剧的角色演出,或者作为一种"教具"演示(语文、数学、外语、音乐、美术、体育等教学用学生作为"教具"的案例很多)。广义地去认识教学媒体有其积极意义。教师本人的言行在教学过程中被媒体化了(这是无可回避的),教师必须认真设计自己的一言一行,体现一种"活媒体"的特征和作用。

上面讲的可以用四个字来概括,叫做"就人取材",充分运用人本身作为媒体所承载的信息,可以说是取之不尽的,而且这种媒体因为是"人—人"之间的作用,在界面上比较容易融通,因而是一种优质媒体。推而广之,也可以"就地取材"、"就物取材"、"就自然取材",这符合新课程提倡的"生活化"、"活动化"、"探究化"、"情境化"的目标要求,有利于我们打破以教材为主要媒体,因而受制于教材、"教教材"的框框。

2. 现代教学媒体

现代教学媒体是随着电子理论和技术的发展而发展起来的,所以在我国也称之为电化教育媒体,如幻灯、投影、广播、录音、录像、电影、电视、计算机等。

和传统教学媒体不同的是,现代教学媒体从其发展过程来看,首先是面向社会的。现在的大众媒体系统如广播、广告等,每天都在向我们传播大量信息,在相当程度上影响着我们的生活取向、价值观念。这些媒体引入教育教学是它们在社会上流传了一段时间之后。这说明现代媒体是从社会环境中引入到教育教学领域,成为教育教学媒体的。现代媒体多从娱乐上发展以获得市场,形成了对教育教学的矛盾和冲击。如现在的电子游戏机室和网吧,吸引了许多中小学生沉溺其中。但是从另外一方面看,由于校内现代媒体设施落后,大众媒体的发展使学生可以从中接触大量教育信息,我国大众媒体系统特别关注教育教学信息开发,有较多的教育教学频道,音像市场有许多的教学软件,这给师生提供了选择空间。如果能有意识地利用大众媒体的教育资源，可以弥补学校现代教学媒体的不足。

（二）按使用媒体的感觉器官分类

根据教学媒体作用的感觉器官的不同，可以将其分为视觉媒体、听觉媒体和视听媒体等。

1．视觉媒体

信息由媒体承载传输并通过人的感觉器官而被获取。视觉被认为是"人类最高明的一个感觉"。据研究，人类获取信息的感知渠道83%来自视觉器官，与之相比，11%来自听觉，3.5%来自嗅觉，1.5%来自触觉，1.5%来自味觉，可见视觉在人类获取信息中的地位。教学中常用的视觉媒体包括黑板、粉笔、印刷材料、照片、模型、实物以及实物投影、投影、幻灯等。

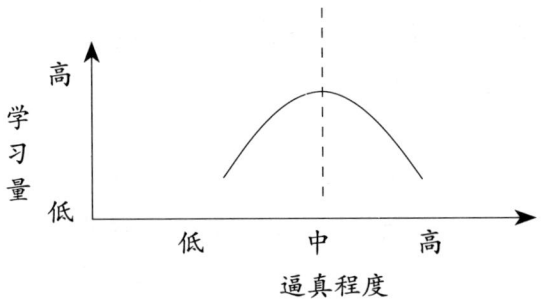

图 9-1 现实与抽象对学习量的关系

(1) 视觉媒体的特征

"媒体是人体的延伸"，视觉媒体是眼的延伸。视觉媒体的一个重要特征是其直观性、形象性，可以和它所表征的事或物相似或相像。视觉媒体越是形象化，图片化，就越是贴近它所表征的事物。但是从教学媒体来讲，由于教学的指向性，在有些情况下并不是愈逼真愈好，因为这样会使某些不必要的信息对学习过程产生干扰。

图 9-1 表明逼真程度和学习量的关系呈抛物线形,高度逼真和不逼真都不利于学习,中等程度的逼真对学习最有利。

(2) 视觉媒体的作用

媒体的作用可以从不同角度来描述。这里的媒体作用,是从媒体实现教学事件、促进学生学习的角度来谈的。本书第三章提出了广义知识学习与教学的过程模型,其中列出了促进学习过程的一系列教学事件(教学步骤)。所谓媒体的作用就是看某种媒体能够或最适于实现哪些教学事件。

由于人类获取的信息 83% 来自视觉渠道,因而视觉媒体最适于呈现有组织的信息。看板书、阅读教材、观察模型和实物,这些学习过程,都离不开视觉媒体传递的信息。

此外,有些视觉媒体,如实物投影,不仅可以对某些视觉材料加以放大突出,而且可以对小型立体实物进行放大和俯视、仰视、平视等多方位的观察,突出新信息的关键之处。此外,视觉媒体直观形象,生动逼真,色彩丰富,用其呈现信息,尤其对于小学低年级学生,很容易引起他们的兴趣,吸引学生的注意。有时,利用黑板、投影等媒体,可以让学生完成的作业(如画图、作文、解应用题等)展示出来,既是实现交流和反馈。因此视觉媒体还可用来完成练习反馈及学习结果的检测等。

2. 听觉媒体

听觉媒体是耳的延伸,是承载声音信息的媒体。教学中常用的听觉媒体有教师的言语,录音机、唱片与唱机、复读机以及语言实验室等硬件。

(1) 听觉媒体的特征

现代电子技术、数字技术使听觉媒体得到广泛的应用,在技术上已经能够尽可能保持原来的声音不失真。必要时,可以对原声进行修饰，以符合学习者的生理和心理的需要。听觉媒体传递信息可以不受时间空间的限制。听觉媒体传递的是语言信息，具有音调、音色、音强等物理性能的可变性，因而可以制作成丰富多彩的听觉材料，以增强信息传递的效果。

(2) 听觉媒体的作用

听觉媒体的音调、音色等物理特征可以变化，因而可以利用听觉媒体来呈现有组织的信息，并通过音调、节奏等的变化对有关内容进行强调突出，促进学生选择性知觉学习内容。有时也有教师运用音调等的变化来引起和维持学生的注意。教师的言语是一种重要的听觉媒体。由于这一媒体为教师所掌握可以自由灵活地加以运用，因而在教学过程中被广泛用于引起注意、呈现信息、复习旧知识、促进新知识的理解、指导复习、提供反馈等教学事件。

3．视听媒体

所谓视听媒体是指通过视、听两个感觉通道同时呈现信息的媒体。教学中常用的视听媒体主要有电影、电视和录像、交互媒体和多媒体系统等。

(1) 视听媒体的特征

视听媒体具有直观、鲜明的图像与生动的言语有机配合的特点。这种配合创造出一种新的环境氛围，不仅使所需传递的教学信息充分表达，而且有利于学习者学习兴趣的激发，促进对信息的接受、理解和记忆。研究表明，人在记忆学习时，内容相同，如仅用听觉，3小时后原所获得的信息保持率为60%，3天后仅能保持15%；如仅用视觉，3小时后原所获得的信息保持率为70%，3天后下降到40%；如果视听觉并用，则3小时后保持率为90%，3天后仍能保持在75%。可见视听觉并用可以使获得的信息记忆保持率比较高，获得好的学习效率。

(2) 视听觉媒体的作用

视听媒体能提供生动逼真的音像，这有利于引发学生注意、呈现新知识。视听媒体设计运用得好，如教学课件、电视录像等，有时可以完成多个教学事件，从引起注意、提示原有知识到呈现信息、促进理解，都可以轻松实现。

最近发展起来的交互式视听媒体，如计算机辅助教学，由媒体呈现刺激，学生作出反应，学生的反应又会引起媒体的进一步反应。这一特征使得这类媒体可以用于技能教学，因为技能的学习需要"引出学生反应，提供反馈与纠正"。

第二节 影响教学媒体选择的因素与选择媒体方法

一、影响教学媒体选择的因素

选择教学媒体，就是根据一定的要求、限制，选出最合适的媒体。供选择的媒体理论上包括现今所有的媒体类型，但具体到某一学校、某一教师，可供选择的媒体就受限于学校的媒体配备、教师使用媒体的能力了。本章阐述媒体选择，不是指个别特殊条件的限制，而是指学习因素对媒体选择的影响。

（一）**教学目标类型**

教学目标类型是指预期的学生学习结果的类型，即目标是陈述性知识、概念、规则还是策略、动作技能、态度。不同类型的教学目标，要求使用的媒体也不尽相同。如学习智慧技能时，学生需要获得有关其反应的矫正性反馈。为提供反馈信息，就需要选择有交互作用的媒体，如教师、同伴、计算机等。如选择的媒体不具有交互功能如电视，则要补充能够引出学生反应并能提供反馈的课件。

当学习言语信息时，虽然也要求学生作出反应，但不需要给学生提供反馈，因为学生可以自行将自己的反应与正确的答案进行比较，于是言语信息目标就不大需要有交互作用的媒体。态度学习的有效机制是观察到榜样的行为受到了奖励，我们也会在类似情境中做出与榜样一致的行为，因而教学态度时，视觉媒体，如电视、电影、光盘就成为主要的选择对象。学习动作技能时必须有肌肉协调、真实的运动，因而模拟器材、实用器材是必需的媒体。加涅等人将不同学习结果类型对媒体选择的要求作了归纳（见表9-1），可参考。

表9-1　学习结果类型对媒体选择与排除的含义

学习结果	排除	选择
智慧技能	排除没有相互作用特征的媒体，对无阅读能力的学生，排除文字材料。	选择能为学生的反应提供反馈的媒体，对无阅读能力的学生，选择有视听特征的媒体。
认知策略	同上。	同上。
言语信息	排除不伴有言语的设备或模拟设施，对无阅读能力的学生，排除复杂的文章。	选择能呈现言语信息和细致描述的媒体，对无阅读能力的学生，选择有视听特征的媒体。
态度	同上。	选择能呈现榜样的逼真形象及其信息的媒体。
动作技能	排除不能为学生提供反应和反馈的媒体。	选择能使技能的直接练习成为可能并能提供信息性反馈的媒体。

（二）学生的特点

选择媒体时还要考虑学生的特点。对媒体选择有重要影响作用的学生的特点主要是学生的阅读理解能力和学生的年龄。

无阅读能力的学生在学习书面材料时无疑会遇到困难。由于书面理解能力与口头理解能力密切相关,因而这类学生在学习复杂的演讲及会话学习时也会！遇到困难,为此,我们在呈现书面的和口头的材料时,一方面要注意使用学生熟悉的词语和短的句子,另一方面要尽可能地用图片和图表来呈现新的概念和规则。

年龄也是影响媒体选择的一个重要因素。戴尔提出的"经验锥形"列出了随年龄变化,适用的媒体也随之变化的情况(见图9-2)。

12 言语符号
11 视觉符号——标志、条形图
10 收音机与录音机
9 静止图片
8 动画片
7 教育电视
6 展览
5 野外旅游
4 演示
3 戏剧化经验——表演、木偶、角色扮演
2 人为经验——模型、模拟
1 直接的有目的的经验图

9-2 戴尔的经验锥形

戴尔的锥形由低到高列出了12种媒体。一般来说,底部的媒体,适用于年龄小的学生,顶部的媒体,适用于年龄大的学生。在戴尔的锥形的底部,是"直接的有目的的经验",这是指儿童与物体、动物、他人进行直接接触,使用各种感觉器官,从做中学。随着儿童年龄的增长,图片的或模拟的替代物可用来提供信息。锥形顶部是使用言语符号,这说明对于年龄较大的学生,可以通过阅读文字材料进行学习。

对于言语信息、智慧技能、认知策略三种认知领域的学习结果来说,在选择媒体时,为保证学习的发生,应尽可能采用锥形底部的媒体;为提高学习效率,应尽量采用锥形顶部的媒体。但对于态度目标而言,年幼儿童容易从其所尊敬的人的言语劝说中改变态度,而年长的儿童则更容易从直接经验的体验中改变态度,年龄与媒体的关系与认知领域学习结果相比,正好倒了过来。

(三)媒体的物理特征

媒体的物理特征是指媒体呈现教学信息的物理特征,如颜色、声音、运动、图画等特征。如果通过媒体传递的教学信息涉及上述一些特征,则在选择时就要首先考虑有这些特征的媒体。

例如,在教具体概念(形状、物体)和空间关系(位置、距离)时,媒体的视觉呈现特性显然是适合的;在学习言语信息时,文字形式或听觉形式的媒体往往适用;当学习动作技能或复杂的程序时,实物常常是最有效的媒体;当物体的动态特征是教学的重要内容时,电影、电视、动画片等能呈现运动图画的媒体就比较合适。

表 9-2 学习情境与媒体选择

学习情境	媒体选择
要学习的操作如果发生错误会造成严重后果	大型设备、轻便设备、模拟设施
利用无线电进行学习	电视和广播
有阅读能力的学生的自学	所有媒体都可能有效
无阅读能力的学生的自学	排除条理不清的印刷材料或复杂听觉信息的材料
教师与有阅读能力的学生	所有媒体都可能有效
教师与无阅读能力的学生	排除印刷材料、教师复杂的讲演

（四）学习情境

教学总是在一定情境中进行的。教学所处的情境也对媒体的选择产生限制作用。加涅等人区分了如下六种典型的学习情境：(1) 要学习的操作如果发生错误会造成严重后果；(2) 利用无线电进行学习；(3) 有阅读能力的学生的自学；(4) 无阅读能力的学生的自学；(5) 教师与有阅读能力的学生；(6) 教师与无阅读能力的学生。在区分学习情境的基础上，加涅等人还对不同情境对媒体选择的限制作了描绘（见表9-2）。

二、媒体选择方法

（一）媒体选择流程图

在综合考虑影响媒体选择的各种因素基础上，还需要一套具体的方法来选出合适的媒体，这里我们介绍一种流程图的方法。

流程图是在计算机算法程序基础上形成的一种媒体选择的方法，这种方法把选择过程分解成一系列有序排列的步骤，每一个步骤就是一个问题，每一个问题都紧跟着前一个问题，如此排列，构成流程图的形式。设计人员通过对一个接一个的问题作出"是"或"否"的回答，被引导到相应的分支上，每一次回答都会排除一部分媒体，最后剩下的一种或一组媒体就被认为是最适合于特定教学情境的媒体。图9-3是一个教学媒体选择的流程图。

（二）教学目标、教学事件与教学媒体的适当匹配

选择和使用教学媒体的目的，是为了促进学生的学习，实现一定的教学目标，因而在选择媒体时要保证所选的媒体能有效地实施相应的教学事件，而一系列的教学事件又是实现教学目标的前提条件，这样看来，所选的媒体要能有效实现相应的教学事件和教学目标，即要在教学目标、教学事件和教学媒体之间进行适当匹配。否

则，不看教学目标、教学事件进行媒体选择和使用，只是"作秀"、"耍花枪"，不是为了促进学生的学习。确立了教学目标之后，经过任务分析的环节，就可导出相应的教学事件。这里我们用具体的例子来说明教学媒体如何与教学目标、教学事件相匹配。

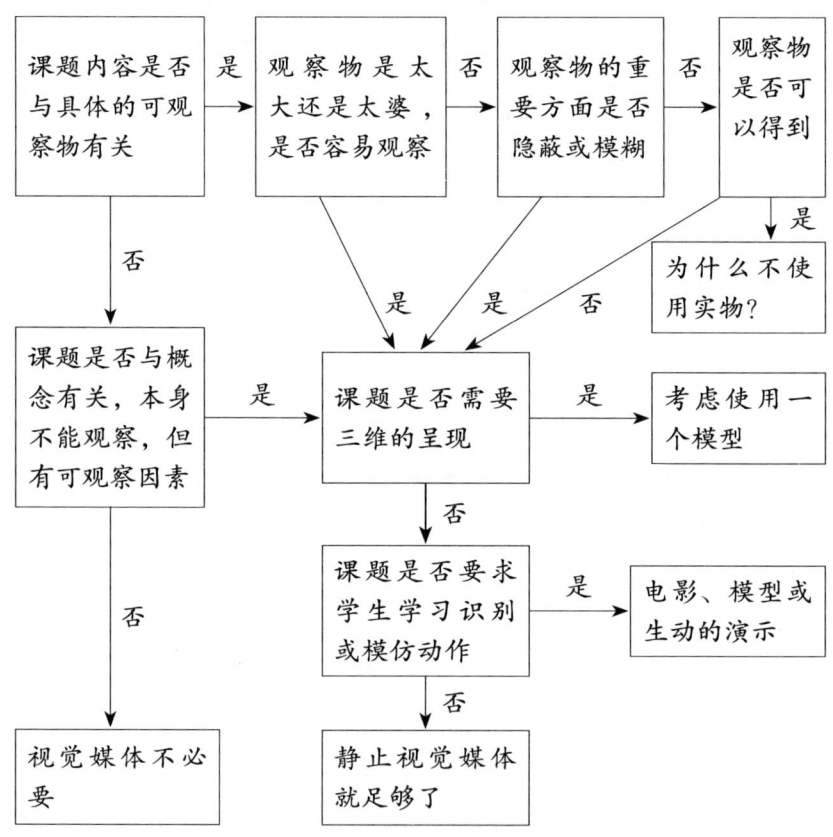

图 9-3　教学媒体选择流程图

案例一：《一个人的命运究竟由谁来掌握》（参见本书第六章）

本案例教学目标为陈述性知识。所使用的媒体比较简单，不过是教师和学生的言语以及黑板粉笔等传统媒体。教学中，为引起学生注意，教师采用的是言语和板书两种媒体。提示学生回忆原有知识，呈现原理的例子，都是通过言语媒体实现的。高三的学生，具备熟练的阅读理解能力和听说能力，可以很方便地运用视觉和听觉媒体来获取教学信息，促进自己的学习。

案例二：《鸟》的教学

1. 利用课件、标本创设情景，导入新课。

教师点击《鸟》课件，片头出示多幅鸟的图片、课题，伴有鸟鸣声，导入新课。

2. 利用标本，获取直观感受。

学生观察鸟的标本，找出鸟外形上的相同点。这里利用标本，是让学生充分感受：鸟的身体的表面有羽毛。学生可以用手触摸，获得一种真实、直观的感受。

3. 上机学习，扩大视野。

教师提出问题：与其它动物相比较，找出鸟外形上所特有、而其它动物所没有的特征。学生上机，查看相关资料。课件提供了以下内容：多幅鸟的图片；三幅鸟与三种动物：猫（哺乳动物）、青蛙（两栖动物）、鱼（鱼类）在同一个画面的图片，学生可根据自己的兴趣和需要点击放大，进行观察、比较。

4. 教师引导，归纳推理。

在教师的帮助引导下，学生归纳推理出鸟在外形上的共同特征是：身体的表面有羽毛。

5. 讨论交流，协商合作，自主获取知识。

教师提出要求：用找鸟外形上的共同特征的方法找出鸟在繁殖方面的共同特征。学生可以通过交流、讨论、展示自己收集的素材、上机查看课件资源、用归纳推理的方法获得鸟在繁殖方面的共同特征是：用蛋繁殖后代；但是用蛋繁殖后代的不仅仅是鸟，如乌龟和蛇也是用蛋繁殖后代的。

课件提供了以下内容：(1) 四幅鸟妈妈在有鸟蛋的鸟巢中的图片 (学生可根据兴趣和需要点击放大进行观察)。(2) 母鸡孵蛋、小鸡慢慢出壳，鸡妈妈领小鸡；猫头鹰孵蛋、小猫头鹰出壳的录像片断。(3) 乌龟、蛇的蛋孵出乌龟和蛇的录像片。

在教师的帮助引导下，学生总结出鸟的共同特征是：身体的表面有羽毛。用蛋繁殖后代，虽然是鸟的共同特征，但不是鸟所特有而其它动物所没有的特征。

6. 回到书本，检测反馈。

让学生完成书上练习：以鸟的共同特征为依据找出以下动物哪些是鸟：鸭、企鹅、孔雀、蝙蝠等，教师给以反馈。

7. 课件演示多种动物，有鸟，哺乳动物，爬行动物，昆虫等，学生指出哪些动物属于鸟，教师给以反馈。[1]

上述教学过程运用了多种媒体，但每一种媒体的使用都有明确的目的，我们从本书提出的教学事件的角度来作如下分析：

教学事件	媒体运用
1. 引起注意 (1)	多媒体课件 (视听媒体)
2. 呈现有组织的信息 (2、3)	实物，多媒体课件 (视觉媒体)
3. 阐明新旧知识的联系，促进理解 (3、4、5)	多媒体课件 (视觉媒体)，教师的言语 (听觉媒体)
4. 引出学生的反应，提供反馈与纠正 (6、7)	多媒体课件，书本 (视觉媒体)，教师的言语 (听觉媒体)

表中教学事件后面的数字是指教学过程的步骤。该教学过程的目标是具体概念，具体概念的学习要让学生通过辨别概念的正反例

---

[1] 选自春城小学《案例集锦》，设计者：张美莲。

证才能获得，鸟的正反例证是鸟的标本或图片，本课运用了许多视觉方面的媒体呈现鸟的正反例证，而且每种媒体的使用目的明确，很好地实现了教学事件。

案例三：《质数和合数教学设计》（参见本书第六章）

本案例教学目标为定义性概念。其教学事件和媒体选择分析如下：

教学事件	媒体选择
1. 引起注意，告知目标（一）	板书，教师的言语
2. 提示学生回忆原有知识（二的1、2）	教师的言语，板书
3. 呈现有组织的信息及促进学生的理解（二的3、4）	板书，教师的言语，教材
4. 引出学生的反应，提供反馈与纠正（三、四）	教师的言语，板书

该案例是特级教师邱学华设计的。其中使用的媒体非常简单，完全是传统的媒体。整个教学过程符合定义性概念学习的规律，所用媒体也适合相应的教学事件。这说明，特级教师的锐利武器并不是先进、多样的媒体，而是科学的教学设计思想。

案例四：《圆的面积》

小学数学教材中有《圆的面积》一课，关于圆的面积公式推导的内容比较抽象，学生不易理解。如何突破难点，培养学生的创造性思维能力，我颇费了一番心思，终于找到了好帮手。

上课时，我首先告诉学生："今天，给大家请来了一位神奇的老师。"我打开多媒体，一下子就吸引住了学生的注意力：此时，银幕上出现一片绿茵茵的草地，一头牛被一条绳子拴在木桩上低头吃草，画外音响起：这头牛能吃多大范围的草？

学生思考后回答:"牛吃草的范围就是以木桩为圆心,以拴牛的绳子长为半径的圆的面积。"

这时,多媒体画面上出现了牛吃草的范围:绿色的草地上闪现出一个以牛绳为半径,以木桩为圆心的黄色的圆。

接着,我让学生找出求这个圆的面积的方法,学生议论纷纷,但都说不出正确的方法。

见时机已到,我及时运用多媒体进行引导:银幕上出现一个圆,被分为绿、黄两种颜色的两个半圆。两个半圆各被平均分为4份,然后交叉拼在一起,让学生观察像什么图形,学生得出的结论是:像长方形,又不像,因为它的边是弧线。

这时,银幕上又出现一个等大的圆,它的两个半圆各被平均分成8份,重复上述过程,学生比较后发现,这个拼得的图形比上一个拼得的图形更接近长方形。

接着,银幕上再次出现一个等大的圆,它的两个半圆各被平均分为16份,重复上述过程,让学生比较。学生得出的结论是,这个图形更接近长方形。

抓住这个机会,我引导学生想象:按这个思路分下去、拼下去,最后能得到什么图形?学生得出了可以把一个圆拼成一个长方形的结论。

我用多媒体演示上述过程,验证了学生的想象。

在此基础上,我又引导学生思考圆的半径、周长与长方形的长和宽之间的关系。经过深入思考,有些学生找出了它们之间的关系,但部分学生不同意,争论不休。最后,大家达成一致意见:请教多媒体老师。银幕上闪现出同一种颜色表示的圆的半径和长方形的宽,同一种颜色表示的圆周长的一半和长方形的长,使学生直观地看出了圆的半径就是拼得的长方形的宽,圆的周长的一半就是长方形的长。根据上述关系,教师让学生自己推导圆的面积计算公式,学生很快推导出了 $S = \pi r^2$。

在总结上述过程时,我向学生指出,推导圆的面积计算公式时,多媒体老师采用的是把圆的面积转化为长方形的面积,从而推导出圆的面积计算公式。这种思想方法被经常用来解决数学问题,要注意掌握。下面，多媒体老师让你试用这种方法，把圆拼成一个三角形，从而推导出圆的面积公式，你能行吗？

我的激将法，激起了学生强烈的求知欲。学生纷纷尝试，把圆拼成三角形来推导圆的面积。当独立思考解决不了这一问题时，让他们采用小组讨论的方法去探讨。很快，学生完成了公式推导过程。

然后，我用多媒体演示这一推导过程，让学生对照、订正。[1]

本案例教学目标为陈述性知识。这里的陈述性知识不是指学生陈述出圆的面积公式是什么，而是要理解圆的面积公式得来的道理。实现这一教学目标的教学事件主要有引起学生注意与告知目标，提示回忆原有知识，呈现新知识，促进新旧知识的联系。在本案例中，主要突出了引起注意与告知目标、促进新旧知识联系两个教学事件。在媒体的运用上，教师采用多媒体给学生呈现形象生动的图画来吸引学生的注意，并通过教师的言语来告知目标。新旧知识的联系，主要是在圆的面积(新知识)和长方形、三角形等学生已熟悉的图形面积之间建立转化的关系，从而将新旧知识联系起来。圆的面积转化为长方形的面积，涉及动态的过程，而且这一过程又是通过视觉渠道观察到的，教师采用多媒体技术，以视觉方式生动地演示了圆的面积转化为学生熟悉的长方形面积的过程，促进了新旧知识的联系，完成了理解的教学目标。

综合练习题：

1. 判断下列情境中使用的是否是教学媒体。教师用的教鞭放在教室里用于取暖的火炉挂在教室里的中国地图学生课上说的悄

---

[1] 选自《新课程中教师行为的变化》，首都师范大学出版社，郑良华，河南省优秀教师。

悄话一名站立的学生：他站在讲台上，面向全体同学，教师在该生身上指出何处是颧角，何处是下颌。

2. 某位教师为实施信息技术教育，上课伊始就给学生看电影，而后又让学生上网查找相关资料，直至下课。试问这位教师对电影和互联网两种媒体的使用是否适当。

第十章 目标导向教学的测量与评价

这里的测量与评价主要包含三种含义。一是围绕教学目标进行教学后，对目标所规定的学生的学习结果进行测量和评价，以确定学生是否实现了目标。二是对教师进行目标导向教学的过程与方法进行测量与评价，以确定教师所采取的教学过程与方法是否有效地促进了学生的学习过程。三是在上述两类测量与评价基础上，对部分学生未达到目标的原因进行诊断分析，并提出有效的补救教学。本章目标如下：

1. 能陈述目标参照测验常用的题型及选择题型的依据。
2. 对给出的若干测验题，能判断出题目考查的是哪一种学习结果。
3. 能根据学生学习结果的类型，编制相应的测验题。
4. 能运用本书所讲的学习与教学的基本原理，对学生学习上出现的问题作出诊断并提出补救措施。
5. 能从所教知识类型的角度对教师的教学作出评价。

第一节 目标导向教学的测量与评价概论

一、测量与评价的含义

测量与评价是两个含义不同的术语。测量是指依照一定准则或借助于测验给事物指派数字；评价则是依照一定标准，对事物作出价值判断。如默写某课 10 个生字，学生甲正确默写出 10 个，学生乙正确默写出 6 个，这是对学生学习结果的测量。如果我们以"全部正确默写出本课生字"为掌握的标准，则学生甲已经掌握了本课的生字，学生乙未完全掌握，这是对学生学习结果的评价。显然，测量与评价是两个密切联系着的概念。一般来说，测量是评价的基础，评价要以测量的结果为依据。虽然有时我们也可以不经测量而对事物作出评价，但是依据测量的评价要比没有测量的评价更为客观，更能避免偏见。

二、测量与评价的类型

（一）常模参照测量与评价与目标参照测量与评价

根据测量与评价时采用的标准不同，可以把测量与评价分为常模参照测量与评价和目标参照测量与评价。常模参照测量与评价是将学生的学习结果与其所在团体的常模加以比较，以确定该生在团体中的位置。其理论假定是：在某一个团体中，大多数人完成作业的水平处于中等水平，少数人处于好、差两个极端水平，它们服从常态分布的统计规律。为此测验编制者需要编写大量中等难度的试题，然后安排一些较易和较难的试题，组成整个测验(或试卷)。其目的是将好的、中等的和差的学生加以区分。便于学校录取新生或其他人才选拔工作，或者用于将学生重新分组、编班等。常模参照测量与评价是以学生团体测验平均成绩作为参照标准来解释和评价学生的成绩的。如一项测验，年级平均分数是 60 分，某生得到 50 分，该生的成绩处于中下的位置，根据平均分被评价为成绩较差。

目标参照测量与评价又叫准则参照测量与评价，是将学生的学习结果与既定的目标或准则比较，以确定学生是否达到了某个目标。其基本假设是：学习成绩应以学习的数量和程度(水平)来表示，而且只有与预先规定的某种标准加以比较才具有确定的意义。目标参照测验的兴趣不在于学生之间的差异的比较,而在于考察预期的教学目标是否为学生所掌握。其试题必须针对预定的教学目标。通过测验,学生达到了目标,教学可以继续进行;如果未达到目标,则应立即进行补救教学。

(二)形成性评价与总结性评价

根据评价实施的时间和目的的不同,可以区分出形成性评价和总结性评价。形成性评价是在教学过程中实施的,虽然也要让学生做题、打分,但其目的不是给学生划分等级,而是为了获取学生学习情况的有关信息,以便据此修改教学,促进学生的学习。教师在教学过程中实施的小测验、学生平时的作业,都可以作为教师了解学生学习情况、及时改进教学的依据。这里教师进行的就是形成性评价。总结性评价是在教学之后实施的,其目的是对学生一个单元、一个学期或一门课程的学习效果作最终评价,评价的结果可以用来说明学生学到了多少内容,可以决定学生是否能够继续下一阶段的学习。中小学经常实施的升学考试,包括中考、高考,都属于总结性评价。

三、目标导向教学的测量与评价

目标导向教学的测量与评价是对照目标进行的,对目标的了解和熟悉无疑会促进我们测量与评价的目的性和有效性。那么,这里采用的目标体系到底是什么呢?在历史上,布卢姆的教育目标分类学在测量与评价方面有重要影响,其目标体系从认知、情感与心因动作三个方面描述,在认知领域又规定了从低到高的不同层次。布卢姆的目标体系是专门为测量与评价而开发的,但其目标中并未蕴含有如何达到目标的信息。对目标导向教学的测量与评价而言,虽然对测量与评价的设计有启发作用，但不能指导教学过程的设计。

另一种有影响也较成熟的目标体系是加涅提出的学习结果分类体系。和布卢姆一样，加涅也从认知、态度、动作技能三方面来描述教育目标，也在认知领域作了详细的分类。由于加涅阐明了不同学习结果习得的内外条件，这就为教学的设计提供了基础。又由于加涅主张用可观察可测量的术语清晰明确地陈述教学目标，因而他提出的学习结果分类体系不仅能指导教学过程与方法的设计，而且还能指导学习结果的测量与评价。较之布卢姆的目标分类体系，加涅的体系更适合于目标导向教学的需要，因而目标导向教学中的目标体系，我们是以加涅的体系为基础的，从教学到测评，一以贯之。如果采用布卢姆的目标体系来指导测评，则又要用另一套目标体系来指导教学，在操作上十分不便。

总之，这里讲的测量与评价，主要指认知领域内的学生学习结果的目标参照测量与评价（所采用的目标体系是加涅的学习结果分类体系）。

第二节　目标参照测验的编制

目标导向教学的测量与评价，是通过编制良好的测验来测量学生，而后再对照目标进行评价，因而测验的编制是测量与评价的重要基础。

一、测验题型的选择

（一）主要测验题型

测题形式的选择对测验的编制具有重要意义。恰当的形式，有利于测验者在最合适的时间范围内测出所欲测量的内容。测验中常用的测验题型主要有如下三种：

1. 回忆式

这类题目要求学生回忆出先前习得的知识，如一些填空题和简答题。简答题要求学生对某一问题写出简短的答案。由于它强调用简短的几个字或句子来表达信息，因此其优点是不用给学生提示答案(如选择项)，涵盖的内容广泛；缺点是评分主观。回忆式题目多用于测量陈述性知识。

简答题的一个变式是"完句"，即教师平时所说的填空题。学生通过完成句子来解决面临的问题。简答题还有填图、填表等变式。如生物测验中，教师可绘制一个大脑图，要求学生在图中注明大脑的顶叶、额叶、枕叶等。

2. 选择式

选择式的题目形式是一种客观的题目形式，评分者很少需要对学生的答案进行判断就可以给出分数。评分标准甚至可以输入计算机，由计算机进行评分。常见的选择式题目主要有如下一些：

(1) 正误判断。这是最简单的一种题目形式，给出学生一个陈述，要求其判断陈述是对还是错。这种形式的优点是易于编写和评分，常被用于对事实信息的测评。单个题目的不可靠性可以通过短时间内呈现大量的题目来抵消。

(2) 单项选择题。它包括两部分，即题干和选择项。题干是对问题的陈述，它可以是一个完整的句子、一个不完整的句子或一个问题；选择项一般是 4~5 个，其中一个正确或最好。

近年来，单项选择题受到了各种批评，例如，①它使人们形成了"答案是惟一的"观念；②缩小了课程的范围；③强调辨别技能；④不能评价高级的认知技能。不过，由于心理测量学的支持，单项选择题仍会被广泛采用，并且有人辩解说选择题可以测量学生的某些高级认知技能。如 GRE 对一般能力的测试，其题目形式虽都是选择式，但它测量了人的语言、逻辑分析和数学能力。

(3) 选择并判断。这种形式要求学生不仅选出正确答案，并且要说明选择的理由。这对形成性评价提供了有用的信息。人们可以据此获悉学生错误的推理、错误的概念和知识存在什么断层。

(4) 多项选择题。即提供多个答案，但正确答案不止一个。这是一个更为有效的题目形式，它克服了单项选择题存在的很多问题。

(5) 题干复杂的单项选择题。这种形式与单项选择题的区别是它的题干部分可能是一个图例、表格或别的复杂信息。这样就可以测出学生的高级认知技能，如概括出相关信息，找出错误或不一致的地方，使用图表信息，综合、分析与评价等。

(6) 视听情景。这是一种与现实更贴近的题目形式。刺激是一段由录像带提供的情景，中间插入一些选择题，要求被试回答。然后立即给出反馈，即根据被试的回答提供下面的情景。

由于这种题目花费高且费时，所以一般用于一些重要的资格考试。例如，教师资格考试，给申请者播放一些教学情景：学生在做一个科学实验，中间插入一些问题，要求申请者选择答案。从理论上讲，应根据答案提供下面的情景，但是这样耗资太大。所以一般不管回答的答案是什么，下面的情景对所有的申请者都是一样的。

(7) 匹配。该形式特别适合于低年级学生，要求学生将一组刺激与另一组刺激进行正确的匹配。

(8) 问题情景。该形式可用于许多成就、态度和能力测验中。其情景是一个以例证、图表、文章和情景提出的问题，然后提供几个与解决问题有关的答案，要求学生运用已有的知识和技能来选择解决方案。这种形式提供的刺激也比较符合实际情景。

3．建构式

所谓建构式就是要求学生自己组织语言来回答问题。论文式题目是一种主要的建构型题目，要求学生针对一些问句或陈述句，用自己的语言写成较长的答案。其优点是便于评价学生对材料的理解及组织能力；缺点是客观性差及测题取样代表性差。为了克服论文式题目在评分方面的主观性，测验编制者应制定详细的评分标准。而针对测题取样代表性差，目前开发出了一种新题型，即"文件类"式的题目。

回答一个论文式的题目往往需要半个小时或更多的时间，这么长的时间若用于回答选择式的简答题，则可解决范围更广的此类题目，而一个论文式题目只能涉及某一个领域。为了更深入地同时又广泛地测量学生对学习内容的掌握情况，教师可以收集多个论文式题目，组成一个"文件夹"。例如要测量学生的写作能力，则可要求学生写一篇记叙文、说明文、议论文、应用文等，把与写作能力有关的各类信息收集起来，组成一个文件夹，这样才能保证教师对学生的写作能力做出正确评价。

操作题是另一种建构式题目。主要用于测评学生在科学研究、个体或群体所从事的课题、面试或言语表达、实验等中对知识与技能的掌握情况。它要求学生综合运用各种知识与技能来证明自己能完成某一学习任务。操作题包括四个主要成分：(1) 对操作任务的描述，即要求学生完成一个什么样的操作任务。在执行操作任务前，首先建立一个目标并写出完成这一目标的计划。在完成任务的过程中，写下你对计划所做的一些修改。可参考各种资料，如书、杂志、报纸、有关系的人。列出这些文献并判断每一文献的可利用程度。(2) 对学习结果的掌握的描述，按照本书提及的学习结果分类，对测题进行归类。(3) 评分标准，为了减少操作测评的主观性，在编制操作任务时，应制定详细的评分标准。评分标准分为一般评分标准与具体评分标准。对每一类学习结果都可以制定出这两种评分标准。

(4) 属于每一评分标准的答案样例，针对每一评分标准出示一个可能的标准答案。注意这个答案并非是惟一的。

（二）题型选择的依据

测题的题型当然不限于上述所列的几种。在教学实践中，广大教师还会创造出多种新颖的测题形式。那么，具体到考查学生某方面内容学习情况时，到底采用哪种题型为佳，或者说，决定题型选择的主要依据是什么。我们认为，题型选择的主要依据是所要考查的学习结果类型。不同类型的学习结果，要求学生表现出的行为也不一样。不同的行为，又可以用不同的测题形式体现出来。如陈述性知识要求学生陈述出所习得的信息，陈述总是在一定线索指引下进行的，陈述的方式有说、写两种主要形式，这些特点决定了陈述性知识测题的主要形式是填空、简答等题型。如果学习结果为概念，而学生掌握概念的标准是运用概念的关键特征进行分类的行为，分类是针对概念的正反例证而言的，据此，测量概念的最佳形式是选择题，其中的选项为概念的正例和反例。如果学生习得的是规则、高级规则及认知策略之类的比较高级的学习结果，则最佳的测题形式是建构式题目。当然，上述选择的依据也只是原则性的，有些题型，如选择题，如果编制得比较好，也可用来测量较高级的学习结果。

二、不同知识类型的测量

（一）陈述性知识的测量

判断陈述性知识获得的标准是信息的输入与输出相同，故而测量陈述性知识目标宜采用回忆式的题目，如填空、简答等。题干可以是教材上的原句，也可以采用意思相同而表达不同的句子。学生的反应可以与教材原句一字不差，也可以用自己的话表述。要求学生逐字逐句回忆，只表明他们获得了一定事实，用自己的话回答则可说明学生的理解状况。

如目标 1：能陈述我国的三大高原和三大平原的名称。这是一个陈述性知识目标，其中的能力动词是"陈述"。在采用回忆式题目检测时，必须要求学生陈述名称而不是选择名称。这一目标，采用填空题的形式可以是：我国的三大高原是指＿＿＿、＿＿＿、＿＿＿，三大平原是指＿＿＿、＿＿＿、＿＿＿。也可采用简答题的形式检测：试列举我国的三大高原和三大平原。如果采用选择题的形式检测，如我国的三大平原是指（　　）：a．华北平原 b．东北平原 c．长江中下游平原 d．珠江平原，则测验的效度不佳。

（二）简单智慧技能的测量

1．辨别

评价辨别目标时，我们可以给学生呈现一个标准刺激，然后再呈现一些备择刺激，要求学生回答哪个或哪些备择刺激与标准刺激相同。所呈现的刺激可以是听觉刺激，也可以是视觉或者嗅觉刺激，所采用的测题形式一般为选择式。

如目标 2：能区分英语元音［ei］、［e］。其中的能力动词是"区分"，要求学生将这两个元音区分开来而不能混淆不分。其测题可编制如下：你将会听到一个元音，随后将呈现四个读音。请找出与你刚才听到的元音一样的读音，将你找出的读音的序号写在答题纸上。五个读音是：［e］［a］［o］［e］［ei］。值得指出的是，辨别任务纯属知觉性，不需要学生对刺激进行命名或确定其特征。我们所评价的仅仅是学生是否知觉到差别。

2．具体概念

评价具体概念是否习得是给出某一概念的一些正反例，看学生能否将其识别出来。所采用的测题形式最好是选择式。选项中要包括概念的正例,也包括概念的反例,由学生作出选择。

如对于目标3:给出若干几何图形,能识别出其中的圆。这一目标的能力动词是"识别",测验要让学生从概念正反例中识别出圆来。据此,测验题目应为:圈出下列图形中的圆:

如对于目标4:给出一株普通植物,能识别出它的根、茎、叶。其能力动词"识别"的对象是实物。学生要在植物的根、茎、叶、花、果等部分中分三次选出根茎叶。在选择根时,茎、叶等成了根的反例,而在选择茎时,根、叶等又成了茎的反例。检测的题目用文字写出来是:这是一株普通植物,请指出它的根、茎、叶。看起来好像是建构式测题,但结合实物来看,它应该属于选择式题目。

3. 定义性概念

定义性概念的评价可有三种形式:(1) 选择式。给出一些概念的正反例,学生加以识别,并不要求解释。(2) 建构式。给出一个学生以前未经历过的概念的正例或反例,要求学生解释该例为什么是或不是该概念的例子;或者要求学生自己举出概念的例子,不进行解释。(3) 混合式。即将建构式与选择式结合起来考查定义性概念。学生在概念的正反例中作出选择后,再解释为什么这样选。需要指出的是,测题中所用的概念的例子,不应在教材里、课堂上、练习中出现过,否则就会将技能的考查变为知识的考查,影响评价的效度。这一点对具体概念的测量同样适用。

下面,我们用三种方式检测目标5:能识别平行四边形。

(1) 选择式:下列图形中是平行四边形的有:(   )

(2) 建构式：试举出日常生活中的平行四边形的例子，要求不能用书上的例子。或问正方形是不是平行四边形？为什么？

(3) 混合式：从给出的图形中选出平行四边形，并解释这些图形为什么是平行四边形。

4．规则

学生是否习得了规则，不是看他能否说出这条规则，而是看他能否运用规则办事。因而评价规则不能采用回忆式题目，而应当主要采用建构式题目。另外，经过精心设计，选择式测题也可用于评价规则。

如目标6：给出梯形的上底、下底、高的长度，能计算出梯形的面积。用建构式题目检测应为：已知梯形的上底为5厘米，下底为10厘米，高为4厘米，求梯形的面积。如果用选择式题目来测，就需要注意，一要精心设计干扰项，使之能反映学生可能的错误；二要注意干扰项的数目不能太少，否则学生的猜测会大大影响测验的信度。

仅用一道测题是很难断定学生是否掌握了某个规则。一般来说，评价一个数学规则是否掌握，需要10~20个题目。但根据顺序分析的一些合理假定，学生只要连续做对至少三道测题，就可作出其掌握的判断。

（三）问题解决与认知策略的测量

问题解决又叫高级规则，是综合运用几个规则，创造出一个新规则的能力。评价问题解决目标，宜采用建构式测题。

如目标7：综合运用各种规则，生成一篇人在恐惧情境中反应的文章。这一目标其实也是一个测题。为保证该测题的信度，需要在评分前列出可接受的文章的特征。目标中虽然没有要求无错别字和语法错误，但作为一篇好的文章，文字和语法的正确应是最基本的要求，这一点在评分时是要考虑的。如果几位教师都要检测该目标，他们可以在一起讨论、确定文章中应当描写哪些行为。对该目标而言，所写出的文章应当包括：你会有什么身体反应？陈述两条控制情绪表达的规则。由于完成这一测题需要综合运用几种规则，因而，教师还要在完成该测题所需规则的数目上达成一致，并指出哪些规则是必须运用的，哪些可由学生选择。判断目标是否达到的标准不应是"11道题中有9道正确"。评分时，既要有质的标准，又要有量的标准，而且不同教师运用该标准的一致性，也关系到评分的信度。

在教学实际中，教师很少直接教给学生认知策略，因而对其评价也就相对少些。由于认知策略的教学关系到学生能否学会学习，其重要性不言而喻，而且，加强认知策略的教学，也是今后教学改革的趋势，因此，这里我们谈一下认知策略的评价问题。

认知策略是对内调控的技能，属于程序性知识，对它的评价宜采用建构式题目。但由于它的对内调控性质，对其评价又具有自己的特点。

如目标8：能采用表象策略记住中国各省的名称。在评价时，我们能否以学生正确说出或写出的省名的数目为标准呢？不能。学生虽能说出一系列省名，但不一定是采用表象策略的结果，也可能是采用机械记忆策略记住了各省的名称。因此，除了能正确说出各省名称外，我们还需要其它方面的信息。具体说，我们还需知道：学生说出或写出的省名的顺序是否与各省的实际位置有一定的吻合关系；这一策略的运用效果是否良好。再加上这两方面的信息，我们才可推断学生是否掌握了这一策略。

在解几何题时，学生要运用一些认知策略。对这些策略的评价，也不能仅仅以学生能否解出该题为依据。这时，我们往往采用出声思维的方式来评价，即让学生在解几何题的同时，说出自己是如何做的。通过分析学生的言语报告资料，我们可以推知学生是否运用了某一策略。

策略掌握的标准与其它知识类型的掌握标准不一样。如果说对智慧技能目标的评价是看学生具不具有某一智慧技能，认知策略的评价则不能局限在有还是没有上。而应当更多地关注策略的质即调控的效果，关注所用的策略能否有效地促进学习。因此，评价策略就成为判断学生问题解决得有多好，而不是采用及格－不及格式的评判。

第三节　教师教学的测量与评价

正如前文所述，评价教师的教学主要是评价教师所采取的教学步骤和方法是否有效地促进了学生的学习。评价的主体可以是教育管理与研究人员，他们通过评价，要能为教师的教学改进提出建议和指导。评价的主体还可以是教师本人。教师本人对自己教学的评价一般是在教学结束之后，这种评价活动又被称之为教学反思，这是一条促进教师将教育理论与教学实践结合的主要途径，对提高教师的教学技能意义重大，故而这里我们积极提倡教师的自评反思。对教学的评价，也随所教知识类型的变化而有不同评价的内容和方法。

一、以陈述性知识为主要教学目标的教学评价

以陈述性知识为主要目标的教学中，最主要的工作是促使学生将新知识纳入原有的知识体系，形成合理的知识结构。有质量的陈

述性知识教学能吸引学生的注意,引发学生有意义的学习。学生注意到学习内容,唤起原有知识,并存贮新知识。

陈述性知识的学习过程可以运用广义知识学习阶段和分类模型中第一阶段前四步和第二与第三阶段中的巩固和提取过程来解释。所以,教学评价应该侧重如下四教学环节:(1)原有知识的激活;(2)教材的组织与呈现;(3)促进知识的理解;(4)指导复习,促进知识的巩固。

教学前、中、后的教学评价是不同的。教学前评价可用评分表对教案进行评价。表 10-1 所示评分表就是用来分析陈述性知识为主的课堂教学设计的。在课堂教学中,教师主要用观察法来了解教学是否为学生的有效学习提供了外部条件。在陈述性知识的教学中,清晰板书、引导性问题等都直接影响学生的学习,教师要随时关注自己的实际教学是否满足了陈述性知识学习的要求。例如,某位教师最初运用提问技术来呈现新知识——"市场交易原则的定义"。通过观察,他发现让学生齐声朗读定义更能引导学生注意力集中于新知识上。课后教学评价主要采用评课和教学反思两种形式。表 10-2 就是一张评课例表,教师可用来评价教授知识的课。

表 10-1 以陈述性知识为主的课堂教学设计评价

评价标准	是	否
1. 新知识是否有意义?		
2. 是否提供了将新知识与原有知识相联系的策略?		
3. 是否用列表、大纲等形式将新知识分类?		
4. 是否为学生对新知识进行精加工提供了练习机会?		
5. 反馈是否包括了对判断标准的说明?		
6. 巩固练习时是否包括了提高兴趣、记忆效果的策略?		

表 10-2　以陈述性知识为主的评课表

评价标准	是	否
1. 原有知识结构激活 先行组织者 事件概括 例子		
2. 信息呈现 (1) 组织结构 标题 列表和说明 (2) 说明 类比/比较 激发想象 正例/反例 例子的无关特征 概括/总结		
3. 巩固活动 (1) 记忆帮助 (2) 迁移策略		

二、以智慧技能为主要教学目标的教学评价

当知识进入学习者原有的命题网络，在多种问题情境中进行练习，该知识就转化为按某种规则或程序顺利完成智慧任务的能力（技能）。相对应的教学设计要保证学生习得所教的新知识以及将习得的知识转化为智慧技能。表 10-3 是用来分析智慧技能为主的课堂教学设计的评价表。

表 10-3 以智慧技能为主的课堂教学设计评价表

评价标准	是	否
起点能力		
学习者是否回想起了他们原来具有的起点知识？		
是否提供了建立先决技能和新技能之间的联系？		
新信息的呈现是否将新概念和规则以有组织的形式呈现？		
概念的特征、内涵、例子能否描述或阐释清楚？		
是否提供了如何用规则和概念来判断例子的标准？		
变式练习		
规则的应用过程是否描述或阐释清楚？		
规则的例子是否包括明显无关的特征？		
概念的正反例是否足够？		
例子是否从简单到复杂，从不熟悉到熟悉？		
练习		
练习是否反映了智慧技能的运用？		
反馈是否提供了足够的信息或例子？		

在知识转化和应用阶段，题型或问题情景的变化，是帮助学习者获得熟练解决问题技能的关键环节。智慧技能的使用是具有情景性的。最近的研究发现，一些巴西儿童在街头兜售货物时会进行数学计算，但却不能回答学校情境中提出的类似问题。而学习经典教科书中脱离真实环境中的数学方程，就容易形成孤立的、单纯的和过于简单的理解。儿童不能灵活运用学校获得的知识来解决日常生活中的数学问题。因此，智慧技能课要重点评价是否设计了有代表性的典型变式，是否促进了学生形成恰当的认知表征。

三、以认知策略为主要教学目标的教学评价

认知策略与智慧技能的学习本质是相同的。教学评价也有相似之处。但认知策略与智慧技能的学习过程还是有一定的差异。认知策略学习的第一个阶段是知道该认知策略是什么的、有什么功用、包含哪些具体的操作步骤。第二个阶段是结合该认知策略适用的情境,对如何运用这一策略进行练习,逐步达到能够熟练甚至自动地执行认知策略的操作程序。第三个阶段是清晰地把握策略适用的条件,知道何时、在什么地方使用这一策略,并主动运用和监控这一策略的使用。教师可以分别从这三阶段进行全面、准确的教学评价,而且,认知策略的教学要更重视应用环节。

与智慧技能相比,认知策略很难在短时间内教会,而且更需要反省认知。在教认知策略时,要重视分析教学是否能很好地维持学生的学习动机。大量的认知策略也具有情境性,七十年代美国的一般思维训练大都以失败告终。例如,数学问题解决中一种重要的策略是制订分步计划。这种解题策略并不适用于化学学科中的问题解决,因为化学问题中包括更复杂、更分散的基本信息,如果学生将问题分解成小步骤,问题反而不容易解答。教师在评价认知策略教学时,也要考虑这一点。

第四节 目标导向教学的诊断与补救

一、学生未达标的原因分析

按照本书所讲的各类学习结果学习规律进行教学后,不可能所有的学生都达到了同样的水平,都能实现预定的教学目标。班级中出现几个不达标的同学是难以完全避免的。我们要坚持全面发展的

教育理念,不能让一个学生落后,对这些未达标的学生要查找原因,及时补上。

那么,造成学生未达标的原因到底是什么?我们认为,原因可以从内外两方面来分析。内部原因方面,学习成绩的公式:成绩=f(IQ,原有知识,动机),可以作出很好的解释。导致学生成绩不良原因,不外乎智力、原有知识基础、学习动机三种因素。这里的智力主要指心理测验测出来的智商分数,它在很大程度上反映了学生先天的能力。普通中小学的学生,智力一般都在正常范围,因而成绩不良的主要原因极有可能是原有知识基础和学习动机。在外部原因方面,主要是教师的教学,这是影响学生成绩的很重要的一个变量。如果教师在教学时采取的步骤和方法,没有起到促进学生学习的作用,则学生的学习就难以达到教师设定的目标。又如陈述性知识向智慧技能转化必须经过变式练习,要考虑变式练习题是否充分,练习中是否有必要的反馈和纠正。内外两方面原因的相互作用,导致一部分学生虽经学习也不能达标。

上述原因分析所依据的教育心理学的一般原理。对于某一个学生而言,情况千差万别,这就要求教师通过诊断测验找到某个学生在某门课学习上的特殊困难。例如,在学外语时,发音不准可能是由于受方言的干扰;在学物理时,物理的科学概念可能受物理的具体概念干扰。或者是由于从小没有养成良好的学习习惯,或者由于缺乏自信心等。对于特殊的困难,教师必须作出明确的诊断,才能有效地进行补救教学。

二、对学生的诊断与补救教学

明确了导致学生不达标的原因,接下来就要进行具体的诊断工作,找出学生或教师方面导致学生不达标的具体原因。这里的诊断,从另外一个角度看,其实就是测量与评价。明确了这一点,诊断的实施就很清楚了。在前两节介绍的学生学习结果的测评及教师教学的测评，在用作找出学生不达标的原因时，其实就成了诊断。通过测验，可以反映出学生在达成目标方面的原有知识或使能目标的缺陷；通过教学的评价，可以找出教师教学中不到位的方面。综合两方面的诊断信息，可以清晰地找出学生不达标的原因所在。

明确了具体的原因。接下来的补救教学也很容易。简单讲，补救教学就是重新教一遍。但这次的教是有的放矢的教，即针对诊断中查出的学生的缺陷或教师教学方面的不足进行改进基础上的重教。如果重教后仍有学生未达标，可能要重复上述的诊断分析及补救环节，直至学生达标为止。

下面我们提出补救教学的一些指导原则：

第一，针对性。补救教学不同于当前流行的大面积补课。大面积补课往往没有针对学生的特殊困难，占去了学生的宝贵时间，但效率不高。补救教学是在通过诊断测验并分析了学生失败的特殊原因的基础上进行的，做到"对症下药"，费时不多，但效率提高。针对性的补救教学不限于学生的知识技能，还应包括学生的学习态度，如自信心、学习习惯和学习方法等。

第二，及时。目标导向教学设计要求教师在每堂课针对每个教学目标进行检查测验，及时了解学生掌握情况，及时发现学生学习或教师教学上的缺陷，及时采取补救措施。例如，本书第七章提到的"按时间顺序分段"的教学实验，通过六篇文章的分析后，经测验只有 1/3 的学生达到了教学目标的要求。接着再补发 6 篇文章，组织学生学习讨论，讨论中，教师改进教学指导，引导学生领会"看文章中的时间变了，所写的事情是否随着发生变化"这一分段策略。经过 2 节课的教学，又有 2/3 的学生掌握按时间分段策略。在此基础上，教师引导学生从读过渡到写，并发动学生互帮互教。经过连续 8 节课训练，最后 90% 以上的学生达到教学目标的要求。这里的教学与补救教学是密不可分的。

第三，改变教法。由于有些学生学习的失败是由于教师的教学方法不当造成的，所以在补救教学时，教师不能重复使用导致学生失败的方法。例如，原苏联心理学家发现，教师在讲垂线时，所举例子都是与水平线垂直的线。测验时发现学生掌握的垂线概念是错误的。补救的方法是呈现垂线的变式例子。又如，对在班集体教学中阅读成绩不良的学生采用互惠式教学。学生由 4～6 人一组，先由教师示范阅读策略，然后再由学生相互示范并讨论阅读策略。7 年级学生原先只有 3 年级水平，经过短时补救教学，达到 7 年级平均水平。

第四，采用学生之间互帮互教。在我国现行班集体教学制度下，每个班集体约有 50 名学生。学生程度差异大是很正常的。一个教师很难对众多程度差异很大的学生进行有针对性的补救教学。可以组织学生互帮互学，好的学生帮差的。通过帮助他人，不仅使差生受益，优等生也能得到提高。

综合练习题：

1. "今天早餐我吃了一个烧饼、两根油条，喝了一杯凉水，后来又吃了一个鸡蛋和一个苹果。谁能告诉我，我吃的都是食物吗？无论说是或不是，都要讲出理由来"。一上课，我就提出了这么个怪问题。
该问题采用何种题型，测量的是学生的哪一类知识？

2. 凝华是指_____。

上述题目采用何种题型，测量的是学生哪一类学习结果？

3. 选择自己所写的一篇教案，运用本书及本章所讲的有关原理，试着对自己的教学设计进行评价。

4. 下面是一位教师讲述的一段教学过程设想，请运用本书及本章的相关原理对其进行评价。

在教学"物质"的概念时，我首先引导学生注意哲学概念的适用范围，打开他们的眼界。我讲世界是千差万别、千变万化、多种多样的，不过仔细观察，这种复杂的世界不外乎包括两大类现象：一类属于物质现象，是指：从宏观世界的日月星辰（地球只是其中的一个），到微观世界的原子、电子，从生产活动（纺纱、种地……）到阶级斗争等。一类属于意识现象，是人们对于日月星辰、原子电子的认识，组织生产的计划，阶级斗争的思想等。这些事物，学生都是熟悉的。现在把这一切都放在他们的面前（写在黑板上），并且告诉他们，这些都是存在于这个世界里的。

接着引导学生思考概念的涵义，这是一个抽象归纳的思维过程，学生并不是立刻就能完成的，需要一步步地引导学生得出结论。例如，概括"物质"的涵义时，首先让学生想一想物质现象有什么共同特性？然后又提出一些补充问题：是否都是看得见摸得着的？是否都是由原子组成的？桌子、椅子是看得见摸得着的，那么，空气、磁场能摸得着吗？自然界的物体都是原子组成的，那么，太平天国、辛亥革命等也是由原子组成的吗？然后作出概括的结论，同时引导他们看课本："物质是指离开人的意识而独立存在的整个世界。""物质的唯一'特性'就是：它是客观存在的，它存在于我们的意识之外"。哲学的"物质"就是概括这一切的最广泛的概念。

最后，对自然科学的物质构造和哲学的物质概念的区别和联系再作一下说明。因为这是他们容易混清的地方。[1]

5. 人体和哺乳动物的运动系统是由骨、骨骼肌和骨连结三部分构成的。有的学生把骨骼肌说成肌肉。肌肉有三种：平滑肌、骨骼肌和心肌。平滑肌分布在胃、肠等器官的管壁里；心肌是心脏所特有的肌肉；骨骼肌是附着在骨骼上的肌肉。构成运动系统的肌肉只有骨骼肌，哪能把平滑肌和心肌扯到里面！

导致学生将骨骼肌和肌肉混同的原因是什么？在补救教学时你打算怎样纠正？

6. 学生在地理课上学过什么叫化石。而后教师带领学生到山区去采集化石标本，结果很多学生采集的标本并不是化石，有的学生把岩浆岩表面树枝状薄膜当作苔藓和藻类的印痕，把并非植物的遗体或遗迹看成化石。

从测量与评价的角度看，教师带学生去采集化石，是一种测验的形式。测量与评价结果发现学生的表现并不理想，其中的原因是什么，应当怎样纠正？

---

[1] 陶祖伟：学生爱学才有活力，载吴铎主编：中国著名特级教师教学思想录（中学政治卷），江苏教育出版社1997年版，第360~361页。

第三单元
教学设计实施的支持条件

第十一章 激发与维持学生的学习动机

良好的课堂纪律和学生的学习动机是促使教学设计在实施过程中取得预期的效果两个重要的支持性条件。教师如何激发和维持学生的学习动机，调动学生的学习积极性呢？这些是本章要讨论的问题。本章首先对学习动机及其相关概念作一概述，并阐明学习动机与学生学习行为和学习效果的关系；接着对主要动机理论作一些比较研究；最后介绍动机作用理论模型，并在此基础上介绍激励与维持学生的内源性动机和外源性动机的策略。本章学习目标：

1. 用实例说明学习动机与兴趣、目标、成就需要、内驱力等概念的异同；

2. 根据现代心理学对学习动机概念的界定，评价本章所介绍的四种动机理论的合理性及其不足之处；

3. 举例说明如何激发与维持学生的内源性学习动机；

4. 举例说明如何激发与维持学生的外源性学习动机。

第一节 学习动机及其相关概念概述

一、动机与学习动机

（一）动机

要理解学习动机的含义，先要知道心理学中的动机这一术语的含义。在心理学中，动机指驱动人或动物产生各种行为的原因。动物的行为简单，其行为原因比较容易理解。人的行为复杂，其行为背后的原因不易解释。在心理学家研究心理现象时，直接观察到的是外界施加的刺激和机体（人与动物）作出的反应（行为）。至于包括人在内的机体为什么会出现这样那样的行为，在心理学回答涉及行为起因的问题时便假设一个中间变量，称之为动机，以解释行为的起因和动力。在涉及动物行为动机时常用需要和内驱力来解释。如食物剥夺引起饥饿，这种饥饿刺激作为一种内驱力驱使动物寻找食物。动物吃到食物，饥饿消失，停止寻找食物行为。在涉及人的行为时除了使用需要、内驱力等概念来解释之外，还用目标、兴趣、愿望、理想、信念等概念来解释。因此，需要、目标（或目的）、内驱力、兴趣、理想、信念等都成了描述人的行为原因的术语，它们所表达的概念难以严格区分。

动机有两种功能：第一，唤醒与维持功能。动机水平高的个体同动机水平低的个体比较，其情绪和意识处于较高的唤醒状态，在动机指向的目标达到之前，这种唤醒状态将维持下去。如学生在迎接高考或中考时，其唤醒状态保持较高水平，一直要到考试结束后，思想和情绪才会放松。第二，指向功能。有较强动机的个体，与无动机的个体相比，其思想和行为更集中指向动机得以满足的客体或事物。如一名球探与一名普通球迷同看一场足球赛，由于球探有特殊动机，其行为指向与普通球迷不同，他将注意力集中于他所需要的球员的表现上。

（二）学习动机

传统教育心理学把学习动机定义为激发与维持学生从事学习活动的原因。但现代教育心理学赋予这一概念更多的含义。如沃尔夫克(Woolfolk, A. E. ,2001)说："学习动机不只是涉及学生要学或想学，还涉及更多含义，包括计划、目标导向、对所要学与如何学的任务的反省认知意识、主动寻求新信息、对反馈的清晰知觉、对成就的自豪与满意和不怕失败。"[1] 沃尔福克把学习动机定义为"寻求学习活动的意义并努力从这些活动中获得益处的倾向"。[2]

学习动机既可看成一般个性特征，也可以看成暂时的唤醒状态。例如，通过人格测验，发现有些人有较高的成就需要，这种需要能持久推动学生的学习活动。这里的高成就需要既是个体的一种学习动机，也是他的稳定的个性特征。又如，在一节普通的历史课上，教师为了调动学生的学习积极性，先讲一个有趣的小故事，学生立即进入高度唤醒状态并准备投入后继学习。这样激起的学习动机是特殊的动机状态。由此可见，教师培养学生的学习动机应从一般个性特征和特殊动机状态两方面考虑。

在心理学中一般把学生的学习动机分为两类：一是内在的动机(intrinsic motivation)，即源于个体内在兴趣、好奇心或成就需要等内部原因所引起的动机，也称内源性动机。例如有的儿童对阅读文艺作品很感兴趣，一有空就读文艺作品，从中不仅获得知识，而且也获得语言表达技能。由内源性动机激起的学习活动的满足在学习过程本身，而不在学习活动之外的奖赏或分数，可以说是"乐在其中"。另一种支持学习的动机是外源性动机(extrinsic motivation)，即由外在的奖惩或害怕考试不及格等活动之外的原因激起的动机。学生努力学习，其满足不在活动过程本身，而在学习活动之外。

"愉快教育"这一口号强调通过激发学生学习的内在动机维持学习。但学生的学习不都像游戏，有的学习可能使人感到愉快，但许多

---

[1] Woolfolk., A. E., 2001, *Educational Psychology*, p.402。
[2] Woolfolk., A. E., 2001, *Educational Psychology*, p.402。

学习是十分艰苦的，如背诵数千个外语单词，要与遗忘作斗争；要使知识转化为熟练的技能等都需要进行大量的重复练习。没有远大的目标，没有适当的外来的压力，单靠个人兴趣是不可能获得成功的。

（三）动机在学习活动中的作用分析

动机与学习之间的关系可以概括如下：

第一，动机对学习的作用不同于原有知识的作用。原有知识决定新的学习能否出现。通过原有知识与新知识相互作用，原有知识将成为新的认知结构的一部分。学习动机可以加速或减慢新的学习过程的进行。但它只起催化剂作用，其作用是间接的，不直接参与新旧知识的相互作用。

第二，动机对学习的作用是通过努力、集中注意为中介而实现的，如学习动机作用较强的学生可以通过"笨鸟先飞"或主动向他人请教等方式提高自己的学习成绩。

第三，动机与学习之间的关系通常是互为因果关系，而不是单向关系。著名教育心理学家奥苏伯尔和加涅都持这种观点。加涅在阐明奥苏伯尔的动机观时指出："由于这种原因，又因为动机并非学习的一个必不可少的条件，所以没有必要把学习活动推迟到学生养成适当兴趣和动机之后再进行，通常教授一个没有动机的学生的最好办法就是暂时忽略他的动机状态，并集中精力尽可能有效地对他实施教学，尽管缺乏动机，但在任何情况下都会产生某种程度的学习；从学习的初步满足中他将充满希望地形成进一步学习的动机。因此在某些情况下引起学习动机的最好方法，是把注意力集中在认知方面，而不是动机方面，并且要依靠由成功的教育成就引起的动机来加强进一步的学习。"[1]

---

[1] R.M.加涅著：《学习的条件和教学论》，第312页。皮连生等译，华东师范大学出版社，1999年。

二、与学习动机相关的几个概念

学生学习的原因是多方面的,所以可以从许多不同方面来解释其行为原因,即学习动机。这些方面包括目标指向、兴趣与情绪、自我图式。

(一)目标指向(goal orientation)

人的许多行为动力可以用目标指向来解释。例如参加四年一届的奥运会并获得好成绩既是许多优秀运动员奋斗的目标,也是推动他们刻苦锻炼的动力。目标(goals)是个体在动机性活动中努力追求的结果。如学生顺利升学、动物吃到食物等都是个体追求的结果,所以都可以作为行为的目标。当学生按照目标指引的方向去努力学习时,学生的这种学习行为是目标指向的行为。在这种行为中,学生一般意识到他当前的状况(如成绩属于中等)和将要实现的理想状态(成绩达到优等)以及这两种状态之间的差距。目标激励个人努力去消除两者之间的差距。

心理学家认为,目标之所以对人起激励作用,其原因是:第一,目标能指引人的注意,使之集中精力去完成当前任务;第二,目标能激发人的努力,"鼓足干劲,力争上游";第三,目标能增加人的持久性,"不达目的誓不罢休";第四,目标能促使人寻求新的策略,改进学习或工作方法。

按当前状态和要实现的预期理想状态之间的差距大小,可将目标分为长远目标和近期目标。长期目标一般较为抽象、笼统;近期目标具体、明确。目标的动机作用对不同年龄儿童是不同的。一般来说,具体的短期目标有助于激励年龄较小的低年级儿童的学习;长远的抽象的目标不易被低年级儿童认可,故很难起到激励作用;相反对于高年级儿童或青少年来说,长远的目标可以对他们起持久的激励作用。

教师通过两种方式对学生的目标产生影响：第一是反馈。通过反馈告诉学生他们的努力已在逐渐接近目标，这种反馈会进一步激励学生朝着目标作出更大努力，或者进一步提高自己的目标。如在一项研究中告诉学生，他们已达到 75% 的目标，学生的自信、分析思维和成绩都得到提高 (Bandura, A., 1997)。

第二是认可目标。认可目标涉及两方面：一是学生认可他人为其确定的目标；二是学生自己建立目标。在这两种条件下目标的建立可以促进学习。

（二）兴趣和情绪

1. 兴趣

学前儿童喜欢看动画片，少年儿童偏爱看武侠小说，成年男子迷恋足球赛。人们常用兴趣来解释这样的行为，说学前儿童对动画片感兴趣，成年男子对足球比赛感兴趣。心理学把兴趣定义为个体对某人或某事物的选择性注意的倾向。兴趣是由内外两个因素构成的：一是个体内在的需要，二是外界的人或事物具有满足个体内在需要的价值。如学前儿童有求知需要，少年儿童有崇拜英雄、追求惊险刺激的需要，成年男子有发泄自身情绪的需要，因而动画片、武侠小说和足球赛能分别满足他们的需要，所以它们分别成了学前儿童、少年儿童和成年男子选择性注意的对象。

兴趣可分为直接兴趣和间接兴趣。直接兴趣是由外界事物或活动本身的性质引起的，如学前儿童对动画片的兴趣；间接兴趣是由活动结果的工具性价值所引起的，如认识到学好外语可以出国，因而对学习外语感兴趣。低年级学生因认知发展的限制，其学习兴趣主要是直接兴趣。间接兴趣随年龄增长而提高。

人们凡是从事与自己兴趣一致的活动便感到轻松和愉快，凡是从事与自己的兴趣不一致的活动会感到厌烦和劳累。因此教师和家长都感到在调动学生的学习动机时，培养学生的学习兴趣的重要性。常言道："兴趣是最好的老师"。在培养学生的兴趣时应注意两点：第一，人的学习兴趣总是与人的能力密不可分的。父母和教师只要仔细观察就可发现，凡是儿童有兴趣的活动，儿童总是在这方面表现出某种潜在能力，儿童在某项活动中由于表现较好，得到父母或教师的赞扬，他将对该项活动表现出兴趣，如此良性循环：因能力而导致兴趣，因兴趣而导致满足和能力提高。第二，所谓培养学生的兴趣主要指间接兴趣。年幼儿童不易认识活动结果的价值，包括它们对个人和对社会的价值。因此间接兴趣的培养是一个逐渐发展的过程。

2. 情绪与焦虑

现代学习心理学家认为，学习不是一个思维与解决问题的冷认知 (cold cognitive) 过程，而是一个伴有情绪的热认知 (hot cognitive) 过程。上面谈到的兴趣是与人的情绪分不开的。人们从事有兴趣的活动会感到愉快和轻松，在活动中得到满足。但人的情绪与学习的关系不是单一的，有时起促进作用，有时起抑制作用。

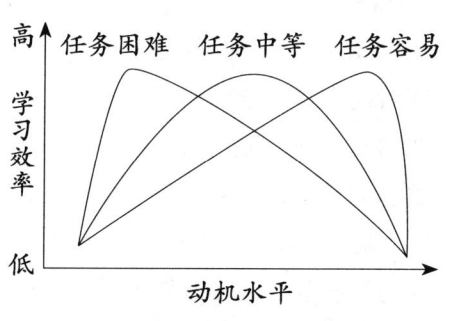

图 11-1　叶克斯 - 多德森定律

心理学研究较多的是人的情绪唤醒水平与学习成就的关系。早在上世纪初，叶克斯和多德森 (Yerkes, R. M & Dodson, J. D, 1908) 研究发现，情绪唤醒水平过高或过低都不利于学习，唯中等唤醒水平，学习效果最好。因为动机水平和焦虑水平都以被试的情绪唤醒水平为指标，而且当人在情绪唤醒时会出现心理和生理反应，包括脑电波模式、血压和心率与呼吸频率的变化，所以叶克斯-多德森律有时被视为反映动机水平或焦虑水平与学习成就之间关系的原理。

教师在运用叶克斯—多德森律调动学生学习的积极性时应注意如下几点：第一，对于高焦虑的学生应尽量少给他们学习上的压力，而对于低焦虑的学生应适当施加压力，使两者的唤醒趋向于中等水平，从而调动其学习积极性；第二，对于简单任务，如背外语单词，做算术口算题等，可以通过竞赛等方式提高学生的动机水平，从而提高学习积极性与学习效果。第三，对于带有创造性的新学习或问题解决任务，不宜用开展竞赛等活动来施加压力，而应放宽时限，让学生在轻松的环境下学习，效果更好。

（三）自我图式 (Self-Schemas)

自我图式是个体对自身的看法，包括对自己的能力、效能的信念和自我价值观等。

1. 关于能力的信念

心理学家认为，成人常采用两种能力观，即能力不变观和能力增长观。前者意味着能力是稳定的和不可控制的个人特质。据这种观点，有些人的能力比其他人强，而且每一个人的能力都是固定不变的。后者意味着能力是不稳定的，可控制的。通过努力学习和实践，随着知识增加，能力也会随之增长。

年幼儿童持能力增长观。大多数低年级儿童认为，努力与智力是同一回事，认为聪明的学生由于更努力变得聪明。如果你成绩差，你就笨，你肯定不用功；如果你成绩好，你肯定聪明，你一定很努力。而到 11 或 12 岁，儿童开始能区分努力、能力和成绩之间的差异。此后他们开始相信：有些人从不努力，但很成功，必定很聪明。这时有关能力的信念开始影响动机。

持智力不变观的学生倾向于确立成绩目标，他们既希望使人感到聪明，但又可以保护自己的自尊。他们选择做那些他们擅长又不要花太多努力的事，因为对他们来说，太卖力或失败都意味着能力低下。这种学生保护自尊的另一种策略是什么事也不干，因为你什么也不干，而你失败了，就没有人能责怪你无能。

持智力可变观的学生倾向于确立任务目标，他们希望提高自己的能力，因为对他们来说，能力的提高意味着聪明。失败不意味着没有希望，只意味着还需要更加努力，他们倾向于确立中等偏难的目标，这种目标具有最大的激励作用。

2. 关于自我效能的信念

自我效能感 (Self-efficacy) 的概念是班杜拉提出来的，他把自我效能感定义为"对产生一定的结果所需要的组织和执行行为过程的能力的信念"。(Bandura, 1997)

自我效能感不同于自我观念 (Self-concept) 和自尊 (Self-esteem)。自我观念是关于自我的一般观念，是个人对自己的多方面知觉的综合，其中包括个人对自己的情感、能力、兴趣、欲望，以及个人与别人的关系的了解等，也包括自我效能感。自我观念是通过内外比较而发展起来的，它需要利用其他人或自我的其他方面作为参照框架。而自我效能感只涉及成功完成某项任务的能力，不需要比较。它所涉及的问题是你是否能完成该任务，而不涉及其他人是否成功。自我效能感对行为有很强的预测作用，而自我观念没有这样的预测作用。

自我效能感也不同于自尊(或自重)，前者涉及个人对自己能力的判断，后者涉及个人对自己的重要性的判断。两者没有直接关系。例如某人可能感到自己在某一领域有很高的效能，但不一定有很高的自尊。反之亦然。

自我效能感通过确立目标来影响动机。如果某人在某一领域有较高的效能感,他将确立较高的目标,而且较少担心失败,最后影响其策略的选择。如果某人自我效应感低,他将不仅不可能确立高目标,而且可能回避困难的任务,"甘拜下风"。

自我效能感与归因有密切关系。如果把成功归因于内部的可以控制的原因,如能力或努力,则自我效能感将会提高。自我效能感也影响归因。若某人对于做某事有很强的自我效能感,他很可能会将失败归因于缺乏努力;若他对于做某事缺乏自我效能感,他很可能会将失败归因于缺乏能力。

从自我效能的研究可见,奥苏伯尔和加涅主张在某些条件下调动学生积极性的最好方法不是从动机入手,而是从认知入手。教师首先把课教好,使学生学有所得,使他们感到自己是有能力学好某种课业。学生有这样的自信,他才会投入学习的努力。

第二节 关于学习动机的理论

学习动机的理论是解释人和其他有机体产生并维持学习活动的原因的各种学说。这些学说有的是学习论的一个组成部分,暗含在学习理论中,有的是从广义的动机理论中引伸而来的。学习理论可以分为行为主义的,认知的和人本主义的,动机理论也可以作相应划分。

一、行为主义的学习动机理论

行为主义学习心理学家主要研究条件反应。在条件反应理论中暗含了两种动机理论——驱力说和强化说。

在巴甫洛夫经典条件反应实验中,研究人员为了让从事学习的动物(如狗)增强学习的动机,必须让动物处于某种程度的饥饿状态,如在 24 小时内剥夺狗的进食。饥饿使动物保持对外界环境刺激变化的警觉,注视预示着食物即将到来的信号(条件刺激)。这样条件反应易于形成。

在经典条件反应理论中暗含的动机理论是驱力说。驱力说也称内驱力说。这一理论假定,机体需要的剥夺产生内部刺激,这种内部刺激形成驱力(Drive,也译成内驱力),驱使机体产生并维持降低驱力的活动。该活动导致需要满足,立即便停止。这一理论可以解释动物的训练,但是很难解释人类的学习。

在操作条件反应理论中暗含的动机的理论是强化说。斯金纳认为,机体有两种行为:一是应答行为,如在经典条件反应中,机体对条件刺激所作的应答反应。另一种行为是操作行为。这些行为是机体自发产生的,如鸽子不停地啄地板或其他物体。这种行为如果受到强化,如鸽子通过啄某一物体而吃到食物,它就会继续啄该物体。如果持久不给食物,即取消强化,该行为会消失。在斯金纳看来,操纵机体行为之后的强化事件可以引发和维持机体的学习行为,因此他认为,不必在强化之外去寻找机体行为的原因,强化理论足以解释机体行为的原因。强化论可以解释婴儿和低年级儿童的许多学习行为的原因。如有些婴儿见到家里某个最亲近的人便又哭又闹,这种行为的原因可以用亲人本身的强化来解释。

二、认知心理学的动机理论

自从 20 世纪 60 年代认知心理学兴起之后,学习理论以认知论占优势,相应的学习动机理论也以认知论为主导。

（一）认知学习论中蕴含的动机理论

许多认知学习理论中都蕴含动机理论，如奥苏伯尔的有意义言语学习理论认为，有意义学习必须具备三个前提条件：一是学习材料具有逻辑意义，二是学生认知结构中具有同化新材料的原有知识，三是学生具有有意义学习心向。第三个条件就是讲的学习动机，指学生主动使新旧知识发生相互作用的意愿。加涅用信息加工观解释学习。他所提出的学习的信息加工模型包括这三个部分：加工过程、执行控制过程和预期。其中的预期指学习的动力过程。学习是这三个过程相互作用的结果。沃尔福克说："认知观的一个中心假设是，人们不是对外部或生理事件如饥饿进行反应，而是对这些事件的理解进行反应。你可能如此投入一项工作，以致你忘了吃饭，在完成任务之前，你没意识到你的饥饿，食物的剥夺并没有自动激起你寻找食物的动机"。[1]

认知观的动机论中最有代表性的理论是维纳的归因论。在社会心理学中，归因原意指分析人的社会行为的原因。在动机理论中，指人们对自己成功与失败的原因的理解和所作的因果判断。这种理解和判断反过来又会影响人的行为选择，成为人的行为动机，所以归因论是从研究人对自己的行为后果的认知（理解、判断）来探究人的行为动机的理论。

（二）维纳的三维归因分类

维纳提出，可以根据三个维度对成败的原因分类。这三个维度是：(1) 内外维度。据此可把导致成败的原因分为内部原因和外部原因。内部原因即个人自身的原因，如个人的能力、努力等；外部原因即个人自身之外的原因，如任务难度、运气等。(2) 稳定性维度。

---

[1] Woolfolk., A. E., 2001, *Educational Psychology*, p.372。

据此可以把内部和外部原因再分为稳定的原因和不稳定的原因。(3)可控制维度。根据稳定和不稳定的原因还可再细分为个人自身能控制的原因和个人自身不能控制的原因。

表 11-1 威纳的归因模型

	内部（归因）		外部（归因）	
	稳定的	不稳定的	稳定的	不稳定的
可控的	平时的努力	对特定任务的努力，随知识技能而增长的能力观	通常他人（如老师）对我的帮助	这次工作我得到的帮助
不可控制的	恒定不变的能力观	情绪、健康	任务难度	运气

1. 学生的归因

研究表明，在上述多种归因中，只有努力、能力、任务难度、运气和心境是学生常用来解释学习成败的主要原因。从大量的资料分析得知，儿童（也包括成人）通常都有一个自我保护系统。他们一般把成功归之于内因（努力、能力），把失败归之于外因（任务难度和运气不好）。但也有些学生不能运用这种自我保护策略，把自己的学习成绩不良归因于自己缺乏能力，常常避开以成就定向的活动或者在这种活动中不愿努力。有一项研究分析了自小学五年级到高中三年级 743 名被试的归因模式，结果表明，学生的归因模式能有效地预测他们将是否选择要求技能、努力或运气的任务。除了把失败归因于内部原因之外，还有一些学生把成功归因于外部原因，如考试容易或运气好等，他们在成功之后找不到进一步努力的方向。这两种归因模式都是消极的，在成绩不良的学生、残疾儿童以及某些女生中有较普遍的表现。

2．教师的归因

根据心理学家的分析，在评论学生的测验时，教师常常把学生的成功归因于学生的家庭条件、努力、兴趣和教师好的教学技能。但当学生考得不好时，教师常指责学生准备不充分、能力低、家庭条件差和考题难。也就是说，教师倾向与学生共享考试成功的荣誉，但把失败的责任归之于外部(非教师)的原因。这虽然可以用自我保护机制来解释，但它不是一种良好的敬业精神。教师越愿意为学生的失败承担个人的责任，他们将更加努力为避免学生的失败作出奉献。

3．控制源与人格特征

控制源(locus of control)又译控制点，指导致成败的原因在自身之内或自身之外。归因研究发现，人们对决定自己的活动与命运力量的稳定看法将成为他们的人格特征。心理学已区分出内部控制与外部控制两种不同的人格特征。具有内控特征的人认为，自己所从事的活动和活动的结果是由自身具有的因素(如能力或努力)所决定。具有外控特征的人则认为自己的活动及其结果受命运、机遇和他人的摆布。在现实生活中极端的内控者和外控者是不多的。一般来说，内控者具有较高的成就动机，外控者的成就动机相对要低些。内控者把学业上的成功归因于能力和勤奋，把失败归因于努力不够。因此，成功将会给他们带来更多的鼓励，使学习信心进一步提高，失败则是需要付出更大努力的标志。不论学习成败，他们都会促使自己投入更多的精力，显示出更高的学习积极性。相反，外部控制者把学习的成败归诸外界因素，如把学业成功归因于猜对了答案、碰到好运气等；把失败归咎于教师教得不好、题目太难等客观因素。不论学习成败，他们的反应都是消极的。他们对自己的能力和努力都失去信心，对学习缺乏兴趣，不愿投入更多的精力和作出更多的努力。可见，要改变一个人的稳定的归因看法涉及改变一个人的人格特征，通过改变人格特征来影响其行为动机。

4. 教师情感与学生的归因

一系列研究表明，教师的情感表示影响学生的归因。S. 古勒姆的研究发现，学生测验成绩不良，老师生气，这意味着教师相信学生未作充分努力。同样，教师对学生的不良成绩表示同情，意味着他相信学生缺乏能力。教师把学生失败的原因归于学生缺乏努力且表示愤怒，会造成学生内疚感。这种内疚感常常是一种积极的激励力量。把失败归因于低能并表示同情，会造成羞愧感，而羞愧感不是一种积极的激励力量，反而会导致学生退缩、回避。此外，对完成容易的任务的表扬，对未完成这种任务不给批评，以及过多不必要的帮助，也会像教师的同情一样，导致事与愿违的结果。教师和家长都必须恰如其分地对儿童进行批评、表扬，表示同情和给予帮助。

三、人本主义与心理测量学的动机理论

（一）成就动机理论

人本主义心理学家和心理测量学家从未提出过系统的学习理论，他们用需要来解释人的行为动机。早期的心理测量学家如默里(Murray, H. A.)通过主题统觉测验(Thematic Apperception Test, 简作 TAT)发现，不同的人对成就的需要不同。麦克勒伦(McClelland, D. C.)等人认为，人的许多行为能够用单一的需要，即成就的需要来解释。

主题统觉的材料包括许多图片，测验时要求被试根据图中所描绘的人物或事件构思出一个故事。隐含在这类测验之中的一个基本思想是动机会影响一个人的想象，因此人的主导动机可以在他构思

的故事内容中流露出来。麦克勒伦还发现，具有高成就需要的个体（即成就需要测分高者），一般来说是一些有开创性的人，是能够察觉到自己周围的挑战并能成功地应付挑战的人。

阿特金森对成就动机理论的许多方面作了提炼，他的主要贡献是，区分了这种动机中的两种不同倾向：其一是力求成功的需要；其二是力求避免失败的需要。人们在这两种特征的相对强度方面各不相同，可以分为力求成功或力求避免失败这两种类型的人。阿特金森认为，生活使人面临难度不同的任务，他们必然会评估自己成功的可能性。力求成功的人旨在获得成就，并选择能有所成就的任务。这种情况最有可能发生在他们预计自己成功的可能有50%的把握时，因为这给他们提供了最大的现实挑战。如果他们认为成功完全不可能，或胜券在握，动机水准反而会下降。反之，避免失败的需要强于力求成功愿望的人，在预计自己成功的机会大约有50%时，则会采取回避态度。他们往往选择极其困难的任务，这样即使失败，也可为自己找到合适的借口。

（二）马斯洛的需要层次论

人本主义心理学家马斯洛对人的需要作了一个全面分析，提出了需要层次论。他承认人的某些活动是由生物需要驱动的，这些行为可以用需要剥夺、内驱力和强化等概念来解释。但他反对用这些概念来解释人的一切行为。他提出人有七种基本需要，按其满足的先后，可由低级到高级排成一个需要层次（见图11-1）。

满足这七种需要是推动人的各种行为的动力的基本源泉。在用这一动机理论来解释人的行为时，马斯洛提出如下假设：第一，人的需要的满足有先后之分，越是低级的需要越是要先满足。只有较低级的需要基本满足以后才能产生较高一级的需要；第二，图中下面的四级需要属缺失性需要。当这些需要尚未满足前，它们一直推动人从事满足需要的行为。但一旦满足，行为暂时停止。上面三级需要属成长需要(又称丰富性需要)。它们是在适当程度的满足以后才产生的，而且不会暂时终止，因此将一直推动人去从事满足这些需要的行为；第三，人类的最高级的需要是自我实现，即使人的全部内涵得以实现的愿望。自我实现的人不仅为自己和他人所认可，而且心胸开阔、幽默、独立、具有创造性。这一理论在企业管理和学校教育管理中有较大影响。其基本精神是：领导者或教师首先要关心人的基本需要，使职工或学生能温饱、有安全感和自尊感。当这些基本需要适当满足以后，则应充分相信自己的职工或学生。他们天生有学习、求知和实现自己价值的愿望，关键是要善于引导，使其潜能得到充分发挥。

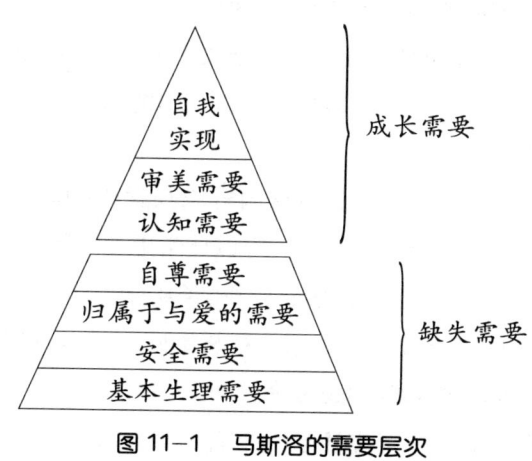

图 11-1　马斯洛的需要层次

第三节　激发与维持学生的学习动机

从本章第一节可见，在现代教育心理学中学生的学习动机概念有了很大发展。热认知口号的提出表明,人的认知与他的情感是密切相关的。这就要求教师在整个教学过程中更多地关心学生的学习动机。下面介绍两个动机作用模型:

一、激发与维持学生的学习动机两个模型

(一)ARCS 模型

ARCS 模型是由科勒(Keller, J., 1987)提出的。这里 A 代表注意(Attention),R 代表贴切性(Relevance),C 代表自信心(Confidence),S 代表满足(Satisfaction)。加涅在其《教学设计原理》(1992 年第四版)中引述了这一动机作用模型,以此指导教学设计中如何考虑学生的学习动机,也就是说,教学设计者应从注意、贴切性、自信心和满足等 4 个方面调动学生的学习积极性(参见表 11-2)。[1]

1. 注意:对于低年级学生可以通过卡通片、彩色图片、故事等激发学生的兴趣;对于高年级学生可以提出能引起他们思索的问题,激发其求知欲。

2. 贴切性:教学目标和教材内容应与学生的需要和生活相贴近;为了提高课程目标的贴切性,可以让学生参与制定目标。

3. 自信心:为了建立自信心,教学中应提供学生容易获得成功的机会。如教师课堂提问时注意将难易不同的问题分配给不同程度的学生,使他们都能参与问题讨论。

4. 满足:每节课都应让学生学有所得,让学生从成功中得到满足;对学生学业的进步多作纵向比较,少作横向比较,避免挫折感。

---

[1] R. M. 加涅著,《教学设计原理》,皮连生等译,华东师范大学出版社,1999 年,第 120~121 页。

表 11-2　ARCS 动机作用模型

种类和亚类	处理的问题
注意	
A1 感知的唤起	我做什么才能引起他们的兴趣？
A2 好奇的唤起	我怎样才能激起求知的态度？
A3 变异	我怎样才能保持他们的注意？
贴切	
R1 目标定向	我怎样才能更好地满足学生的需要（我知道他们的需要吗）？
R2 动机匹配	我怎样、何时向我的学生提供合适的选择、责任感和影响？
R3 熟悉	我怎样才能将教学与学生的经验联系在一起？
信心	
C1 学习需要	我怎样才能帮助学生建立积极期望成功的态度？
C2 成功的机遇	学习经历将怎样支持或提高学生对自己的胜任能力的信念？
C3 个人的控制	学生将怎样清楚地明白他们的成功是建立在努力和能力基础之上的？
满意	
S1 自然的结果	我怎样才能给学生提供应用他们新获得的知识或技能的有意义的机会？
S2 积极的结果	什么东西将对学生的成功提供强化？
S3 公平	我怎样才能帮助学生对他们自身的成就保持积极的感受？

学习动机和学习目标是互动的，要素和途径也将是十分多元和丰富的。ARCS 模型的设计者凯勒 (John. M. Keller) 在完善此模式之前曾提出激发动机的 17 条处方 (途径)。在我们的教学实践中，由于对动机理论了解不多，同时对引起行为的动机的要素和途径的多样性认知不足，所以对学生动机的设计不够重视。其实教师完全可

以在教学实践过程中去发现一些新的要素和途径，前人并未穷尽这些生动的内容。

(二)TARGET 模型

这里的 TARGET 是任务设计、权威性、学生的认可、分组的安排、评价和时间分配中的任务、权威性、认可、分组、评价、时间六个英文单词的第一个字母，TARGET 模型就是由这六个要素组合起来的一个动机设计模型。由艾泼斯坦于 1989 年提出。六大要素的特征见表 11-3。[1]

表 11-3 影响动机和学习的 TARGET 因素

因素	特征
任务	学习活动和作业设计
权威性	学生能够担当领导，形成独立性并控制学习活动的程度
认可	各种正式或非正式的奖励、诱因和表扬的使用
分组	个体、小组、大组
评价	用于监控和评估学习的方法
时间	工作量、教学的步骤、完成任务的时间分配等的适当性

任务要素：包括学习活动和作业的设计。任务是以结构的形式呈现的，这是任务要素的一个突出特征。在单维的课堂中，学生采用相同的材料，完成相同的任务，因此能力的不同可以归结为动机的差异，在多维的课堂里，学生从事不同的任务，较少有社会比较的机会。

通过任务来激发学生的学习动机的途径很多。如挑战性：使任务多样化和富有挑战性。目标导向：帮助学生制定切合实际的目标。

---

[1] [美] 戴尔·H·申克著，韦小满等译：学习理论：教育的视角，江苏教育出版社，2003 年第 1 版，第 417 页。

形成策略性技能：帮助学生形成组织的、管理的和其他策略性技能。

权威性：就是让学生能够担当领导，形成独立性并控制学习活动的程度，从实践中可以看出，学生是否能够担当领导，形成独立性并控制学习活动对于激发他们的学习动机有着积极的作用。

提高学生权威性的途径有：决策地位：让学生参与决策并承担领导角色。选择性：给学生一定的选择机会。领导能力：教给学生一些技能来对学习负责。

认可：包括正式和非正式地使用奖励、诱因和表扬等，这些办法对激发学生动机具有重要作用。为了避免学生之间的比较或者突出别的学生的短处，建议可以不公开地进行。

认可的途径有：面向全体：为所有的学生提供奖励的机会。关注变化：对学生的进步、成功、努力加以认可。重视自我：对学生的自我指向的策略使用加以认可。

分组：主要关注学生与他人合作的能力。同时个人化的活动也很重要，因为它提供了学习进步的明确的标志。分组的途径有：异质和交互：运用异质合作小组形式和同伴交互作用的形式，这样就有可能保证能力上的差异不会转化为动机和学习方面的差异。效能感：低成绩者从小组学习中获益最大，因为小组的成功中有自己的一份贡献，这使学生产生效能感。学习责任承担：小组活动使得更多的学生承担学习的责任，避免少数学生做所有的工作。

评价：是用于监控和评估学生学习的一些方法。我们常用的常模参照评估系统会降低那些成绩比别人差的学生的自我效能感。

评价的途径有：学习进步和掌握程度：评价学生个体的进步和掌握程度。改进机会：给学生机会来改进学习，如修改作业以取得更好的成绩。

时间：包括工作量、教学的步调和完成任务的时间分配等的适当性。

时间安排的策略途径有：适当调整时间和改变任务：对有困难的学生来说，提高动机和学习的有效策略就是调整时间或改变任务要求，允许学生制定自己的进度表和时间表。让学生自己安排时间：更多地让学生自己安排时间，这有助于减轻焦虑，促进自我调节策略的运用和自我效能感的发展。

美国学者斯皮策(Daen R. Spitzer)在《超级动机》一书中指出，许多教学理论把动机仅作为教学的预备阶段或先决条件的因素来看待，认为动机只发生在正式教学开始之前，例如"激发动机"、"引起注意"、"建立定势"等等。斯皮策还说："很多人都知道动机对学习的重要性，但常常说不出它是什么及如何有效地加以利用。"从课堂教学实际情况来看，上面的论述都是很中肯的。

从以上两个动机模型，我们可以看到：

1．动机是一个相当复杂的系统，与动机相关的因素很多。正因为这样，激发和维护学习动机的方法也是多种多样。教师可以在教学实践中不断挖掘和探索。

2．在教学设计中要全程地考虑动机的问题。我们提出的目标是两个维度：激发和维持，仅仅只有激发而没有维持，只是在开始时热闹一阵子，后面的场面不能维持，课堂教学仍然会失效。从某种意义上讲，动机设计要随着教学事件的发展而发展，动机处方(途径)要与教学事件对应。只有真正做到这一点，才有可能做到激发与维持相统一，即在激发中维持和在维持中激发，使课堂教学的全过程处于最佳的唤醒状态。

二、激发与维持学生学习动机的策略

根据马斯洛需要层次论，学生的学习动机属于满足较高层次的需要，实现这种需要的前提条件是某些低级的需要必须先得到满足。所以下面先提出有关的前提条件，然后根据学生内源性动机和外源性动机特点，提出相关的激发与维持动机的策略的建议。

（一）激发与维持学习动机的前提条件

1．教师应善于管理课堂，维持课堂纪律，使正常的教学活动不致受到纪律不良的学生的干扰；

2．教师必须与学生建立正常的师生关系，教师有耐心、公正、友善，使学生有爱和归属感；

3．布置给学生的学习任务必须是学生既能胜任但又有一定难度的，太易和太难的任务都不能调动学生的学习积极性；

4．学习任务必须是真实的，也就是说，对学生有一定实际意义的。

（二）激发与维持内源性动机的策略

内源性动机是源于诸如兴趣、好奇性、求成的需要或自信心等个人特征的动机，所以激活与维持学生动机的根本策略是教师长期坚持培养学生求知、求成的需要，通过成功的学习经验又增强他们学习自信心和效能感。发展学生的个性品质既是教育的手段，也是教育的目的。

1．培养学生学习兴趣和求知欲的策略

(1) 创设问题情境，激发学生求知欲

创设问题情境就是在讲授内容和学生求知心理间制造一种"不协调"，将学生引入一种与问题有关的情境中。创设问题情境是应注意问题要小而具体、新颖有趣、有适当的难度；有启发性，善于将所要解决的课题寓于学生实际掌握的知识基础之中，造成心理上的悬念。

(2) 丰富材料呈现方法

通过采用图画、幻灯、录像、报告会、实验演示、野外考察等多种方式来培养学生对学习材料的浓厚兴趣。教师也可以通过使学生参与学习活动过程来达到以上的目的。

(3) 利用学习动机的迁移

在学生没有明确的学习目的、缺乏学习动力的时候，教师可利用学习动机的迁移，因势利导地把学生已有的对其他活动的兴趣转移到学习上来。利用动机迁移原理时，教师必须要让学生感受到，充分理解原有活动必须学习好即将要学习的知识，从而激发学生学习新知识的动机。

必须注意，这些做法主要适用于年龄较小的小学生，随着年龄增长和年级升高，学生发展了间接兴趣。间接兴趣是因学生认识到学习结果的工具性价值决定的。所以教师应着重引导高年级学生认识到，所习得的知识技能在未来的学习和工作中的价值，从而发展他们之间的间接兴趣。

2．通过归因训练或归因指导，提高学生的自信心和效能感

要提高学生对能力的自信心和自我效能感，就必须改变学生不正确的归因。研究表明，通过归因训练，学生的不正确归因是可以改变的。心理学家已在归因研究的基础上设计了一些专门程序，对成绩不良且自甘失败的儿童进行训练。基本做法是教师进行内部归因示范，对学生在内部归因方面的认识予以系统强化，使学生逐步认识到，成绩不良是由于自己缺乏努力的结果，进而增强学习信心。一个训练程序一般持续约一个月，先在某一学科上取得进步，然后促使训练效果迁移到其他学科。F. 福斯特林于1985年回顾了15个有关研究，他的结论是："只要给普通教师提供一些训练或自学的机会，他们便能改变自己的学生的归因模式和成就动机。"教师的一言一行都会影响学生的归因模式的发展和变化。

教师还可以采用如下策略提高学生的自信心和自我效能感：

(1) 让学生根据自己的实际水平开始某项新的学习任务；
(2) 为学生设置明确、具体和可以达到的目标；
(3) 强调学生自己前后比较，避免学生之间的横向比较；
(4) 为学生提供解决问题的示范。

3．培养学生对成就的需要和成就感

据马斯洛需要层次论，实现自我价值和力求成功是每一个人都具有的高级需要，但必须以爱和自尊等较低级需要满足为前提。培养学生求成需要和成就感主要是针对那些学习成绩不好、被人看不起、有些自暴自弃的学生。所以激励成就感较差有些自暴自弃的学生的学习动机的前提是教师（包括家人和同伴）应改变对他们的不良态度，给予他们更多关爱和尊重。在成绩最差的学生身上也可以找到闪光点，如文化知识学习得不好的学生可能有很强的动手能力，或者在体育上有超人的表现。教师可以先找出这些闪光点并加以发扬，从而激发与培养他们的成就感。

（三）激发与维持外源性动机的策略

1．及时提供反馈信息

了解自己活动的进展情况本身就是一种巨大的推动力量，会激发学生进一步学习的愿望。教师及时提供反馈信息能帮助学生及时发现、纠正错误，调整学习的进度，使用合适的学习策略来完成学业任务。如果学生在学习很长时间之后，仍不能知道其进展情况和所取得的成就水平，不能指望学生会继续保持巨大的学习热情。罗斯(D. Ross)等做过一个很有说服力的实验。他们把一个班级的学生分成三组，每组给予不同的反馈。对第一组，学习后每天告诉其学习结果；对第二组，每周告诉其学习结果；对第三组，则不告诉学习结果，如此进行8周后，改换条件。三个组16周的学习成绩如图11-3所示。

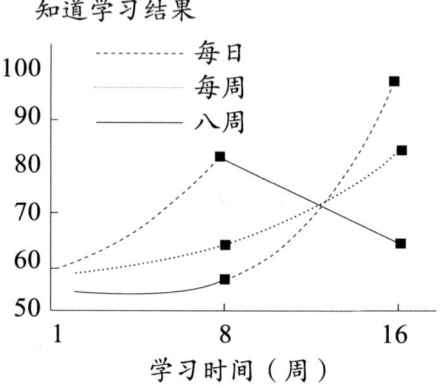

图 11-3　不同反馈的动机作用

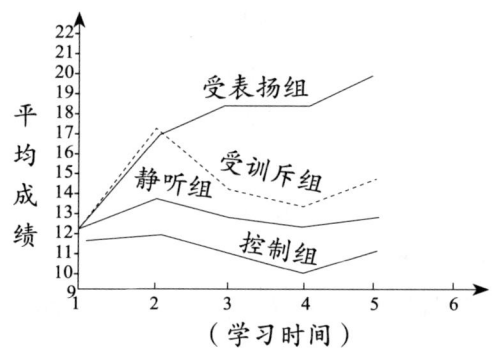

图 11-4　奖励与惩罚对学生学习结果的影响件

实验结果表明：在第 8 周后，除第二组显示出稳步的前进以外，第一与第三两组情况则变化很大，即第一组成绩逐步下降，而第三组成绩则迅速上升。由此可见，反馈在学习上的效果是很明显的，尤其是每天及时反馈，较之每周反馈效果更佳。如果没有反馈，不知道自己的学习结果，则缺乏学习的激励，很少进步。所以教师应尽可能让学生及时准确具体地了解自己学业的进展情况及取得的成就，对学生完成的作业（练习、试卷等）的批改切忌拖延，也不能过于笼统，只给"对错"，尤其是对错误的批改分析，越具体，越有针对性，效果越好。

2. 适当使用表扬和批评

尽管在一定的情形中适度的批评和惩罚对促进学习是有效的，但一般来说表扬、鼓励、奖励要比批评、指责、惩罚更能有效激发学习动机。赫洛克(E. B. Hunlock)曾把100名四、五年级的学生分成四个等组，在四种不同诱因的情况下进行加法练习，每天15分钟，共进行5天。第一组为受表扬组，每次练习后给予表扬和鼓励；第二组为受训斥组，每次练习后，严加训斥；第三组为观察组，每次练习后，既不给予表扬，也不给予批评，完全不注意他们，只让其静听其他两组受表扬和挨批评；第四组为控制组，让他们与另外三组儿童隔离，单独练习，不予任何评价。最后测量其成绩，结果如图11-4所示。

就学习的平均成绩来看，三个实验组的成绩均优于控制组，受表扬组和受训斥组的成绩又明显优于观察组，而受表扬组的成绩不断上升。这表明对学习结果进行评价，能强化学习动机，对学习起促进作用。适当表扬的效果明显优于批评，而批评的效果比没有批评好。

虽然很难做到，但所有学生的所有进步都是应当受到肯定、表扬和鼓励的，使之体验成功，产生能力有效感。只奖励少数学生的课堂是不能激发大多数学生的，尤其是低成就和力求避免失败的学生，对他们来说，教师这种对表扬和奖励的"吝啬"和"偏向"只有负作用(特别是对集体性的和有风险的活动)。假如一个人的学习从来受不到老师的肯定、关注、表扬，尤其对未成年人来说，失去学习的动力就不奇怪了。但是，这并不意味着表扬和奖励可以滥用。对学生进步的认可，除了要有普遍性外，还要有针对性。任何的批评和表扬都应让学生感到是有理有据的，使对自己努力和能力的肯定，过与不及都有损动机作用。试想，当一个学生按任务要求做出难度较大的数学题时，教师却对作业的整洁大加赞扬会产生什么效果？而学生认为自己不费吹灰之力就完成一次作业，或作业做得很不怎么样的时候教师却把他大大表扬一通，正如我们在第二节中所讲的，这时学生很可能做出这样的归因：这么糟的东西，他竟然表扬我，一定以为我是个笨蛋。所以，勃洛菲(J. E. Brophy, 1981) 提出，表扬一定要针对真正的进步与成就，而且是在有客观的证据直接表明进步与成就出现时给予，要向学生说明理由，使之归因于努力和能力。他同时还建议，表扬应私下进行，这一点似乎值得商榷，因为评价进行的方式应当考虑到学生的年龄、人格特征及情境因素等，不能一概而论。

3．外部奖励的使用要适当

学生不可能在任何时候对任何学习内容都有兴趣，在这种时候适当使用外部奖励可以激发其学习动机。但是外部动机作用不会使学习活动指向掌握目标，学生不会在学习中采取积极的学习策略，难以产生成功感，从而培养能力信念。而且外部奖励使用不当比表扬的滥用危害更大，不仅会使学生产生消极归因，更有可能损害原来已经有了的宝贵的内源性动机。莱珀(M. R. Lepper, 1989) 称之为外部奖励的隐蔽性代价，即对原来有内在兴趣的活动因不适当外在奖励而损害对活动本身的兴趣。所以奖励并非越多越好，尤其是外部的物质性奖励应当慎用。教师应首先了解学生原有的学习兴趣，然后再考虑外部奖励是否必要。

4．改革学校和课堂奖励结构

新近的学习动机研究表明，传统学校和课堂奖励结构以成就定向，追求升学率和考试成绩，注重学生之间的横向比较，这些做法奖励的是学生的成绩而不是学生的真正的掌握，不利于调动学生学习的积极性。普莱斯利等说:"大量证据表明,改革学校使之更有助于激励学生学习动机的最大问题之一,是美国人被等第观俘虏了,每当我们与教育家谈论重新建构课堂结构,使之提高学习动机时,总有一个可怕的幽灵——成绩报告单撞进来。只要学生取得了进步,人人可以获得 A 等的理想恰好不适合美国学校的评价制度"。[1] 因此,心理学家呼吁重新建构学校和课堂结构,使之从成绩定向转向掌握定向。按掌握定向的奖励结构,应保证每一个学生学有所得,只要他取得进步,都有权取得好的分数和评价。

综合练习题:

1. 结合教学中的实例,说明学习动机与学习效率的一般关系。
2. 依据学习动机模型,反思自己在课堂教学中对学习动机处置的恰当性。
3. 跟踪一位有经验的教师,观察并记录其教学行为,分析和说明他(她)是如何激发和维护学生的学习动机的。

---

[1] M. Pressley, & C. B. McCormick(1995), *Advanced Educational Psychology*, p.139。

第十二章　课堂管理

在前面诸章讨论教学设计时,更多是将学习者作为个体来考虑的。而学生在学校的学习活动是在社会情境中进行的,教师应当关注那些能够影响学习过程的团体因素和社会因素。学生在学校中是某一班集体的成员,所以他们的学习动机、社会行为、人格发展以及价值观和态度,都要受到其与教师、同学相互作用的影响。学生在学校中学习的主要形式是课堂教学,教师在教学设计中要考虑如何通过协调课堂内的各种人际关系,以实现预定的教学目标。

这种对课堂内各种人际关系的调控过程,心理学称之为课堂管理。有效的课堂管理主要具备两个功能,一是促进功能,二是维持功能。本章在第一节阐述了课堂管理的一般概念之后,将在第二节和第三节分别论述课堂管理的促进功能和维持功能。本章学习目标:

1. 能陈述课堂管理的两种功能与影响课堂管理的主要因素。
2. 能举例说明群体动力与课堂管理的关系。
3. 能用课堂管理的心理学原理客观地分析一位教师课堂管理的经验。
4. 为新教室设计课堂结构设置的方案。

第一节 课堂管理概述

一、课堂管理的概念

什么是课堂？我们所指的课堂是现代教学实施的形式和场所。说他是教学实施的形式，就是现在人们常常讲到的标准化、同步化、批量化的教学形式。说他是教学实施的场所，就是现代教学都是在课堂中进行的。课堂由三大要素构成：教师、学生、课堂情境。课堂不是三大要素的简单相加，而是形成一定的层次结构的有机实体。

15世纪以前，学校采用的是个别教学形式。16世纪，课堂教学开始萌芽。17世纪，捷克著名教育家夸美纽斯(J. A. Comenius)总结了前人和自己亲身的教学实践经验，在其所著的《大教学论》中首次系统地论证了课堂教学制度，奠定了课堂教学的理论基础。此后，课堂教学很快在欧洲各国普遍推广，并日趋完备。我国的课堂教学是在清末兴办学堂以后开始的。一般认为始于1862年清政府在北京设立的京师同文馆。直至今日，课堂教学始终是世界各国学校教学的基本教学组织形式。

夸美纽斯曾经说过：个别教学好比"手工抄写"，效率不高；课堂教学好比是"印刷术"，提高了效率。这是因为它具有以下的优点：第一，由于课堂教学按照学生年龄和知识程度编成固定的教学班，教师同时对几十名学生上课，扩大了教学对象，加快了知识传授的进度，提高了教学效率。第二，由几十名学生组成班级，他们在班集体里相互竞争、相互促进、相互切磋、共同提高。第三，不同学科按课程表和作息时间表轮流交替上课，既扩大了知识面，又可以提高学习兴趣，减轻学习疲劳，有利于学生的身心健康。

课堂教学上述三个优势的发挥，取决于教师、学生和课堂情境等三大要素的相互协调，即课堂管理。课堂不同于教室，教室只是由桌椅、讲台、黑板和门窗等所组成的房间，其本质是教师和学生上课的场所，它是构成课堂的情境因素之一。但教师和学生并不是教室的必备条件，当学生下课时，教室里可能空无一人，教室已经不再是课堂。课堂也不等于班级；班级是学校里由一定人数的学生所组成的正式群体，是学校里教育活动的基本单位，它既不包含教师，也不包含教室，其活动范围比课堂教学活动广泛得多。班级活动既包括课堂教学活动，也包括课外文娱、体育、学科和科技兴趣小组等活动，甚至还包括各种社会公益活动等等。在我国，中小学的课堂教学通常是以班级为单位在教室里进行的，但是，课堂教学也可以由几个班级在同一个教室里进行。

　　课堂是由教师、学生和课堂情境三大因素所构成的进行教学活动的场所。教师是课堂教学活动的组织者和领导者，在教学过程中起主导作用。学生是学习的主体，课堂教学活动的各种条件和方案都是为他们而设计的，并对他们起作用。课堂功能的发挥和实现，都是通过学生的心理变化来反映的。而教师和学生的活动又都是在课堂情境里进行的，离开了一定的课堂情境，教师和学生便无法相互影响、相互制约，也难以取得理想的教学效果。由于在这三大要素中，教师始终处于主导地位，就要求教师在课堂里采取有效的措施，协调三者的关系。这样的协调，从某种意义上可以说就是课堂管理。因此，我们认为课堂管理就是指教师通过协调课堂内的教师、学生和课堂情境三者之间的关系而有效地实现预定教学目标的过程。

二、课堂管理的功能

　　课堂教学作为一种教育活动，可以分解为教学、评价和管理等三种主要的活动。

　　狭义的教学，包括确定教学任务、计划教学内容、组织教学活动、作出教学决策、进行必要的陈述和解释。我们在第三章已作阐述。评价，指教师通过测验诊断学生的学习情况，估量学习结果，对测量结果记分，并解释和报告测量结果，进一步完善教学计划服务。这种活动已在第十章阐述。管理，指教师在课堂教学中创设必需的环境条件和活动程序，吸引学生积极参与课堂活动，使他们与教师主动合作，消除课堂冲突，矫正问题行为，努力将课堂教学时间用于教学活动和评价活动。所以，课堂管理始终制约着教学评价的有效进行，具有促进和维持的功能。

（一）课堂管理的促进功能

课堂管理的促进功能是指教师在课堂里创设对教学起促进作用的组织和良好的学习环境，满足课堂内个人和集体的合理需要，激励学生潜能的释放以促进学生的学习。课堂管理的促进功能，既不诉诸强迫手段，也不依赖于乞求或劝说，主要通过利用群体动力来实现。

第一，形成尊师爱生、团结协作的师生关系和互帮互学、和睦相处的学生关系，促进师生共同努力来完成教学任务。

第二，培养良好的课堂风气，促进学生自觉遵守课堂规范。

第三，明确群体目标，促进群体对其成员的吸引力，增强群体内聚力。

第四，正确处理正式群体与非正式群体的关系，促进班集体结构的完善。

（二）课堂管理的维持功能

课堂管理的维持功能是指在课堂教学中持久地维持良好的内部环境、使学生的心理活动始终保持在课业上，以保证教学任务的顺利完成。

第一，当课堂教学面临新的情境时，通过课堂管理使学生迅速适应课堂情境的变化。

第二，当课堂里出现师生关系和学生关系紧张时，通过课堂管理缓和与解决各种冲突，形成与维持和谐的人际关系。

第三，当课堂里出现纪律问题时，在课堂管理中所制定的符合学校规章制度的课堂行为准则有助于协调课堂教学步骤，排除各种干扰，维持课堂纪律。

第四，当课堂里发生问题行为时，通过课堂管理调节学生的过度紧张和焦虑，减轻心理压力，维护心理健康。

尽管这样的管理很难激励学生潜能的释放，却能通过施加外部的压力，维持课堂内的组织，处理课堂中出现的问题，使课堂在不断变化的条件下保持动态平衡，从而维持学生学习的积极性。

三、影响课堂管理的因素

（一）对教师的定型期望

人们对教师在学校情境中执行教育任务往往持有一种比较固定的看法，即使某一位教师的实际表现并不符合这种固定的看法，人们还是会按照这种固定的看法去看待和解释教师的行为，这就是定型的期望。它包括人们对教师理应表现的行为及其所具有的动机和意向的期望。学校领导、家长和学生对教师都有定型的期望。如果学校领导期望教师自由发表意见，允许教师创造性地管理课堂，就会形成和谐、恬静和活跃的课堂气氛；如果学校领导期望教师严格遵循学校意志，防止行为越轨。就有可能使教师将紧张不安的情绪以微妙的方式传递给学生，造成紧张呆板、死气沉沉的课堂气氛。课堂里的学生总是期望教师以某种方式进行教学和课堂管理。涂尔干(W. Dickeman)等人研究了学生在不同阶段对教师的知觉，结果发现这些知觉反映了学生对教师行为持有不同的期望。比如，有的学生理想化地期望教师是德、才、学、识方面的楷模；有的学生幼稚性地期望教师外部行为和表情像父母一样；也有的学生现实地期望教师公正客观地对待学生，尊重和爱护学生。如果教师的实际行为与学生们的定型期望不一致，课堂里就会出现不满。所以，教师接受教学任务后，首先必须知道学生对自己的期望是什么，尽量使自己的课堂管理与学生的期望相一致。如果发现自己的管理方式与学生们的定型期望不一致，就应该采取措施，努力使两者协调一致。

（二）教师的学生观

教师的学生观是指教师对学生本质特征和培养方式所持有的基本看法。一般而言，教师持有评价性学生观和移情性学生观。持有评价性学生观的教师总是排除个人情感因素的影响而客观地评价学生，主张与学生保持适当的心理距离，以保持师道尊严来控制学生，因而在课堂管理中习惯于指手划脚和发号施令，容易满足于学生表面上的唯唯诺诺，动辄强制和压服，偏爱评价好的学生而歧视评价差的学生。持有移情性学生观的教师则认为学生总是能接受教育的，教师应该设身处地为学生着想，尊重学生的人格和意愿，因而在课堂管理中容易以真诚、友善、热情和关怀的态度对待聪明的或笨拙的、成绩好的或成绩差的、听话的或顽皮的学生。

（三）教师的人格结构

加拿大的柏恩(T. A. Beme)在1964年提出人格结构的PAC理论。他认为人格是由P、A、C三态所组成的，P是父母态，A是成人态，C人是儿童态。以父母态为主的教师有明显的优越感和权威感，往往凭主观印象办事，独断专行，滥用权威，学生没有主动参与课堂活动的积极性。以成人态为主的教师具有客观和理智的特征。善于根据过去的经验，估计各种可能性，然后作出必要的决策。在他们管理的课堂内，虽然没有严格限定的框框，却有明确的指南。

以儿童态为主的教师则常像儿童那样冲动，经常感情用事，在活动中常表现出服从和任人摆布，教育学生无主见，遇事畏缩，优柔寡断。十分明显，P 型和 C 型人格结构的教师都不利于学生成功地介入课堂活动，只有 A 型人格结构的教师才有可能灵活地驾驭课堂。

（四）教师的影响力

教师的影响力是指教师在与学生的交往中影响或改变其心理和行为的能力。根据影响力的性质，可以将影响力分为权力性影响力和非权力性影响力。权力性影响力是一种带有强迫性的，并以外部压力的形成而起作用的影响力。它主要来源于教师在课堂里的地位，即教师拥有职权范围内的规划、决策、控制和指挥的权力。一方面教师掌握有能够满足学生需要的物质手段和精神手段，另一方面教师也掌握有使学生不愉快的手段。非权力性影响力是指由教师自身的良好品质和表现而受到学生的敬佩所产生的影响力，它主要取决于教师的品格、才能、学识和情感等因素。一般而言，权力性影响力使课堂里的学生接受强制性影响，学生的行为反应常常是被动的服从，而非权力性的影响力对学生的影响则是自然的，能够收到通情达理的效果。

（五）班级集体的规模和性质

班级集体的大小是影响课堂管理的一个重要因素。首先，班级集体的大小会影响成员间的情感联系。集体越大，情感纽带的力量就越弱。并非每个学生都能感到其它同学都是很亲切的，少数同学逐渐被冷淡。其次，班内的同学越多，学生间的差异就越大，难免发生争论，产生利益冲突，甚至形成破坏力量，因而统一认识就越困难，课堂管理所遇到的阻力可能越大。再次，班级集体的大小也会影响交往模式。班级越大，成员间相互交往的频率就越低，相互间的了解就越少，建立集体规范也就越困难，学生不太容易接受集体的任务，于是，对课堂管理技能的要求也就越高。最后，班级集体越大，内部易产生非正式小群体，而这些小群体可能与正式群体的集体目标不一致，从而影响课堂教学目标的实现。

影响教师课堂管理的另一个情境因素是班级集体本身。不同的班级集体往往又不同的群体规范和不同的凝聚力，教师不能用固定不变的课堂管理模式对待不同性质的班级，而应该在深入了解的基础上掌握班级集体的特点，运用促进和维持的高度技巧，获得理想的管理效果。课堂情境中的教室、座位编排等因素，也对课堂管理发生着直接或间接的影响。

四、课堂管理的模型

对在课堂管理中的教师和学生关系，不同的理论者提出了不同的看法，形成不同的课堂管理模型。

（一）课堂管理的人本主义模型

人本主义心理学家罗杰斯认为教师的明确目标是发展学生的自律。因为罗杰斯相信所有的学生都有一个成长、发展、成功的基本愿望。理想的状态是，父母和教师的角色作用是给孩子们提供促进和巩固成长的支持性环境——一个无条件接受学生、尊重学生、促进成长的环境。因此，在这个模型中，教师是一个促进者而不是一个领导者，学生是教学过程中积极的、最重要的参与者。

（二）课堂管理的民主模型

与人本主义课堂管理方法一样，民主模型也注意到学习者的个体性和权利，强调他们观点的重要性。在这种情况下，学生就有机会参与课堂管理的决策。所以民主模型相对而言是以学生为中心的。但是这个模型同时也在一定程度上提倡教师指导。这个模型期望教师对学生的行为确定合理的标准，使用推理和逻辑确定规则和目标，以及违反规则后适当的处理。

(三) 课堂管理的行为主义模型

课堂管理的行为主义模型在很大程度上是以教师为中心的，模型所依据的原理是，不良行为要么是通过学习获得的，要么是因为没有学会正确的行为。因而建议明智而系统化地使用行为的结果来减少课堂管理问题，当这些问题真正发生时纠正他们。

表 12-1　三种课堂管理模型[1]

教学哲学	理论基础	对不良行为的原因分析	主要建议	倡导者
高度学生中心	人本主义的	错误的自我概念	最少的干预；教师应该提倡支持性环境、鼓励自我发展	卡尔·罗杰斯 迈克尔·马兰德
相对学生中心的	民主的	不合适的目标，对结果错误的理解。不合逻辑的假设和结论	教师应该民主而不是专制；设定合理的界限，通过逻辑推理确立目标；指出行为的逻辑结果；利用班级会议设立规则和讨论	Jacob Kounin Rudolf Dreikurs
高度教师中心	行为主义的	不良行为是习得的；没有习得适当行为	行为矫正技术诸如强化、榜样作用、惩罚	斯金纳 Lee Canter

---

[1] [美] 盖伊·莱弗索尼茨著，佐斌等译：教学的艺术，华夏出版社，2004 年版，第 322 页。

第二节　课堂群体的管理

　　课堂本身就是一个群体，课堂内部还存在着正式的或非正式的各种群体。在群体里进行的教学活动，有别于教师对学生的个别指导。学生在群体里的学习不同于个别学习，他们会发生个别学习时不可能发生的各种心理现象。教师必须了解课堂里群体的性质，善于利用群体凝聚力、群体规范、课堂气氛、人际关系等群体动力，使课堂管理产生促进的功能。

一、课堂里的群体及其形成

　　群体是一个社会学的概念，指以一定方式的共同活动为基础而结合起来的联合体。群体通常有三个特征：一是由两个以上的个体组成；二是其成员根据一定的目的或承担的任务而相互交往，协同活动；三是其成员接受共同的社会规范制约。

　　课堂里的群体包括正式群体和非正式群体。正式群体是由教育行政部门明文规定的群体，其成员有固定的编制、明确的职责权利和确定的组织地位。班级、小组、团支部等都是正式群体。非正式群体是在正式群体内部相互交往而形成的以个人好恶、兴趣爱好为纽带，具有强烈情感色彩的群体。这种群体没有特定的群体目标及职责分工，缺乏稳定的结构但有不成文的规范和自然涌现的领导。课堂里的非正式群体主要是同辈群体，比较常见的有朋友、"小集团"、帮和群。朋友是学生在共同的兴趣爱好基础上形成的比较持久稳定的密切关系。朋友关系的固定化就是"小集团"，具有相互交流信息和共同决策的目标。帮与"小集团"的主要区别在于帮的成员更重视集体活动且具有一定的结构。群则是松散的结合性组织，通常由几个小集团组成，规模较大，有相对的独立性。

正式群体的形成经历松散群体、联合群体和集体等三个阶段。松散群体是指学生们只在空间和时间上结成群体，准成员间尚无共同的活动目标和内容。联合群体的成员已经有了共同内容的活动，但活动还只具有个人的意义。集体则是正式群体发展的最高阶段，其成员所进行的共同活动不但对每个成员具有个人意义而且还具有重要的社会意义。课堂管理就是要采取措施，使课堂里的学生形成共同的目标和利益关系，产生共同遵守的群体规范，并以此协调大家的行动，满足成员的归属需要，使学生们彼此相互认同，从而使课堂能够从松散群体经历联合群体，再形成集体。形成的集体又会通过赞许和否认等两种控制手段，调节集体内学生的行为，使其遵守集体规范。

而课堂里的非正式群体则是以交往为基础，以情感为纽带而形成的，每个正式群体内部都或多或少地存在着各种非正式群体，因此课堂管理必须区别对待实际存在的四种不同性质的非正式群体。课堂里存在的学习型非正式群体和玩耍型非正式群体，只要它们的目标与课堂目标一致，就是积极的非正式群体。对这类非正式群体的基本对策应该是支持和保护。可以利用其成员间情感密切的特点，引导他们相互学习、取长补短；利用其成员相互信任、说话投机的特点，引导他们开展批评与自我批评；利用其成员间信息沟通迅速的特点，可以及时收集学生的反映，做到心中有数；利用其成员归属感强、爱好社交的特点，把正式组织无力顾及的工作交给他们去完成；也可以利用其自发形成的领袖人物威信高的特点，授予适当的合法权力，使之纳入课堂目标的轨道。对于既无积极作用，也无明显消极作用的中间型非正式群体，要采取慎重的态度，积极引导，联络感情，加强课堂的目标导向，努力使它们的目标与课堂目标相一致。对于经常发牢骚、讲怪话，与课堂目标不一致的非正式群体，则要加强教育，设法改变它们的目标方向，争取他们参与课堂活动，在参与活动的过程中达到目标一致。而对于偷盗、流氓团伙等破坏型的非正式群体，则要依据校规和法律，给予必要的制裁。

任何一个群体的行动都是在某种力量的推动下实现的。所有影响群体及其成员个人行为发展变化的力量的总和就是群体动力。群体不是个体的简单总和，群体会对个体产生巨大影响，个体在群体中产生不同于单独环境中的行为。教师在课堂管理中要善于利用群体凝聚力、群体规范、课堂气氛、人际关系等群体动力，实现课堂管理的促进功能。

二、群体凝集力的加强

群体凝聚力是指群体对每一个成员的吸引力。它不同于我们通常所说的团结力，因为团结主要是指成员之间的吸引力，而凝聚力则是指群体吸引其成员积极从事群体内的活动，使成员不离开群体的力量。一般而言，凝聚力强的群体内部气氛民主，成员之间沟通频繁，交往顺畅；成员的归属感强烈，群体活动的出席率高；成员的责任心强，能自觉维护群体利益，愿意承担相关的责任。因此增强群体凝聚力便成为维持群体存在和提高群体效能的必要条件。如果一个群体丧失了凝聚力，就会像一盘散沙，使群体名存实亡。但这并不意味着群体的凝聚力越强，群体的活动效率越高。因为群体凝聚力对群体效率的影响与外界的诱导有关。凝聚力的群体，其成员行为高度一致，个体服从群体的倾向较强，如果加以积极诱导可以极大地提高群体活动的效率。反之，若出现消极的诱导，则有可能降低群体的活动效率。

群体凝聚力是衡量课堂管理成功与否的重要标志，应该采取措施提高课堂群体的凝聚力。首先要了解群体凝集力的大小。其次，努力提高学生个体目标与群体目标一致性。再次，引导课堂里的所有学生在情感上加入群体，以作为群体的成员而感到自豪，形成归属感，使他们对一些重大事件与原则问题保持共同的认识与评价，形成认同感。这样，当群体取得成功或遭遇失败时，所有成员都有共同的感受，从感情上爱护自己所属的群体。最后，当学生表现出符合群体规范的行为和群体期待的行为时，就给予赞许与鼓励，使他们的行为因强化而巩固，形成力量感。

三、群体规范的形成

群体规范是指约束群体成员的行为准则，它是群体成员保持思想、情绪、态度和行为一致性的保证。如果没有群体规范，群体就会失去整体性，群体也就不复存在。群体规范包括成文的正式规范和不成文的非正式规范。非正式规范的形成是群体成员们约定俗成的结果。据美国社机理学家谢里夫 (M. Sherif, 1948) 研究，非正式规范的形成经历三个阶段：第一阶段是相互影响阶段，每个成员发表自己对某一事物的评价与判断；第二阶段是出现一种占优势的意见；第三阶段是由于趋同倾向而导致评价、判断和相应行为上的一致性。在这三个阶段中，始终受到模仿、暗示和顺从等心理因素的重要制约作用。至于正式规范，则主要是有目的、有计划教育的结果。

最为常见的班级群体规范是课堂规则。课堂规则有两类，一类是教育行政部门统一制定的课堂规则，如学生行为守则中关于课堂行为部分；另一类是由学校拟订的课堂规则。除了成文的课堂规则，一个更重要的方面是课堂惯例，一般也称为课堂常规，它通常是约定俗成的，是在教学活动中逐渐形成的。

已经形成的群体规范对群体的成员会产生一种心理上的压迫力，叫群体压力。群体压力虽然不像权威命令那样带有强制执行的性质，但个体在心理上却很难违抗。1951年，美国心理学家阿希(S. Asch)将每7名男生编为一个实验组，让他们判断一张卡片上的一条线与另一张卡片三条线中的哪一条一样长，每7名被试中前6名是假被试，他们一致作出错误的判断，最后才让真的被试判断。结果发现，各组的第7人中，共有37%的人放弃了自己的正确判断而顺从群体的错误判断。群体成员在群体压力下放弃自己的意见而采取与大多数人一致的行为，叫从众。

群体规范通过从众使学生保持认知、情感和行为上的一致，并为学生的课堂行为划定了方向和范围，成为引导学生课堂行为的指南；不过消极的群体规范也有可能使学生的不良行为因从众而在课堂里蔓延，使意志薄弱的学生随波逐流。在课堂管理中，教师应该自觉地帮助学生形成良好的规范。一方面要考虑规范对群体成员的适应性，尽量使规范与群体成员的个人价值趋同。另一方面，又要考虑群体规范与社会规范的一致性。使每个学生都能正确处理个体与群体的关系。

可是在群体压力下，也有学生会出现反从众。他们发现群体多数人的意见与自己原本一致时，或者保持独立性，或者反其道而行之。因为他们的个性独立，不易受人暗示，也可能是他们具有逆反心理，表现反从众。反从众有可能蔑视群体规范，削弱群体凝聚力，导致群体涣散。但是群体内的反从众者也可以使群体集思广益，使群体更具活力和创新精神。

四、课堂气氛的改善

课堂气氛是指课堂里某种占优势的态度和情感综合状态。个别学生的态度与情感并不构成课堂气氛，但多数学生的态度与情感就会组合成占优势的综合状态而形成课堂气氛。课堂气氛具有独特性，不同的课堂往往有不同的课堂气氛,即使是同一个课堂,也会形成不同教师的气氛区。当某位教师上课时,气氛热烈;而另一位教师上课时则可能气氛拘谨而刻板。当然这并不否定课堂气氛的相对稳定性。一种课堂气氛形成后,往往能维持相当长的时间,而且不同的课堂活动也可能被同样的课堂气氛所笼罩。

在通常情况下,课堂气氛可以分成积极的、消极的和对抗的三种类型。积极的课堂气氛是恬静与活跃、热烈与深沉、宽松与严谨的有机统一。消极的课堂气氛以紧张拘谨、心不在焉和反应迟钝为基本特征。而对抗的课堂气氛则是失控的气氛,学生过度兴奋、各行其是、随便插嘴、故意捣乱。

课堂气氛对学生的课堂行为容易产生深刻的影响。

首先、课堂气氛有可能产生社会助长作用和社会致弱作用。美国的阿尔波特 (F. H. Callport) 让被试分别在单独情境和社会情境中工作,结果发现被试在社会情境的连锁联想、乘法运算、解决问题以及思维判断等活动所取得的成绩都比单独一个人活动好。像这种群体对个人活动所起的促进作用,叫社会助长作用。例如,许多运动员或演员的表演,观众越多,气氛越热烈,表演效果就越好。可是,有时群体会对个人的活动起阻碍作用,使个人在群体里面的活动效率比单独一人时差,这叫社会致弱作用。有的教师在课前作了充分的准备,可是上课时发现几十双眼睛盯着自己,气氛紧张,导致心慌意乱而怯场。

群体气氛对个体的活动是产生助长作用还是致弱作用,主要取决于四个因素。一是活动的难易。如果学生所从事的是像打扫卫生、公益劳动等简单的手工操作或机械操作,其他成员在场所形成的气氛会使其活动效率更高。如果从事的是像写文章那样需要复杂判断和推理的活动,则容易产生致弱作用。二是竞赛动机的激发。他人在场的气氛，个人的求成动机容易转化为竞赛动机。一旦个体希望自己做得比别人好，容易产生社会助长作用。三是被他人评价的意识。当被他人评价的意识适中时，容易发生助长作用。若被他人评价的意识过于强烈，活动的难度又大而复杂，容易引起焦虑过度而产生致弱作用。四是注意的干扰。如果其他成员在场的气氛会引起活动者的注意分散，容易发生致弱作用。

其次是课堂气氛容易通过教师和学生的语言、表情或动作给学生提供暗示。暗示是指在无对抗条件下以间接的方式影响学生的心理和行为而使其按照一定的方式去行动或接受一定的意见和思想。课堂气氛往往是通过感染而产生暗示作用的。群众活动受群体气氛的感染，从而构成群体的共同意志和精神，使个体在群体中的活动失去理智，对暗示深信不疑。感染实质上是情绪的传递和交流，然后在相同的情绪气氛控制和维持下，表现为无意识的或不由自主的屈从，使被暗示者产生与刺激者相同的情绪，并有可能产生由相同情绪控制下的行为。暗示能使学生在愉悦中接受教育和影响，而且因暗示中的"以情感人"、"以形服人"和"以境动人"而使教育信息更易被学生所内化。暗示的缺陷主要在于教育信息的隐蔽性和不确定性，容易使学生误会而产生错误的理解，导致盲目的行为反应。

课堂气氛还容易导致流行。流行是指在课堂气氛的影响下，许多学生都去追求某种行为方式而使其在短时期内到处可见，从而导致连锁性的感染。流行可以表现为学生衣食住行等物质生活方式方面，也可以表现为学习与文体娱乐方面。课堂里的流行往往具有突发性，容易在短时期内扩展与蔓延，也容易在短时期内销声匿迹。课堂流行一旦发生，往往被打上切合时宜的印记，促使学生追随它，发挥了统一学生行动的功能，因而有助于课堂秩序的维持。同时，流行也能引导学生摆脱现状，具有创新的功能。因此流行只要不与社会道德规范和课堂常规相悖，应该取学生们自由地选择自己的行为模式。当然，某些不健康的流行也有可能冲击课堂秩序，影响道德面貌，应该妥善地加以引导。

由于教师在课堂教学中起着主导的作用，教师的领导方式、教师的移情、教师对学生的期望以及教师的焦虑便成为影响课堂气氛的主要因素。

教师的领导方式是指教师行使权力与发挥领导作用的行为方式。勒温在最早研究教师的领导方式，提出集权型、民主型和放任型是三种主要的领导方式。后来，美国密执安大学的李克特 (R. Likert) 又将集权型分为强硬集权型和仁慈集权型。四种不同的领导方式会对学生产生不同的行为反应，形成不同的课堂气氛。

教师的移情是指教师将自己的情绪或情感投射到学生身上，感受学生的情感体验，并引起与学生相似的情绪性反应。移情使教师和学生的意图、观点和情感连结起来，在教育情境中形成暂时的统一体，有利于创造良好的课堂气氛。移情的教师会使学生更多地参与课堂活动，获得较高的成就，形成更高水平的自我意识，学生之间的交往也会增多。教师的移情有赖于心理换位，善于将自己置于学生的位置上，仿佛自己就是学生。教师的移情也有赖于设身处地为学生着想，能以"假如我是学生"去思考和行动，努力做到将心比心。教师的移情还有赖于师生间的共鸣性情感反应，学生快乐，教师也快乐；学生痛苦，教师也痛苦。

教师的期望是指基于过去经验和当前的刺激而形成的对学生未来发展的预料或预想。现有的研究表明，教师期望通过四种途径影响课堂气氛。一是接受，教师通过接受学生意见的程度，为高期望的学生创造亲切的社会情绪气氛，而为低期望的学生制造紧张的社会情绪气氛。二是反馈，教师通过输入信息的数量、交往频率、目光注视、赞许和批评等向不同期望的学生提供不同的反馈。三是输入，教师向不同期望的学生提供难度不同、数量不等的学习材料，对学生提出的问题作出不同的说明、解释、提醒或暗示。四是输出，教师允许学生提问和回答问题，听取学生回答问题的耐心程度等等，都会对课堂气氛产生不同的影响。

焦虑是教师对当前或预计到对自尊心有潜在威胁的任何情境所具有的一种类似于担忧的反应倾向。教师的焦虑过低，会缺乏激励力量，对教学或学生容易采取无所谓的态度，师生之间难以引起感情共鸣，容易形成消极的课堂气氛。教师焦虑过度，在课堂里总是忧心忡忡，唯恐学生失去控制，害怕自己的教学失误，处处小心谨慎，一旦发生课堂问题行为，为了保全自己的面子，容易作出不适当的反应，造成消极紧张的课堂气氛。只有当教师焦虑适中时，才会激起教师努力改变课堂现状，避免呆板或恐慌反应从而推动教师不断努力以谋求最佳课堂气氛的出现。

五、人际关系的和谐

人际关系是人与人之间在相互交往过程中所形成的比较稳定的心理关系或心理距离。吸引与排斥、合作与竞争是课堂里最主要的人际关系。

人际吸引是指交往双方出现相互亲近的现象，它以认知协调、情感和谐及行动一致为特征。人际排斥则是交往双方出现关系极不融洽、相互疏远的现象，以认知失调、情感冲突和行动对抗为特征。现有的研究表明，距离远近、交往频繁、态度相似性、个性互补性以及外貌等因素是影响人际吸引或排斥的主要原因。在一般情况下，学生的居住地和座位等越邻近，交往的频率越高，态度和外形越相似，个性特征越能互相取长补短，学生之间就越容易互相吸引。相反，彼此就容易排斥。人际吸引与排斥的结果使学生在课堂里处于不同的地位，出现人缘好的学生、被人嫌弃的学生和遭受孤立的学生。我国的章志光等人用莫里诺（J. L. Moreno）的社会测量法所进行的研究表明，人缘好的学生是课堂里最受欢迎、吸引力最强的学生，因而情绪高涨而稳定，有较高的安全感和自信心，容易产生与班级集体相同的价值观和道德观。被人嫌弃的学生是课堂里最不受人欢迎而被排斥的学生，他们常常感到不安与气愤，并由此而与集体对立，甚至产生敌意和对抗，很有可能离开集体而加入落后的小集团。而遭受孤立的学生则被同学们冷落在一旁，既没有欢迎者，也没有反对者，很少与人交往，他们常因失意而埋怨班集体，甚至迁怒于教师。由此可见，教师在课堂管理中必须重视课堂里的被嫌弃者和被孤立者。一方面，针对这些学生的弱点，帮助他们改变不利于人际吸引的个性特征和不利因素，让他们摆脱窘境，增强吸引力。另一方面，引导全班学生主动接近他们。通过增加交往频率产生共同的话题和体验，结束不相往来的状况。

合作是指学生们为了共同的目的在一起学习或完成某项任务的过程。合作是实现课堂管理促进功能的必要条件。首先，在解决新的复杂问题时，往往需要提出各种可供选择的假设情况，学生间的合作显然要胜过个人的努力。如果作业任务还需要进行评价或作出决定，合作讨论而形成一致的意见通常是可取的。第二，合作能够促进学生的智力发展，对尚无结论或有争议问题的探讨，可以开阔学生的眼界，激发思考，促使学生根据别人正确的观点来检验和修正自己的观点。第三，合作能使能力较差的学生学会如何学习，改进学习方法。第四，合作有助于学生发展良好的个性，增强群体凝聚力，形成和谐的课堂气氛。但是，课堂里的合作也有不足之处。首先，如果学得慢的学生需要学得快的学生帮助才会有进步，那么对于学得快的学生来说，在一定程度上就得放慢自己的学习进度，影响自身的发展。其次，能力强的学生或活泼好动的学生有可能在合作中支配能力差或沉默寡语的学生，因而有可能使沉默的学生更加退缩。最后，合作也容易忽视学生的个别差异，影响对合作感到不自然或焦虑的学生的学习进步。

竞争是指个体或群体充分实现自身的潜能，力争以优胜标准使自己的成绩超过对手的过程。竞争必须具备三个基本条件，一是有共同争夺的目标，二是竞争的各方必须争夺同一个对象，三是竞争的结果必使一方获胜。竞争是一种普遍存在的社会心理现象。一个人从初中考入高中，从高中又考入大学，无不经过若干次的竞争才进入适当的工作岗位。课堂里的竞争包括群体间的竞争和群体内的竞争。班级之间的竞争属于群体间的竞争，班内学生之间的竞争属于群体内的竞争、各种竞争通常都能激发个人的努力，提高成就动机和抱负水平，缩小个人的能力与成绩之间的差距，提高学习效率。竞争也能使学生较好地发现自己尚未显示出来的潜力和自己的局限性，并且自觉地克服某些不良的人格特征。竞争还可以增加学生学习与工作的兴趣，使集体生活更富有生气。因而适度的竞争，不但不会影响学生的人际关系，而且还会提高学习和工作效率。但是，如果群体成员的态度与情感都属于自我定向，对学习和工作又缺乏直接兴趣，竞争就有可能使一部分学生过度紧张和焦虑，抑制学习和竞争的积极性，从不胜任的任务中退缩下来，降低他们在群体中的地位。由于竞争比较强调优异的成绩和名次，容易忽视活动的内在价值和创造性。由于优异成绩总是与某个具体的人联系在一起，因而容易将别人的成绩视为对自己的威胁，千方百计地想超过对方，导致竞赛动机过于强烈，损害学生之间的人际关系，并最终对学习和工作产生不利的影响。为了避免人际竞争的消极作用，有的心理学家主张合作学习,开展群体之间的竞争。当然,也有心理学家提倡自我竞争,以学生现在的我与过去的我竞争,力争以现在的我超越过去的我。这样既能发挥竞争的积极作用,又能避免消极作用。

第三节 课堂里的控制

课堂教学进行过程中,难免受到各种干扰。为了排除各种干扰,维持课堂秩序,保证课堂教学有序进行并达到教学目标,教师必须采取措施,控制课堂纪律、课堂结构以及课堂里的问题行为,同时教师还必须进行自我控制。

一、课堂纪律的维护

为了维持正常的教学秩序,协调学生的行为。以求课堂教学目标的最终实现,必然要求学生共同遵守课堂行为规范,从而形成课堂纪律。尽管纪律在课堂里是一个司空见惯的问题,但对课堂纪律的含义,人们却有不同的理解。有人将纪律理解为当学生在课堂里产生不符合要求的动作时所给予的惩罚,也有人认为纪律就是通过强迫顺从或服从命令来监督学生的行为。这两种观点都主张从外部对学生的课堂行为进行过分专断的控制,属于权威主义的纪律观。还有人认为纪律就是允许学生自由地调节自己的课堂行为,教师不必过多干涉,属于放任主义的纪律观。我们主张民主的纪律观,认为纪律是介于权威主义纪律观与放任主义纪律观之间的一种控制形式,可以将纪律定义为对学生课堂行为施加的准则与控制。若从外部施加准则与控制,是外在的纪律,即他律;若学生从内部向自己施加准则与控制,就是内在纪律,即自律。纪律的发展是从他律向自律转化的过程。

美国心理学家林格伦(H. C. Lindgern)根据纪律形成的原因，将课堂纪律分为教师促成的纪律、群体促成的纪律、任务促成的纪律和自我促成的纪律等四种类型。

（一）教师促成的纪律

教师促成的纪律是由教师向学生施加准则与控制，包括结构创设与体贴。教师的指导、监督、惩罚、规定、限制、奖励、操纵、组织、安排日程和维护标准等，都属于结构创设。而体贴则包括同情、理解、调解、协助、支持、征求和采纳学生的意见等。纪律维持既需要结构创设，又需要体贴。两者在课堂管理中都是不可缺少的。目前，多数教师往往提供了较多的结构创设，而缺乏足够的体贴。教师应该根据课堂的具体情况，确定结构创设和体贴的适当比例。因为青少年学生一方面会由于自我指导的加强而反对教师过多的限制和干涉，另一方面却还是需要教师为他们提供必要的指导，希望教师能以咨询或情感支持的形式给予帮助。

（二）群体促成的纪律

群体促成的纪律是由同辈群体所施加的准则与控制。学生入学后，对同学察言观色，以便决定应该如何思考、如何信仰和如何行事。他们常常以"别人也这样干"为理由去从事某件事情，他们的见解、信仰、爱好、偏见与憎恶往往视同辈群体而定。正如谢里夫所说，即使他们爱自己的父母，认为父母的意见是有价值的，但结果仍然会降低对父母力量的重视，过高地评价同龄伙伴力量的价值。青少年学生之所以遵守群体促成的纪律，首先是因为同辈群体不仅为其提供了一种新的价值观念与行为准则，而且还为其提供了作为一个独立自主的人来行事的体验，找到保持自己安全感的新源泉。其次，同辈群体的行为准则为青少年学生提供了道德判断与道德行为的新的参照点，结束了青少年学生思想、情感和行为方面的不确定性、无决断力、内疚感和焦虑。在一个组织得好的课堂里，有时学生虽然也会为挫折而不满，但为了不损害与同学的关系，他们还是会遵守群体促成的纪律。

（三）任务促成的纪律

任务促成的纪律是在完成某一任务时所施加的准则与控制。这种纪律以学生个人对活动任务的充分理解为前提，他们对任务的理解越深刻，就越能自觉地遵守纪律，即使在完成任务时遭遇挫折也不轻易放弃。所以学生卷入任务的过程，就是接受纪律约束的过程。学生越是成熟，越容易使自己的行为跟眼前任务要求相一致。

（四）自我促成的纪律

自我促成的纪律是学生对自己所施加的准则与控制，这是外部的纪律控制被个体内化之后成为个体自觉的行为准则。这时，学生能够正确评价各种行为准则，并在此基础上放弃不合时宜的行为准则，补充、完善和发展新的行为准则，从而真正达到自律。

所有这些课堂纪律都有助于学生了解在各种场合受赞同或默许的行为准则，促进学生的社会化；使学生在对持续的社会要求和期望作出反应的过程中，形成独立、自信、自制、坚韧等良好品质，有助于学生人格的成熟；课堂纪律也能使学生将外部的行为准则与自己的自觉要求有机地结合起来，有助于社会道德准则和道德义务在学生身上的内化；课堂纪律还能使学生避免对自己行为的迷惑和担心，降低过度焦虑，形成情绪安全感。所有的任课教师都应该重视课堂纪律的维护。

课堂纪律的维护，首先要将严格要求与体贴爱护结合起来。要严格要求学生不折不扣地遵守课堂纪律，并不断向学生提出更高的要求，引导学生从他律逐渐发展到自律；但严格要求是以尊重爱护和真诚关怀为基础的，使学生心悦诚服地接受纪律的约束。其次要善于利用注意规律以排除来自课堂内外的各种干扰，用生动活泼的教学引起学生的无意注意，并注意留下教学悬念，引发学生的期待心理，使学生在课堂里始终集中注意而避免纪律问题。最后是适时运用教育机智。教育机智是教师在课堂里对学生作出随机应变的快速反应和灵活采取恰当措施的能力。当课堂里突发事前难以预料而又必须特殊处理的纪律问题时，教师要善于因势利导，随机应变，掌握教育分寸，做到分析中肯、判断恰当、结论合理、处置得体。

二、课堂结构的设置

课堂结构是教师指导下进行学习的学生、学习过程和学习情境三大课堂要素形成的相对稳定的组合模式。为了控制课堂，教师需要创设课堂情境结构和课堂教学结构。

（一）课堂情境结构

课堂情境结构是与教学内容无关的学生、学习过程和学习情境三大要素的组合模式，主要包括班级规模、课堂常规和座位分配等。

1. 班级规模的控制 据心理学家的研究，班级规模越大，学生的平均成绩便越差。因为班级规模与教师态度、学生态度和课堂处置等变量紧密相关（见图12-1）。班级规模越大，教师态度、学生态度和课堂处置的得分就越低。当班级规模超过25人时，班级规模对教师消极态度的影响更加明显，说明过大的班级规模限制了师生交往和学生参加课堂活动的机会，阻碍了课堂教学的个别化，有可能导致较多的纪律问题，从而间接影响了学习成绩。然而，过小的班级规模又是极不经济的。一般而言，中小学的班级以25～40人为宜。

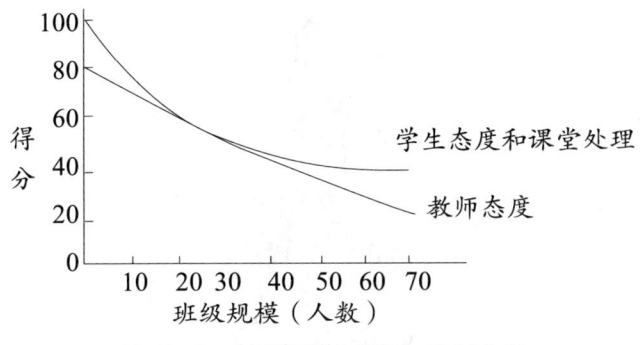

图 12-1 班级规模与学生、教师态度

2. 课堂常规的建立 课堂常规是每个学生必须遵守的最基本的日常课堂行为准则。上课、发言、预习、复习、作业、写字姿势、自修和教室整洁等方面的常规，赋予学生的课堂行为以一定的意义，使学生明白自己行为所依据的价值标准，具有约束和指导学生课堂行为的功能，从而使课堂行为规范化。学生在课堂常规影响下所表现出来的服从，可能是自愿的，也可能是被迫的。然而当课堂常规真正为学生所采纳和接受时，便逐渐内化为自觉行为的内部观念。不过，课堂常规应该通过学生们的充分讨论，由全班学生共同建立。因为参与讨论和共同决定，会使每一位学生都承担起课堂常规的责任，提高遵守课堂常规的自觉性。

3. 座位的安排 有研究发现，分配座位时，教师主要关心的是加强对学生的控制和减少课堂混乱。美国学者亚当斯等人的研究发现，课堂里存在着一个最受教师关注的"活动区"（见图 12-2）。当学生的座位从左右两边和后面调入"活动区"的时候，学生会明显意识到教师对自己的关注和重视，体验到教师对自己的特别期望，因而容易集中注意。而当学生从"活动区"被教师调向左右两边和后面时，则常有被教师忽视之感，容易发生违纪行为。

前面

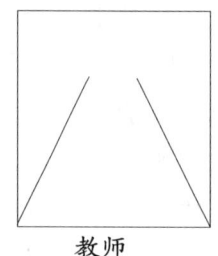 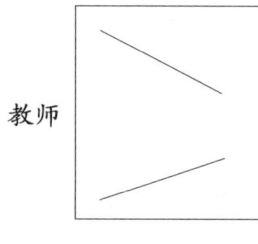 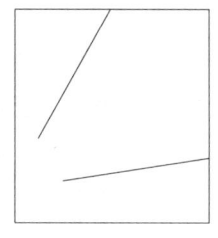

教师

图 12-2　教师的活动对作用区域的影响

怎样解决"活动区"域所带来的一些消极影响？"活动区"的存在虽然是课堂情境带来的，即是根据教室中教师的位置确定的（教师的位置又受讲台和黑板的位置的制约），因而改变教师的位置也就会改变"活动区"的位置。如图 12-2 所示，由于教师的位置发生变化，作用在区域也就随之发生变化。也就是说，"活动区"并不是不可改变的，随教师位置的变化而变动。这种位置的改变可以从两方面促成：教师在课堂中来回走动；教室里的讲台和黑板不止一套，而是在不同的方位设置。

一般认为，并不存在能够解决所有问题的座位安排策略，而且经常改变座位安排也是不可取的。最好是有一个"基本结构"作为相对稳定的模式,这个"基本结构"能够在需要时容易变换成另一种结构。从当前的情况看,由于教学方式和学习方式在发生着变化,设计这种便于变换的"基本结构"是值得考虑的。有的研究者建议,将传统的位置摆放当作"基本结构",因为这种安排外观整齐、有条理,适于巡视,也能很快地重新组织成小组、环形或其他结构,促进学生之间的交流。

有时教师为了控制爱吵闹的学生,还让他们坐在靠近讲台的座位上。教师分配座位的意图还通过座位的搭配反映出来。教师们总是让爱吵闹的学生与文静的学生坐在一起,通过文静的学生去控制爱吵闹的学生。男女同座在中小学也是相当流行的一种座位分配法,教师经常让上课不得安宁的学生与女生坐在一起,企图使他们失去共同违反纪律的伙伴,能够比较有效地控制男生的课堂行为。但中学生们大多了解教师的意图,容易引起反感。有时,初中男生在上课时故意产生"侵犯"女生的行为,以示其男女界线分明,避免他人的讥笑。可见,男女同桌实际上往往无法完全防止中学生发生纪律问题,相反还有可能妨碍男女学生的正常交往。所以学生座位的分配,一方面要考虑课堂行为的有效控制,预防纪律问题发生;另一方面又要考虑促进学生之间的正常交往,形成和谐的师生以及学生之间的关系,并促进学生良好人格特征的形成。

(二)课堂教学结构

课堂教学结构是与教学内容相关的学生、学习过程和学习情境的组合模式,它使教师有条不紊地按照教学设计进行教学,主要包括教学时间的合理利用、课程表的编制和教学过程的规划等。

1. 教学时间的合理利用。课堂里的时间利用可以分成分配时间、教学时间、投入时间和学业学习时间等四个层次。分配时间是学校为某一门学科安排给教师的时间,是由课程表所决定的。教学时间是在完成了点名考勤、处理课堂问题行为之后所剩余的用于教学的时间。投入时间是学生实际投入学习的时间(包含没有听懂、无法解题的时间)。学业学习时间是学生成功地完成学业所花的时间。另外如果学生每天在校时间为 5 小时的话，学业学习时间最多的班级平均为 111 分钟，而最少的则只有 16 分钟，几乎相差 7 倍。虽然我们不能要求学生将在校的每一分钟都用于学习并获得成功，但学生不应该将过多的时间花费在从一种活动转移到另一种活动、做学习准备、等待教师的帮助、上课做白日梦以及在课堂里嬉闹等方面。如果每天能够增加 40 分钟的学业学习时间，一学年就将增加 8000 分钟。所以教师必须通过课堂管理，合理利用教学时间，通过激发学习兴趣来提高学生的课堂参与性，增加学习的机会；保持课堂的动量平衡，使教学节奏紧凑，学生在课堂里总是有事可做；注意保持教学的流畅性，尽量减少花在从一种活动转向另一种活动的时间，并给学生明确的过渡信号；维持课堂群体的注意焦点，善于通过课堂提问引导学生的注意。总之，要努力将维持课堂纪律的时间减少到最低限度。

2. 课程表的编制。课程表是使课堂教学有条不紊地进行的重要条件。它的编制首先要尽量将语文、数学和外语等核心课程安排在学生精力最充沛的上午第一、二、三节课，将音乐、美术、体育和习字等技能性的课程安排在下午。其次，注意将文科和理科、形象性学科与抽象性学科交错安排，避免同类刺激长时间地作用于大脑皮层的同一部位而导致疲劳和厌烦。最后，青年教师教两个平行班时，第二班的教学效果往往优于第一班，两个平行班的课以短时间间隔为好。而老教师则相反，他们熟悉教材，对学生了如指掌，讲起来驾轻就熟，上第一个班的课就能发挥得十分出色。而第二个班属于简单重复，容易产生乏味感，教学效果反而逊色。因此他们的课应该有较长的时间间隔为好。不管是新教师还是老教师，都要注意将两个平行班的课交替安排。

3. 教学过程的规划。教学过程的合理规划也是课堂教学结构的重要内容，但教学过程的设计与安排，我们已经在前面作了详尽的分析，这里不再赘述。

三、课堂问题行为的矫正

问题行为是指不能遵守公认的行为规范和道德准则，不能与人正常交往和参与学习的行为。问题行为与差生、后进生等问题学生的概念不同。差生、后进生是对学生的一种总体评价，他们往往有较多的问题行为。但在正常的课堂里，其人数甚少。而问题行为则是一个教育性概念，主要是针对学生的某一种行为而言的。同时，问题行为无疑是消极的，但是并没有说明是什么性质的问题，也没有说明消极到何种程度，显然属于模糊性概念。不过，这种模糊性恰好如实地反映了问题行为的不稳定性和易变性。而且除了平时老师们所说的差生或后进生有问题行为之外，优秀的学生有时也可能发生问题行为。对于中小学学生而言，我们尽量不要给学生贴上差生或后进生的标签，而应该就某种行为表现论其性质，以及考虑采取何种管理对策。

在典型的课堂里，25%至30%的学生有问题行为，主要表现为上课漫不经心。情感淡漠、逃避课堂活动、与教师关系紧张、容易冲动、上课乱插嘴、坐立不安或活动过度等等。所有这些问题行为如何分类，心理学家有不同的看法。我国心理学家综合国内外的研究，根据学生行为表现的主要倾向，将学生的问题行为分成两大类。一类是外向性的攻击型问题行为。包括行为粗野、公然违抗教师的要求、学生之间的教室打斗、过度活跃以及武力侵犯教师等等。二是内向性的退缩型问题行为，包括过度的沉默寡言、胆怯退缩、恐学逃学、孤僻离群，或者神经过敏、烦躁不安、过度焦虑等等。

教师比较重视在课堂里打骂、推撞、追逐和讪笑等侵犯他人的行为；交头接耳、窃窃私语、擅换座位和传递纸条等过度亲昵的行为；口出怪音、敲打作响、作滑稽表情和怪异动作等故意惹人注意的行为；故意不遵守规定、不服从规定、反对班干部和老师等盲目反抗权威的行为；迟到、早退、逃学等抗拒行为；恶意指责、互相攻击、彼此争吵和打架斗殴等冲突纷争的行为。因为这些问题行为都直接扰乱课堂秩序，有的使教学活动无法继续进行下去。被教师忽视的是学生上课凝视发呆、胡思乱想、心不在焉、作白日梦等注意力涣散的行为；胡写乱涂、抄袭作业等草率的行为；胆小害羞而与同学交往的退缩行为；寻求赞许、期待帮助的依赖行为等。这些行为虽然没有直接干扰课堂秩序，却一方面严重妨碍个人的学习，另一方面也会导致心理不健康，因而需要给予更多的关注。

课堂里通常存在着积极的、中性的和消极的三类行为。积极的课堂行为是与课堂教学目标一致的行为。中性的课堂行为是既不促进也不干扰课堂教学进行的行为，包括静坐在座位上但不听课，出神地望着窗外，在纸上乱写乱划，看连环画或伏在桌上睡觉但不发出鼾声等等。消极的课堂行为则是那些明显干扰课堂教学进行的行为，包括嬉闹、戏弄同学、扮小丑和顶撞老师等。课堂管理一方面要区别对待三类课堂行为，对于消极的课堂行为，应该给予明确的警告，也有必要给予必要的惩罚，但应避免讽刺挖苦、威胁、隔离、剥夺、奚落或体罚等伤害学生自尊心的惩罚。中性课堂行为虽然影响了自己的学习，但毕竟没有干扰他人的学习，因此教师不宜在课堂里停止教学而公开指责他们，以避免干扰全班学生的注意。教师一般可以采取给予信号、邻近控制、向其发问、排除诱因、暗示制止和课后谈话等措施，制止中性的课堂行为。另一方面，不要期望一步到位地消除消极的课堂行为。在通常情况下，首先要求学生将消极的课堂行为转变为中性的课堂行为，然后再要求他们将中性的课堂行为转变为积极的课堂行为。例如要求一位在上课时经常吵闹的学生（消极的课堂行为）先保持安静，即使自己听不进去，也不要干扰其他同学的学习，以后再要求他们在上课时注意集中、认真思索和积极参与课堂教学活动。

行为矫正是消除课堂问题行为的有效方法。这是用条件反射的原理来强化学生的良好行为以取代或消除问题行为的一种方法。有的研究者开发出一个应对课堂问题行为系列干预方法，从最细微的、无破坏性的措施到比较强的矫正干预。

首先是消除。对那种比较小的、为引起注意的不良行为情况，第一次出现时，老师可以忽略它，只需老师注意一下即可。消除法是一种非指导性的干预方法。

细小的停顿。对于问题行为采取非语言动作如眼神注视、摇头、用脸部表情、走近、接触或打手势、转移视线等。经验证明，这些动作不仅高度有效，而且不会打断课程的进行或干扰别的学生。

责备、口头责备。责备的方式也是很多的，应尽量避免当着全班的面训斥他们。

重复改正。这也称作实际练习，即将不良行为按照正确的、可接受的方式重新做一遍。

暂停。对于比较严重的不良行为，可能使用暂停这一策略。通过将犯错误的学生排除出大家的注意力之外，可以减少不期望发生的行为。在暂停期间，学生可以被排除在某项活动之外，可能让他将手或头放在桌子上，可以让他坐在教室后面的位子上，可以将他送到教学行政管理部门去。

惩罚。使用某种形式的惩罚，如口头责备、暂停、课后留校，或者比较严厉的批评等。

这套干预方法依问题行为的程度和采取的干预形成一个序列，如图 12-4 所示：

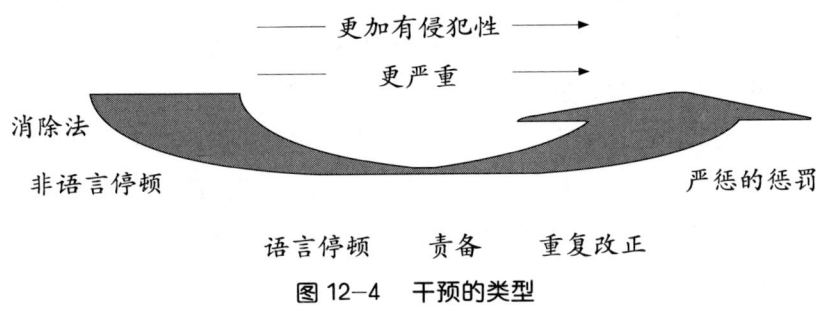

图 12-4　干预的类型

研究认为，上述这一系列的矫正措施对于复杂的问题行为不见得有效。因为复杂的问题行为往往是由于内在的刺激引起和维持的，且常常和外部刺激交织在一起，仅用改变外部行为的办法很难收到效果。

复杂的问题行为主要应该通过心理辅导来解决。心理辅导是通过改变学生的认知、信念、价值观和道德观念来改变学生外部行为的一种方法，这是一种合作式、民主式的协助学生解决心理障碍的过程。它不像传统意义上的教育那样带有某种强制的性质。它也不同于单纯重视矫正的心理治疗，因为它更强调协助正常学生的教育与发展。马斯洛等人本主义心理学家认为，个人的问题行为往往起因于外界因素对自我实现的阻挠以及个人缺乏正确的自我评价。因此心理辅导的主要任务应该是：第一，帮助学生正确认识和评价自我，确立良好的自我意识。第二，帮助学生正确抉择行为方向，确立合适的行为目标。第三，帮助学生正确认识环境，善于改变环境或自己的不适应行为，增强社会适应能力和提高社会技能。第四，帮助学生发挥个人潜能，排除实现理想抱负的障碍，有意义地健康愉快地生活。心理辅导的成败取决于师生之间认知距离的缩短和情感隔阂的消除。教师应该对学生充满信心，诚恳待人，给学生以必要的支持。还要尊重学生的感受与体验，能从学生的看法与感受出发去处理问题，从而调动学生的积极性，使课堂成为发展学生潜能的良好场所。

四、教师的自我控制

说到课堂管理，许多教师往往只着眼于对学生的控制。事实上，课堂里的不少失控往往起因于教师本身的失控。要想有效管理课堂的每一位教师，都必须重视自我控制。

当教师面对一个新的课堂，或者再次面对一个曾经让自己非常棘手的课堂时，不少人很容易焦虑过度，感到没有把握，内心里充满着紧张不安和担心害怕，唯恐出现课堂混乱和失控。焦虑是因个人预感到自尊心有可能受损而产生的类似于紧张不安和担心害怕的综合性情绪。避免焦虑过度，必须对自己有足够的自信，不必为偶尔的管理失误而恐惧，相信自己有能力管好课堂。同时，自尊心的维护又要适可而止，维护自尊心的愿望过于强烈，反而更容易受到伤害。应该看到，世界上并没有常胜将军。任何一位教师都有可能出现管理失误。关键在于善于从失误中吸取教训；努力将教训转化为经验，这样就有可能不断减少失误而成为课堂管理的能手。

有些教师容易因课堂出现纪律问题而愤怒，有的还会大发雷霆。当自己在课堂里处于怒火熊熊的状态时，很有可能使自己失去理智，出现过激的管理行为，甚至导致体罚或变相体罚。因此要心平气和地对待学生在课堂发生的问题行为，即使在自己的尊严受到严重威胁时，也要冷静地思考学生所发生问题的性质，沉着而机智地应对所面临的问题，避免以自己的粗鲁去压制学生的粗鲁。应该看到青少年学生毕竟是受教育的对象，他们身上的问题一般都是发展中的问题，尽量不要将学生的问题视为对教师的有意羞辱。对于一些胆汁质的教师，更要学会自我提醒，可以考虑在备课本的醒目处写上"制怒"的警句，当自己激动起来的时候，起到自我暗示的作用，使自己迅速平静下来。

人的教育和培养是世界上最复杂的工作之一，其责任是十分沉重的。如果又出现课堂管理中的问题，很容易雪上加霜，平添一重沉甸甸的压力。一般而言，教师的压力主要来源于包括失败和失落在内的挫折。面临难以抉择的冲突、积极或消极事件的变化以及以某种方式去行事的期望。为了科学而有效地管理好课堂，教师要注意采用必要的应对策略，减轻自己的心理压力。主要可以运用以评价为中心的应对策略、以问题为中心的应对策略、以情感为中心的应对策略和以生理为中心的应对策略等四类策略。

教师在课堂里也很容易对学生产生各种偏见。首先是第一印象偏见，由于与学生初次见面所留下的第一印象，会使教师以后对该学生的行为向着第一印象的方向去解释，第一印象好，对其行为就会向好的方向去解释，若第一印象不好，就会向不好的方向去解释，从而造成先入为主的偏见。其次是晕轮效应，由于教师对学生某一特征的印象特别深刻而有可能再赋予其他可能没有的特征。以貌取人、以偏概全、以点概面就是典型的晕轮效应。最后是社会刻板印象，教师总是容易将过去接触过的学生在自己的头脑里分成各种类型，对某一类学生往往有一种固定的看法，当碰到一位学生时，容易将其纳入某一固定的类型而赋予他固定的特征从而造成偏见。为了避免偏见，教师必须全面而深入地了解和掌握学生的信息，避免以一叶之见而迅速得出结论。要注意避免过度类化的倾向，努力将一类学生的特征与个别学生的特征区分开来。也要排除过去经验的消极作用，避免凭经验去简单地猜测学生，注意公正、客观地对待学生。

综合练习题：

1. 访问一位优秀班主任，用课堂管理的心理学原理客观地分析其课堂管理的经验。
2. 为一位新教师设计课堂结构设置的方案。
3. 能结合实际例子，分析课堂问题行为的类型并提出有效的教育对策。
4. 能举例说明课堂群体动力与课堂管理的关系。